資本主義の再構築

公正で持続可能な世界をどう実現するか

レベッカ・ヘンダーソン
Rebecca Henderson

高遠裕子＝訳
Yuko Takato

REIMAGINING
CAPITALISM
IN A WORLD ON FIRE

日本経済新聞出版

資本主義の再構築

公正で持続可能な世界をどう実現するか

REIMAGINING CAPITALISM IN A WORLD ON FIRE
by Rebecca Henderson

This edition published by arrangement with PublicAffairs,
an imprint of Perseus Books, LLC,
a subsidiary of Hachette Book Group, Inc., New York, New York, USA,
through Tuttle-Mori Agency, Inc., Tokyo.

ジムとハリーへ

目次

プロローグ

私はイギリスで育った。それによって身についたことが少なくとも二つある。一つは木々への深い愛着だ。私の家庭は騒がしかったので、10代の頃はほとんどの時間をブナの大木の大きな枝の下で寝転んで過ごした。本を読んでは枝の隙間からのぞく青空を見上げたものだ。その木は聳え立っていて、隣の三階建てイングリッシュ・マナーハウスに負けていなかった。日光に照らされて緑や青や金色に輝く木洩れ日は眩しかった。草の匂いに日差しの眩しさと樹齢200年の大木。私は守られている――自分よりも限りなく大きい存在に思いを馳せ、つながった感覚があった。

イギリスが私に残してくれたものの二つ目は、仕事で常に変化を求める姿勢だ。大学を出て初めて就職したのは大手コンサルティング会社で、イングランド北部の企業の工場閉鎖に関わった。私が数カ月を共に過ごしたこの企業は、数百年の歴史があり、かつては世界を制したこともあったが、いまや海外企業との競争に押され、無残に破れつつあった。

私は長いこと、自分の内側に極端に違う二面性を抱えてきた。物事を否定する風潮が蔓延しているのはなぜか、変化がこれほどむずかしいのはなぜか、その理由を解明することでキャリアを重ねてきた。職業人生としては満足している。マサチューセッツ工科大学（ＭＩＴ）の冠講座教授になり、技術戦略や組織変革のひとかどの専門家として、変革を模索するさまざまな形態や規模の組織と共に働いてきた。休暇にはハイキングに出かけ、色づくモミジや風に揺れる白樺と親しんだ。

だが、仕事と好きなことは別々の箱に入れたままで、一緒にすることはなかった。仕事は報酬を得られ、楽しくもあり、何より面白かったが、それを終えた後に、本当の生活に戻るのだと思っていた。私にとって本当の生活とは、息子と一緒にソファでくつろぐことであり、木の下で毛布にくるまり、私の愛する世界のことを息子に語って聞かせることだった。木々には永遠の命があるのだと思っていた。木々は何百年も前から綿々と受け継いできた命をたえず再生させながら、さらに何百年先へとつないでいく。

そんなとき、フリーの環境ジャーナリストの兄から、気候変動の背景を解説する科学の本を読むよう勧められた。兄は絶滅危惧種をテーマにした名著『ほとんど想像すらされない奇妙な生き物たちの記録』や、人間の存在について深い考察を重ねた『ワンダーの最新地図』を書いている。兄が本を勧めたのは、日々の私の仕事が世界にどんな影響を及ぼしているのか気づいてほしかったからだとすれば、その狙いは成功したといえるだろう。

木の命は永遠ではなかった。このまま気候変動を放置すれば、さまざまな影響が及び、多くの木が絶滅する。世界最古の木といわれる南アフリカのバオバブは絶滅の危機に瀕している。レバノン杉もそうだ。アメリカ西部の森は、成長するよりも速いペースで破壊されている。私の生活は、聳える大木と葉っぱの甘い香りが常にそこにある、という心地よい前提のうえに成り立っていたが、その前提は不変の事実ではなく、戦わなければ守れないものだった。私の快適な生活は、森が危機に瀕している理由の一つでもあったのだ。

森だけではない。気候変動は私自身の息子ばかりか、すべての子どもの未来を脅かしている。格差の蔓延、憎悪や二極化、不信のうねりも脅威だ。私はこう考えるようになった。いかなるコストを払ってもひたすら利益だけを重視する姿勢が、地球とそこに暮らす人々すべての未来を危険にさらしているのだ、と。

もう仕事はやめようと思った。MBAで教え、学術論文を書き、企業にもっと利益を上げる方法を指南する毎日はおめでたすぎると思えた。私は何かしたかった。だが、何ができるだろう。自分だからこそ、今ここでできることがある、と思えるまでに数年かかった。それから企業が世界を救えるという奇矯な考えの持ち主たちと仕事をするようになった。大企業の経営者が数人いたが、ほとんどは中小企業の経営者やそこまで上り詰めていない人たちで、意欲的な起業家、コンサルタント、ファイナンシャル・アナリスト、部門のバイスプレジデント、購買担当の責任者といった面々だ。ある女性は、ニューイングランドのさびれた町にある小さなラグ工場で、スキルの高い移民に多くの雇用を提供できると胸を張った。太陽光発電や風力発電の会社を興して、地球温暖化の解決に取り組んでいる人たちもいた。エネルギー節約に人生を賭けている人もいた。生活が脅かされているティーンエイジャーの教育と採用を積極的に行う企業経営者もいた。別の経営者は、前科のある重犯罪者を採用していた。自分の会社が世界各地に所有する工場で、不正な労働慣行を一掃するために奔走している女性もいた。まさにこうした人たち――現代の大問題の解決を目指す企業リーダーに、資金を回そうと努力している人も少なくなかった。

彼らはみな高いスキルをもつ企業人であり、意識が高かった。正しいことをするとは、成長力と収益力のある企業を増やすと同時に、世界に変化を起こすことにほかならない。それをあきらかにするのが大きな影響を巻き起こす唯一の方法だという認識をもっていた。誰もが事業の目的や存在意義を中心に据えることに熱意をもち、気候変動などの問題に取り組み、さらには、より幅広いシステムの変化を促すうえで民間企業の活力を引き出すことが強力な武器になると確信していた。

彼らとの仕事は楽しかったし、今も楽しんでいる。彼らは自分らしい人生を送ろうと努力していて、自分が心底信じられることと仕事を切り離して考えることをよしとしない。人が尊厳をもって扱われ、金銭的報酬と権力だけでなく、目的の共有や共通の価値観によってやる気になる組織を作ろうと奮闘している。知り合いのある目的・存在意義（パーパス）主導型リーダーは、こうした組織を、「本当の意味で人間らしい組織」と評している。企業を私たち誰もがよって立つ自然や社会のシステムの健全性に寄与するものに創り変えるのだ。

だが、私は不安を覚えた。経営陣に対してこのアプローチで挑んでも決して主流にはなれないという不安だ。目的も利益も同時に生み出すことに長けた、例外的な個人の話になってしまうのだ。今直面している問題を解決するには、長期的にはゲームのルールを変えるしかないという確信が私にはあった。大気汚染の原因となる温室効果ガスなどの排出量を規制し、すべての企業が正しい行動をとるインセンティブを与える。最低賃金を引き上げる。教育や医療に投資する。民主制が真の意味で民主的なものになるよう仕組みを創り変え、人々が社会全体の幸福を目指して、互いに敬意を払いながら対話を重ねるようにする。ただ、こうした政策を導入するために必要なシステム全体の変革を担うことのできる目的主導型企業がいかに少ないかは、よくわかっていなかった。この時点でサステナブル・ビジネスの講義を受け持っていたが、学生たちも同じ不安を抱えていた。学生の疑問は二つあった。正しいことをしながら稼ぐことができるのか。それができるとして、変化を起こせるのか。

この本は、こうした疑問に答えようとする私の試みである。企業の目的・存在意義、社会における企業の役割、企業と政府、企業と国家の関係に対する通念を変えることによって、収益を確保しながら公正で持続可能な資本主義を構築することが、なぜできるのか、いかにしてできるのか。15年にわたって探求してきた成果がこの本である。

資本主義の再構築は簡単にできるとか、コストがかからないと言うつもりはない。物事のやり方を変えるのがいかにむずかしいかは、キャリアを通して、嫌というほど目にしてきた。私は長年、変革を模索する企業と共に仕事をしてきた。GMはトヨタに対抗する必要があった。コダックは、デジタル写真技術の台頭で従来型のフィルム写真事業が駄目になっていた。ノキアは、ピーク時に世界の携帯電話の半分以上を販売していたが、アップルの登場で携帯電話に革命が起きていた。[1] 世界の企業を変えるのは生やさしいものではない。世界の社会制度や政治制度を変えることは、もっとむずかしいだろう。だが、できないわけではない。周りを見回せば、すでに変化が起きつつあることに気づくはずだ。

数年前、フィンランドでビジネス・リトリート（日常を離れて課題に向き合う研修合宿）のファシリテーター役を務めたときのことを思い出す。予定表に「午後5時、サウナ」と書かれていたのは、後にも先にもこのときだけだ。指示どおりにサウナに向かった私は、服を全部脱いで蒸気にあたっていた。そこに主宰者が現れ、「では、湖に飛び込んでもらいます」と指示された。雪に足をとられながら湖へと急ぎ（周りのみんなは、目をそむけていてくれた。こういう点で、フィンランド人はとても礼儀正しい）、金属製の梯子を慎重に降りて、氷に開けられた穴から湖に飛び込んだ。少しの間があった。すると主宰者が梯子のところにやって来て、私を見下ろしてこう言ったのだ。「ごめんなさい。今日は湖で水浴する気分になれないんです」

私は今、かなりの時間、ビジネスのやり方を変えることを検討している企業人と仕事をしている。彼らは変化の必要性がわかっている。先も読めている。だが、ためらいがある。彼らは忙しい。今日は、それをやる気はない。ときどき、私はまだ梯子の下にいて、上を見上げ、新しいやり方、心地いいとはいえないやり方をしてリスクをとろうとする人たちが現れるのを待っているような感覚になることがある。だが、希望をもっている。三つのことを知っているからだ。

第一に、変化とはそういうものだ。現状に異議を唱えるのはむずかしく、気が滅入り、孤独なものだ。長年、気候変動を否定してきた利益団体が、今できることは何もないという主張を展開したとしても、驚くべきではない。強力な既存勢力は、そうやって変化の見通しに反発するのが常だ。

第二に、変化することはできる、という確信が私にはある。問題に対処するための技術と資源はある。人間の可能性は無限大だ。仕組みを創り変え、完全な循環型経済を構築し、自然環境の破壊を止めると決断すれば、それを実現することはできる。第二次世界大戦中、ロシア人は1年足らずで経済圏を1000マイル以上東に移動させた。100年前なら、女性や黒人や褐色の肌をした人たちの価値が白人男性とまったく同じだとする考えはばかげているとみなされただろう。いまだに戦いは続いているが、戦いに勝つことはできる。

最後に、私たちには秘密兵器がある。みずから変わろうとする企業と20年にわたって仕事を共にしてきたが、そのなかで、正しい戦略をもつことが重要であり、組織を再編することも不可欠だと学んだ。だが、何より学んだのは、これらは必要条件であって十分条件ではない、ということだ。変化を乗り越えられた企業には、そうするだけの合理性があった。自分の仕事は自分自身のためだけでなく、それを超える意義があると信じる人たちは、すばらしいことを成し遂げることができるはずだ。そして、共有された目的を地球規模で広げていく機会はある。

これは簡単な仕事ではない。時には、金属の梯子を降りて、1フィートの厚さの氷に空いた穴のなかに飛び込むときのように怖気づくこともあるだろう。だが、経験者の私からいえば、飛び込むのは怖いが、わくわくもするのだ。何か違うことをするとき、自分は生きているのだと実感する。友人や仲間に囲まれ、自分が愛するものを守るために戦うことは、人生を豊かにしてくれるし、希望をもたせてくれる。寒さをものともしない勇気には価値がある。

みなさんにも仲間になっていただきたい。世界は救いを待っている。

第一章

「事実が変われば、考えを変えます。あなたはどうされますか」（*）

株主価値は過去の考え

人類の真の問題は、人間の気質は旧石器時代、社会体制は中世のままで、最新の技術が神のごとく君臨している、ということだ。

――E・O・ウィルソン

*本章のタイトルはポール・サミュエルソンからの引用だが、サミュエルソンはのちに、元々はケインズによるものだとした。"When the Facts Change, I Change My Mind. What Do You Do, Sir?" *Quote Investigator*, May 19, 2019, https://quoteinvestigator.com/2011/07/22/keynes-change-mind.

資本主義とは何か。

人類の偉大な発明の一つであり、史上最高の豊かさをもたらした最大の源泉なのか。

地球環境を破壊し、社会を不安定化させかねない脅威なのか。

あるいは、再構築が必要なそれらの組み合わせなのか。

資本主義とは何かという問いは、こうした質問を通して筋道を立てて考える必要がある。

議論の格好の出発点となるのが、現代の三つの主要な課題、すなわち、大規模な環境破壊、経済格差、社会の仕組みの崩壊という日増しに重要性を増している問題である。

地球は炎上している。現代の工業化を牽引してきた化石燃料の燃焼によって、多くの人々が死に追いやられている。同時に、気候は不安定化し、海洋は汚染され、海面は上昇している。[1]地球の表土の大半は痩せ、清浄な水の需要に供給が追いついていない。[2]放置すれば、気候変動によって国内総生産（GDP）は大幅に減少し、沿岸部の主要都市は浸水し、数百万人の人々が食料を求めて移住を余儀なくされるだろう。[3]昆虫の個体数は急減しているが、その理由も、その結果どうなるかも誰にもわからない。[4]誰もが依存している自然のシステムの持続可能性を、私たち自身が破壊するリスクを冒している。[5]

富は急速にピラミッドの頂点に集まっている。世界で最も豊かな50人が、下位半数を上回る資産を保有する一方、60億人以上が一日16ドル未満で暮らしている。[6]数十億の人々は十分な教育や医療を受けたり、まっとうな職業に就いたりする機会がないが、その一方で、ロボティクスと人工知能（ＡＩ）の発達で多くの雇用が脅かされている。[7]

歴史的に市場の均衡を保ってきた社会の仕組み――家族や地域社会、伝統の尊重、政府、そして人類共同体としての共通意識――までもが崩れつつあり、非難の的にすらなっている。多くの国で、子どもは親ほどいい暮らしができる保証はないとの見方が増え、マイノリティや移民に対する反発が強まり、世界各地で政権の安定が脅かされている。いたるところで、社会体制は圧力にさらされている。新世代の独裁的なポピュリストは、憤怒と排他性という社会に有害な要素を利用して権力を固めようとしている。[8]

こうした問題が資本主義とどう関連するのか、と訝しく思われるだろうか。なんといっても過去50年間、世界の人口は2倍しか増えていないのに、GDPは5倍になったではないか。一人あたり平均GDPはいまや1万ドルを超えていて、地球上のすべての人々に食料、住居、電気、教育を与えるのに十分ではないか。[9] そして、こうした問題を解決するのに企業が積極的な役割を果たすべきだと考えたとしても、一見したところ実現できそうもないではないか。取締役会やMBAの講義では、企業の最大の使命は利益の最大化だとされ、それは自明の真理とみなされている。多くの経営者は、利益最大化以外の目標を掲げるのはフィデューシャリー・デューティ(信認を受けた者の義務)に反するだけでなく、職を失うリスクがあると言い聞かされている。気候変動や経済格差、社会の仕組みの崩壊といった問題は、政府や市民社会に任せておけばいい「外部性」とみなしている。その結果、公共財のために何もしないことが道徳的義務だと世界の企業の多くが信じるシステムが出来上がってしまった。

だが、こうした考え方は変わりつつある。しかも急激に。一つには、自分たちの働く企業は持続可能性（サステナビリティ）と包摂性（インクルージョン）を受け入れるべきだとミレニアル世代（2000年以降に成人を迎えた世代）が主張していることがある。私がハーバード・ビジネススクールで、のちに「資本主義の再構築」という講義となったMBAコースを立ち上げた当初、学生は28人しか集まらなかったが、いまや300人弱で、全学生の3分の1弱を占める。収益性よりも大きな目的・存在意義（パーパス）にコミットすることを謳う企業は数多く、世界の金融資産の3分の1近くが、なんらかの持続可能性を基準に運用されている。ピラミッドの頂点に立つ者すら、変化の必要性を主張し始めている。たとえば2018年1月、世界最大の資産運用会社ブラックロックの最高経営責任者（CEO）のラリー・フィンクは、投資対象のすべての企業のCEOに宛てて、次のような手紙を送った。「公的企業か民間企業かを問わず、企業は社会的な目的に奉仕することを社会から求められています。企業が長期にわたって繁栄するには、財務目標を達成するだけでなく、社会にどう貢献していくかを示す必要があります。企業は、株主、従業員、顧客、そして事業を行う地域社会という、すべての利害関係者（ステークホルダー）に恩恵をもたらさなければなりません[10]」

ブラックロックの運用資産総額は7兆ドル弱で、世界の主要な上場企業の最大の株主である。エクソン株の4・6%、アップルの株式の4・3%、世界第2位の銀行のJPモルガン・チェースの株式の7・0%近くを保有している。[11]「企業は社会的な目的に奉仕しなければならない」というフィンクの提案は、いわばマルティン・ルターがヴィッテンベルク城教会の門扉に95か条の論題を貼り出したようなものだ。[12] この手紙が公になった1週間後、友人のCEOが、フィンクは本気なのだろうかと聞いてきた。友人はショック状態にあった。長年、株主価値の最大化に邁進し、実績を積み上げてきた彼にとって、フィンクの提案はひどくばかげているように思えた。容赦ない競争にさらされている今の世の中で、利益主義から目をそらせることなど想像もできない。

アメリカの大手有力企業のCEOで構成される経営者団体ビジネス・ラウンドテーブル（BRT）は、2019年8月、企業の目的・存在意義を「すべてのアメリカ国民に奉仕する経済を促進」することだと再定義した声明を発表した。181人のCEOが、「すべての利害関係者（ステークホルダー）、すなわち顧客、従業員、取引先、地域社会、株主に恩恵をもたらす」ために、自社を率いることを約束したのだ。[13] これに対して、135以上の年金基金やファンドをはじめとする資産保有者や発行体の加盟団体で、運用資産総額が4兆ドルを超える機関投資家評議会（CII）は以下のような声明で不満を表明した。

取締役会および経営者は長期的な株主価値の重視を維持する必要があるとCIIは考える。長期的な株主価値を実現するには、ステークホルダーを尊重するとともに、企業所有者に対して明確な説明責任を負うことが必要不可欠である。全員に対して責任を負うとは、誰に対しても責任を負わないのと同じである。BRTは、「ステークホルダー・マネジメント」に関して新たなコミットメントを打ち出したが……①株主の権利の縮小を図る一方で、②他のステークホルダーにどのような説明責任を果たすのか、その新たなメカニズムは提案されていない。[14]

世界最大の資産運用会社が、「世界はあなたのリーダーシップを必要としている」と主張し、世界的な有力経営者が、「ステークホルダー・マネジメント」を約束する一方で、私の友人で（大成功している）CEOや、機関投資家をはじめとする多くの企業関係者は、それは無理難題だと反論する。どちらが正しいのだろうか。企業は炎上する地球を救えるのだろうか。

私は過去15年間、主に自社が確実に生き残る手段として環境問題や社会問題の解決に取り組む企業と共に仕事をしてきた。そのなかで、企業は世界を変えるうえで大きな役割を果たす力をもち、義務を負っているばかりでなく、そうすべき強力な経済的な動機があると確信するようになった。世界は変わりつつある。世界と共に変化する企業は、豊かなリターンを刈り取るだろう。そして、資本主義を創り直すことができなければ、誰もが著しく貧しくなるだろう。

この旅を始めた当初、私はイギリス人らしい適度な懐疑心をもっていたが、現在は驚くほど楽観的である。「本気で取り組めば、なんとかうまくいくかもしれない」という意味での楽観である。公正で持続可能な社会を築けるだけの技術と資源はある。そして、公正で持続可能な社会を築くことは、とりもなおさず、民間セクターの利益に適う。沿岸部の主要都市が浸水し、人口の半分が失業するか生存水準以下の賃金で働くことを余儀なくされるなかで、民主的な政府が、自社の利益のためだけに世界を動かす大衆迎合的な新興財閥（オリガルヒ）に取って代わられるとすれば、経済は立ちいかなくなるだろう。さらに、利益の最大化を超える大きな目標を掲げ、誰もがよって立つ自然システムや社会システムの健全性に責任を負うことは、企業の論理に適うばかりでなく、そもそも株主価値の重視を主導してきた自由と繁栄を死守するために、道徳的に求められていることでもある。

10年前でも、企業が世界を救える可能性があるという考えは、およそばかばかしく思えた。それがいまや説得力があるだけではなく、絶対的に必要なことになっている。どこか遠い理想郷の話ではない。たった今、生まれ変わった資本主義はどんな要素から成るのか、それらの要素がどう組み合わさって根本的な変化が起こりうるかを認識することは可能である。この変化によって資本主義を存続できるだけでなく、世界全体をより良くできる。本書は、この試みに賭けてほしいと、読者のみなさんを説得する試みである。

ここまでの道のり

私たちが直面している問題の主因は、企業の唯一の義務が「株主価値の最大化」であるとする根深い考え方にある。ミルトン・フリードマンは、こうした考えを広めた最も有力な学者だが、かつてこう語ったことがある。「企業の唯一の社会的責任は、その資源を活用して、利益を増やす活動に従事することである」。長期を重視したり、公共財を重視したりすることは、不道徳である違法である可能性があるばかりでなく、（何より重要な点として）およそ実行不可能であるという考え方は、この発言からそうかけ離れてはいない。確かに、資本市場や製品市場は冷徹無慈悲な場であるには違いない。だが、世の中が生まれ変わっていくなかで、あくまで株主価値の最大化を重視するのは、社会や地球にとってばかりでなく、企業自体の健全性にとってもきわめて危険な考え方である。ＨＩＶ（エイズ）患者の基本治療薬ダラプリムをめぐる製薬会社チューリングの騒動をみれば、すべてを犠牲にしても利益を追い求めることのコストがいかに大きいかがよくわかる。

２０１５年９月、二つの製品しかない小さなスタートアップの製薬会社チューリングは、ダラプリムのジェネリック薬の価格を、一錠＝13・５ドルから７５０ドルに引き上げると発表した。５０００％近い値上げだ。ダラプリムは、エイズの合併症の治療に広く使われていた。一錠あたりの製造コストは約１ドルで、競争はなかった。[15] ダラプリムがほしければ、チューリングから買うしかない。この発表を受けてメディアは大騒ぎになった。

チューリングのＣＥＯのマーティン・シュクレリは、メディアで叩かれ面罵されたが、悪びれる様子はなかった。違う行動をとるかと聞かれて、こう答えている。

やはり値上げしたでしょう。……価格を引き上げ、わが社の株主のために利益を増やしたでしょう。それが私の最優先の義務です……誰も言おうとしないし、誰も誇らないが、これが資本主義社会であり、資本主義システムであり、資本主義のルールです。わが社の投資家が私に期待するのは利益の最大化です。利益の最小化ではなく、半分にすることや70％にすることでもない。利益曲線の１００％を実現することです。これがＭＢＡの講義で全員に教えられていることです。[16]

シュクレリは異端だと思いたくなる。実際、相当奇矯な人物で、投資家を騙した科で現在は刑務所に収監されている。[17]だが、シュクレリは利益を最大化する必要性をあからさまに表現したが、薬価を吊り上げたのはダラプリムだけではない。２０１４年、別のジェネリック薬メーカーのラネットは、分裂症の治療薬でＷＨＯ（世界保健機関）の基本治療薬のリストに載っているフルフェナジンの価格を43・50ドルから８７０ドルに２０００％引き上げた。[18]ヴァリアントは、二大心臓疾患薬のニトロプレスとイスプレルの価格を５００％以上引き上げた。これで同社の粗利益率は99％を超えたといわれている。[19]

これが正しいわけがない。経営者は、絶望的な病に苦しむ人々を搾取する道徳的義務を負っているとでもいうのだろうか。鎮痛剤のオキシコンティンの処方を積極的に促進するという、パーデュー・ファーマの決定は、少なくとも短期的には同社に巨額の利益をもたらした。[20]これが正しいビジネス、良いビジネスだといえるだろうか。利益の最大化を追求すれば、顧客や従業員、あるいは広く社会に大きな悪影響を及ぼすことはほぼ確実だとわかっていながら、利益の最大化を追求する義務を負っているのだろうか。たとえば、気候変動に関する国際的枠組みのパリ協定が起草された２０１５年12月、世界の石油・石炭会社は、温暖化ガス排出量規制に反対するためのロビー活動に10億ドル以上を投じていた。[21]地球温暖化に寄与するロビー活動は、短期的には株主価値を最大化したかもしれないが、長期的に良い考えだったといえるだろうか。

額面どおり解釈すると、企業が利益最大化だけを重視する場合、薬価の大幅な引き上げにとどまらず、魚を採り尽くし、気候を不安定化させ、教育や医療に公費を投じるといった労働コストの上昇につながる政策にはことごとく反対し、自分たちに有利な政治プロセスを追求しなければならないように思える。となれば、諷刺画にあるように、「地球は破壊されてしまったが、それは多くの株主価値を生み出すすばらしい瞬間のためだった」という事態に陥りかねない。

企業はずっとこうだったわけではない。株主価値に取り憑かれたのは、そう昔のことではない。ハーバード・ビジネススクールの初代学部長のエドウィン・ゲイは、同校の目的について、「まっとうなやり方でまっとうな利益を稼ぐ」リーダーを養成することだと語っていた。ビジネス・ラウンドテーブルは1981年時点でも、次のような声明を出していた。「企業と社会は共生関係にある。企業の長期的な存続

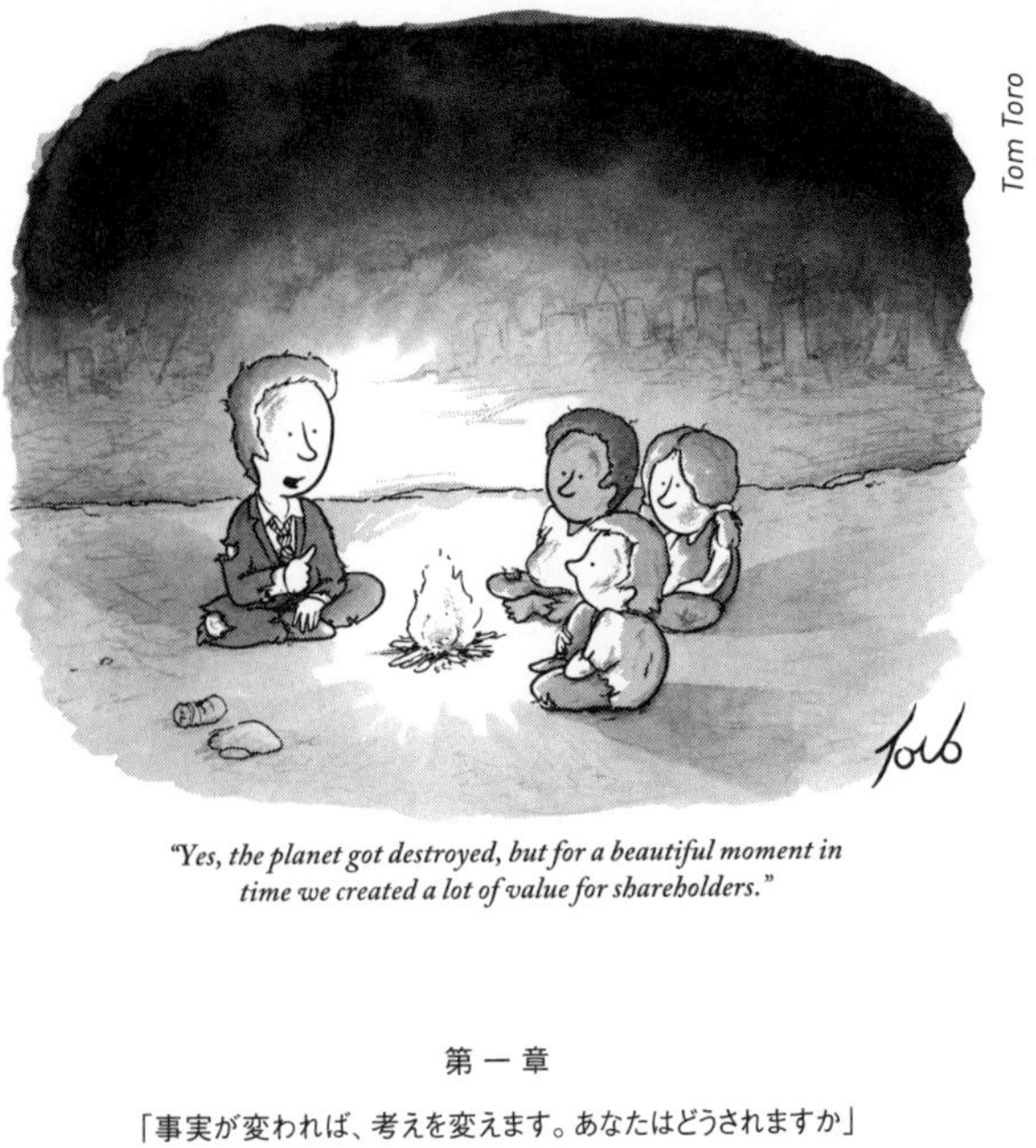

"Yes, the planet got destroyed, but for a beautiful moment in time we created a lot of value for shareholders."

は、彼らが構成員となっている社会に対する責任にかかっている。そして社会の健全性は、収益力と責任力をもった企業にかかっている」

すばらしいアイデア

経営陣の唯一の義務は株主価値の最大化であるとの考え方は、第二次世界大戦後、シカゴ大学でフリードマンらが主導した経済思想の変容の産物である。彼らの議論の多くはかなり専門的だが、研究の背景にある直観はわかりやすい。

第一に、自由市場は完全に効率的であり、自由市場が経済的繁栄の見事な牽引役だと主張する。ある産業のすべての企業が利益にのみ集中する場合、競争によってすべての企業は効率的かつ革新的になり、どれか一社が市場を独占することを防止できる、というわけだ。さらに、完全な競争市場は、価格を使って生産を需要に合わせるため、多数の企業を調整して、多数の人々の嗜好に合わせることが可能になる。フリードマン自身は、ごくありふれた例を使って、この考えに命を吹き込んだ。

この鉛筆をご覧なさい。世の中に、この鉛筆をひとりで作れる人間はいない。意外だろうか。そんなことはない。鉛筆の材料の木は、ワシントン州で伐られたものだ。その木を伐るために、ノコギリが要る。ノコギリを作るには、鋼が要る。鋼を造るには、鉄鉱石が要る。この真ん中の芯は鉛といわれているが、実際はグラファイト、圧縮されたグラファイトで、……南米のどこかの鉱山の産だろう。このてっぺんの赤い消しゴムは、多少天然ゴムが使われていて、おそらくマラヤ産だろうが、そもそもマラヤは天然ゴムの原産地ではない。イギリス政府の支援を受けて、南米から輸入されたものだ。この鉛の口金は、どこ産か、まったく見当もつかない。黄色の塗料は？　あるいは黒いラインを入れる塗料は？　材料をくっつける糊は？　文字どおり何千人もの共同作業で、この一本の鉛筆が出来上がる。言葉が違い、宗教が違い、仮に会ったとしたら憎み合うかもしれない人たちだ。[22]

フリードマンが今同じ主張をするとすれば、携帯電話を例に使うかもしれない。どの携帯電話にも、世界各地で製造された何百もの部品が使われている。[23] ただ、ここで重要なのは、真に競争的な市場は、私たちが試してきたどんな方法よりも、資源をはるかに効果的、効率的に配分する、ということだ。1950年代と60年代の画期的な研究では、自由競争が行われ、共謀や秘密の情報が存在せず、外部性には適切な価格づけがなされるなど、いくつもの明確に定義された条件のもとでは、株主のリターン最大化が公共の厚生を最大化するとする理論が打ち立てられた。[24]

株主のリターン重視を支える第二の主張は、個人の自由の規範的な優位性に関するものだ。すなわち、個人の自由が社会の最優先目標であり、また目標とすべきものであり、個人が資源や時間をどう使うかを自由に決められることを社会の最高の目標とすべきである、という考え方だ。この考えは、18世紀、19世紀のポスト啓蒙主義、古典的なリベラルの伝統に深く根差している。

ミルトン・フリードマンやフリードリヒ・ハイエクは、中央集権的な経済統制というソ連の思想に対抗する哲学を構築する手段として、この伝統を引き継いだ。

この文脈における自由とは、「侵害されない」こと、他者から干渉を受けずに意思決定できる「自由」である。フリードマンらは、自由市場が個人の自由をもたらすのは、計画経済と違って、何をするか、どうやるかを自分で選ぶことができ、自分自身で政治を選ぶための資源が与えられるからだとした。国家あるいは少数の新興財閥が、個人の働く先や給与を決めるとき、真の意味で自由であることはむずかしい。

第三に、経営者は自社に投資してくれる投資家の代理人（エージェント）であるとフリードマンらは主張した。信頼できる代理人として振る舞うことは道徳的な責務であり、その根底には、約束は守るべきであり、信頼して託された資金の使い方を間違ってはいけない、という広く共有された考え方がある。経営者は代理人なのだから、投資家が望むように企業を経営する義務を負う、とフリードマンらは主張する。そして、たいていの場合、投資家の望みは「できるだけカネを稼ぐこと」だと想定していた。

こうした三つの議論が相まって、株主価値の最大化の強力な論拠となった。そして利益を最大化することが最も規範的な責務を果たすことだと考える、多くの企業人の信条を支える道徳的支柱になった。この観点からすると、株主のリターンを最大化できないことは、投資家に対する裏切りであり、自身の責任を果たしていないだけでなく、経済システムの効率を低下させ、全員の経済的・政治的自由を阻害することで繁栄を脅かすことにもなる。収益の最大化以外のことは何であれ――あきらかなメリットなしに世間並み以上に賃金を引き上げたり、地域の石炭火力発電が安価で豊富にあるのに屋根にソーラーパネルを設置したりすることは、社会を貧しくし、自由を損なうだけでなく、投資家に対する義務を果たしていないことになる。

だが、こうした考え方は、特定の時期の特定の場所の産物であり、特定の制度的条件のもとでしか成立しない。現在の世界の現実を踏まえると、危険なほど誤っている。フリードマンらが最初にこの考え方を打ち立てたのは、第二次世界大戦の影響が残るなかであった。当時は、市場に対する信頼が中央集権的な計画経済に取って代わられるという深刻なリスクがあった。政府は恐慌と戦争を克服したことから人気を集め、力をもった。資本主義はそうではなかった。大戦前の大恐慌で、アメリカのGDPは最大30%落ち込み、鉱工業生産は50%近く減少し、労働人口の4分の1が失業したが[25]、その記憶が残っていて、その後20年は、規制がなく制約のない資本主義に対する疑念が根強かった。ヨーロッパやアジアでは、こうした見方が支配的だった。たとえば日本では、産業界が従業員の厚生と終身雇用、長期目標を重視する資本主義モデルを強力に推進する一方、ドイツでは、企業、銀行、組合が協力して、企業の厚生と従業員や地域社会の厚生のバランスをたえず追求する「共同政策決定」システムをつくった。

つまり、戦後約30年間、先進国では、市場を適度に競争的にし、汚染などの「外部性」には適切な価格がつけられるか規制措置がとられ、(ほぼ)すべての人が市場に参加できることを保証するうえで、国家が頼りになるとされた。さらに、戦争を戦った経験は、社会に大きな一体感を生んだ。教育や医療に投資し、「良識的に振る舞い」、民主主義を称揚することは自然なことに思えた。

フリードマンの思想は１９７０年代初めまで大した注目を集めなかった。だが、70年代初めに原油の禁輸措置がとられ、その後10年にわたるスタグフレーションと激しい国際競争のなかで、アメリカ経済は大きな下押し圧力にさらされることになる。こうした状況下で、経営者の唯一の仕事は株主のリターンを重視することだと説いて、市場を「解放する」ことが経済成長と個人の自由を最大化すると信じたとしても、狂気の沙汰とはいえなかった。

シカゴ学派の経済学者は、経済のパフォーマンスが精彩を欠いているのは、多くの経営者が投資家に対する義務よりも自身の厚生を優先させているせいだと批判した。その解決策として提案した役員報酬を株主価値と連動させる案は、投資家を熱狂させた。経営者は利益を最大化する道徳的義務を負っている――それ以外のことをするのは道徳に反するとすらいわれ、ＣＥＯの報酬は企業の株主価値に密接に連動された。こうしてＧＤＰはロケット並みに離陸し、それとともに株主価値とＣＥＯの報酬も上昇した。[26]

だが……この間、大気中の温室効果ガス、海洋汚染、広範囲に及ぶ自然破壊といった成長に伴う環境コストには、蓋がされたままだった。中国を筆頭に途上国が西側の所得水準に追いつき始め、世界的な格差は縮まった。一方、先進国では所得格差が著しく拡大した。とくにアメリカとイギリスでは、過去20年の生産性の伸びがもたらした果実の大半が所得分布の上位10％に集中した。[27]下位の実質所得は伸び悩んだ。[28]結果として台頭したポピュリストの猛威が、社会そして経済の存続を脅かしている。何が悪かったのだろうか。

端的にいえば、市場には大人の監督が必要なのだ。市場が繁栄と自由につながるのは、真に自由で公正な場合のみだが、過去70年で世界は認識できないほど変化している。グローバル資本主義は、利益の最大化のみを重視することの拠り所となる、教科書的な自由で公正な市場モデルからどんどん遠ざかっているように見える。自由市場が魔法の機能を発揮するのは、価格が入手可能な情報をすべて反映し、真の意味での機会の自由があり、ゲームのルールがまっとうな競争を支えている場合だけである。今日の世界では、プライスメカニズムがはたらかず、機会の自由は人脈のある人たちにかぎられるようになり、企業は自社の利益を最大化する一方、市場を歪める形でゲームのルールを書き換えている。企業が有害な廃棄物を河川に投棄し、政治プロセスをコントロールし、結託して価格を固定できるとすれば、自由市場は富の総計を増やすことも、個人の自由を高めることもできない。逆に、企業自体がよって立つ仕組みを破壊するだけだ。

なぜ市場は期待を裏切るのか

製薬会社チューリングの例は、この問題の基本的な性質を浮き彫りにしているが、もっと正確に指摘することができる。市場が本来の機能を果たさなくなった理由は三つある。第一に、外部性が適切に価格づけされていない。第二に、多くの人は、本当の意味で機会の自由を手にするために必要なスキルをもっていない。第三に、企業は自社に有利な形でゲームのルールを書き換えられるようになっている。

エネルギーが安いのは、私たちがすべてのコストを負担していないからだ。アメリカの消費者が、石炭火力発電の電気1キロワット時に支払っている料金は5セント前後でしかない。だが、石炭は基本的に化石化した炭素なので、燃焼すると大量の二酸化炭素が発生し、地球温暖化の主因の一つになっている。石炭火力で1キロワット時を発電すると、それに伴い、少なくとも4セントの環境負荷コストがかかる。石炭を燃やすことで、毎年数千人が死亡し、さらに多くの人が健康を害している。アメリカでは石炭の採掘、輸送、処理、燃焼に関わる人々のうち、毎年2万4000人が肺や心臓疾患で死亡している（そのコストは年間1875億ドル前後である）。さらに、石炭採掘地域に特徴的な健康被害によって亡くなる人が毎年1万1000人にのぼる（年間のコストは約746億ドルとみられる）[29]。化石燃料の燃焼に伴う世界全体の健康コストを推計するのは、そう簡単ではない。燃料の種類や燃焼の方式によって、コストが大きく異なるからだ。ある推計では、1トンの二酸化炭素の排出に伴う健康コストは約40ドルで、1キロワット時あたり約4セントになる計算だが、この分野を専門とする同僚によると、このコストはかなりばらつきがあり、たいていは、それよりはるかに高いという[30]。こうしたコストを含めると、石炭火力発電の1キロワット時あたりの実質のコストは5セントではなく13セント前後になる。これは、私たちが石炭火力の実際のコストの約40％程度しか負担していない、ということを意味する。化石燃料エネルギーは安価にみえるが、隣人や将来世代に押しつけているコストを勘定に入れていないからに過ぎないのだ。

地球上の石炭火力工場は、その工場が社会に押しつけている費用が、その工場の利益はもちろん、総収入を上回るという意味で、積極的に価値を破壊しているといえる。たとえば、アメリカ最大の石炭会社ピーボディ・エネルギーは、2018年に1億8670万トンの石炭を出荷し、総収入は56億ドルだった。[31] 1億8670万トンの石炭の燃焼に伴う気候コストと健康コストは合計で約300億ドルである。つまり、創造した価値総額の指標として総収入を使うと(これは固めの推計だが)、ピーボディは創造している価値の少なくとも5倍の価値を破壊している計算になる。

自動車を運転するにしろ、飛行機に乗るにしろ、化石燃料を使うたびにコストを負担せずに環境被害を与えている。1トンの鉄鉱石、1トンのセメント、1個のハンバーガーなど、エネルギー集約的な商品に注目すると、それを生産することで、価格に含まれない永続的な環境被害を生み出していることがわかる。1個のチーズバーガーを作るのに、0・5ガロンのガソリンと同じだけの二酸化炭素を排出している。牛肉の消費だけで、世界の温室効果ガスの約10%を排出している(しかも、消費カロリーの約2%に過ぎない[32])。

こうしたコストを損益に上乗せしていくと、ほぼすべての企業が多大な被害を引き起こしているといえる。たとえば2018年、世界有数のセメント会社セメックスでは、工場で利用する電力の4分の1は再生エネルギー発電だったにもかかわらず、4800万トン以上の二酸化炭素を排出していた。[33] 被害額は少なくとも40億ドルにのぼる。[34] この年の同社のEBITDA(税引前利益+支払利息+減価償却費)は26億ドルだった。[35] イギリスの小売りチェーン大手マークス&スペンサーは何年も二酸化炭素排出量の削減に取り組んでいるが、2019会計年度の排出量は36万トンにのぼった。[36] その環境被害額は約3200万ドルに対し、同年の税引前利益は6億7000万ポンド（8億2400万ドル）だ。[37]

温室効果ガスの排出の価格を上乗せしないことによって、きわめて大きな歪みが生じている。経済全般で価格が完全に機能していない。知るべき情報はすべて価格に集約されるという事実によって自由市場が魔法のように機能するのだとすれば、このケースで魔法がはたらくわけがない。

市場が真の意味での機会の自由を生み出すのは、万人が市場に参加する機会がある場合のみである。野放図な市場があまりに多くの人々を置き去りにするとき、市場の正当性の基本をなす機会の自由は破壊される。世界は50年前に比べて途方もなく豊かになり、各国間の格差は大幅に縮まった。1950年代、世界の人口の半分は一日2ドル未満で生活していたが、現在、この水準で生活している人は全体の13%に過ぎず、ほとんどの人はそれなりに生きていける。[38] だが、国内の格差は、1920年代以来の水準にまで大幅に拡大している。たとえばアメリカとイギリスでは、生産性上昇の恩恵の大部分が上位10%にもたらされる一方、実質所得は伸び悩んでいる。[39]

アメリカでは社会的移動がカナダや北欧に比べて大幅に少なくなり、ほぼすべての地域で減少している。[40] 経済ブームの勝者が、成功を子どもに引き継ぐ方法を次々と見つけたため、子どもの成功は、生まれた地域（郵便番号）や親の所得で決まるようになった。2013年にアイビーリーグ8大学の学生の出身世帯を調べると、所得分布の下位20%世帯は2～4%に過ぎないのに対し、上位1%の世帯は10～19%にのぼった。同じアメリカの名門大学に通ったとしても、所得分布の上位5%世帯の学生が上位1%に入る可能性は、下位5%世帯の学生よりも約60%も高い。[41]健康も、住んでいる場所（郵便番号）で決まるようになってきている。一例だけ挙げれば、2017年時点で、マサチューセッツ州ニューベッドフォード最貧地域の住民の平均余命は、ボツワナやカンボジアのそれより若干短い。[42]

起業による成功もかなりむずかしくなっている。1997年から2012年の間に、各産業の上位4社は、業界全体に占めるシェアを26%から32%に伸ばした。[43] 1980年には経済全体の15%にのぼったスタートアップ企業のシェアは、2015年には8%まで低下している。[44] こうした寡占化は、労働者の購買力も低下させている。それには、恩恵も代償もあり、利益も価格も押し上げている。[45]

市場が自由で公正なのは、プレーヤーが自身に有利なようにルールを固定できない場合だけである。2014年に2人の政治科学者が、政策が支持される割合とそれが法制化される確率の関係を調べた研究がある。その結果、アメリカの「平均的市民」の意見は、まったく重んじられていないことがわかった。一般市民90%が支持する法案が成立する可能性は、10%が支持する法案より高いわけではない。[46] だが、富裕層が何かしたいと望めば、そうすることができる。

自分に有利になるようにゲームのルールを変えるためにカネを使うのは、効果的な金儲けの手段になりうる。それが自分以外に多大なコストを負わせることになるとしても。たとえば1997年、ウォルト・ディズニー社は、著作権延長法と呼ばれる納得しがたい法案を支持するロビー活動を盛んに行った。[47]

芸術家や作家（および映画製作者）の作品に著作権を付与することで、著者らはみずからのアイデアから利益を得ることができ、それがさらに作品を生み出すインセンティブを与えることになる。だが、ある程度の妥当な期間が経過した後は、ほかの芸術家や作家が先行者のアイデアをもとに新たに創作できるように、著作権は制限されている。ディズニーの場合、たとえば映画の『白雪姫』はヨーロッパの民話をもとにしている。『美女と野獣』もそうだ。著作権延長法は、アメリカの著作権を著者の死後70年に、企業の著作権を95年まで延長するものだ。最も愛され――それゆえ、最も利益をもたらしてくれるキャラクターの著作権が2023年に切れるリスクに直面していたディズニーにとって、この法律でさらに20年、著作権が保護されることになる。

ディズニーは、この法案を通すためのロビー活動に200万ドル強を費やしたが[48]、そのなりふり構わぬ姿勢から「ミッキーマウス保護法」と揶揄されるようになった。

法案は最終的に議会を通過し、1998年10月27日に署名された。私の大雑把な試算では、法案通過時点でディズニーにもたらされる追加収入は16億ドルにのぼった。200万ドル強の投資のリターンとしては悪くない[49]。だが、社会全体の厚生を向上させたという証拠はない。むしろ、その逆だ。競合相手がコピーできる時期を遅らせることで、新たな作品を生み出すインセンティブが高まるとディズニーは主張していた。だが、ノーベル賞受賞者5名を含め、著名な経済学者グループは、著作権延長が新たな作品を生み出すインセンティブに及ぼす効果はないと主張している[50]。彼らによれば、「既存の作品の期間延長に伴うコストの大幅な上昇は、新たな作品を生み出すインセンティブの向上と釣り合いがとれていない[51]」

平たくいえば、健全な家族的イメージを売りにし、アメリカ中の家庭に必須の娯楽施設ともいえるテーマパークを抱えるディズニーが、当の家庭にコストを押し付け、投資家を10億ドル以上豊かにする一方、それに匹敵する社会的なメリットは何ら生み出すことのない法的基盤を築いたのだ。

それでも、これはまだ金銭面だけの話だ。化石燃料企業は似たような戦略を駆使して、はるかに重大な影響を世界に及ぼしている。２０００年から17年の間に、化石燃料産業全体が気候変動関連の法制化に反対するロビー活動に投じた費用は少なくとも30億ドルにのぼり、気候変動の現実を否定する団体やキャンペーン活動の支援にも多額の資金が投じられている。[52]

本書の執筆時点で、アメリカの石油精製最大手のマラソン・オイル社は、気候変動の現実を公に認め、「事業のエネルギー効率をさらに高めるべく数十億ドルを投じている」と主張している。だが、同社は、現行の自動車排ガス規制の緩和に動くトランプ政権を熱心に支援しており、投資家への電話で、規制緩和によって一日のガソリンの売り上げが35万バレルから40万バレル増加する可能性があると示唆している。[53] この増加は、43億ドルから49億ドルのコストを世界に押し付けることになるが、原油価格が１バレル＝56ドル前後では、業界の売り上げは69億ドルから79億ドル増加するとみられる。[54] ワシントン州ではアメリカ初の炭素税法案の導入が図られたが、石油業界が対抗勢力の2倍の費用をかけてロビー活動を行い廃案に追い込んだ。ＢＰだけで１３００万ドルを投じている。[55]

企業がルールを有利に変えられるのは、資金力のせいばかりではない。多くの場合、問題はかなり専門的で、狭く退屈なので、メディアも一般大衆もあまり気にとめないのだ。たとえば会計基準の変更は理解するのがむずかしく、一般の関心を喚起することはめったにない。だが、一見ささいにみえる会計ルールの変更が、2008年の世界的金融危機の一因にもなった[56]。

利益最大化が繁栄と自由をもたらすのは、市場が真の意味で自由で公正な場合だけである。現代資本主義はどちらでもない。莫大な外部性に価格がつかないまま放置され、機会の真の自由が現実味のない夢に過ぎず、企業が公共財を犠牲にして自社に都合のいいようにゲームのルールを変えられるとすれば、株主価値の最大化は破滅につながる。こうした状況のもとで、企業は道徳的義務を負っている。真に競争的で適切に価格決定がなされる市場、確固とした制度を支えるシステムの構築に助力するという義務を。企業にはまた、そうするだけの説得力のある経済的な合理性がある。炎上する世界は、あらゆる企業の存続可能性を脅かしているからである。

待ち受ける危険

制約のない自由市場を信奉する者たちは、以前から政府を攻撃している。しかし、強力で民主的に管理された政府に取って代わるのは、自由市場万能論ではない。代わって登場したのは縁故資本主義、あるいは開発経済学で「搾取」と呼ばれる政治システムであり、富裕層と権力者が結託して自分たちの利益になるように国家、そして市場を運営するものだ。搾取を行うエリート層が経済活動を独占し、道路や病院、学校といった公共財に（仮に投資するとしても）十分な投資が行われることはない。

トレードオフは常に存在する。公共財を重視しすぎると、市場を円滑に機能させる血液ともいうべき起業家のダイナミズムを殺してしまう。他方、経済的自由を重視しすぎると、社会や自然を破壊し、市場の均衡を保っている制度は着実に浸食されていく。

ロシアの経験をみれば、この力学がよくわかる。共産主義体制下でのソ連経済は、西側経済に比べて成長率が極端に低く、個人の自由、政治的自由が著しく制限されていた。ベルリンの壁が崩壊し、ソ連邦が崩壊したのち、ロシアはシカゴ学派の純粋モデルである「完全に制約のない市場」を積極的に取り入れようとした。その機運がピークを迎えたときには、ロシアが先進国経済になるかと思われたほどだ。だが、外部性に価格づけを行い、法の支配を遂行する制度を構築し、良質な教育や医療を提供しようとする者、あるいは企業が自分たちのルールを勝手につくれないようにする者はいなかった。笑顔の裏で権力を握っていたのは依然、銃を突き付ける男たちだった。ロシア国家は経済の大部分をごく少数の仲間たちに売り渡した結果、とりわけ醜悪な縁故資本主義が誕生した。アメリカは人口が3億2700万人で、GDPは21兆ドルだが[57]、人口がほぼ半分のロシアのGDPは1兆6000億ドルに過ぎない[58]。自由市場は自由な政治を必要とする。つまり、適正に機能する社会の仕組みこそが、ビジネスにとって重要なのである。

株主価値の重視が企業リーダーの唯一の義務であるとしたために、彼らは免罪符を得たかのように、経済的権限の過度な集中を防いできた制度の健全性を無視するようになった。利益を増やすかぎりにおいて、消費者保護に反対するためにロビー活動を行い、気象科学を歪め、労働組合を分断し、税率を引き下げ、規制を緩和するために資金を投じることは、道徳的義務だと彼らは考えるようになった。さらに企業の指導者たちは、反政府運動を積極的に展開し基本的な民主的価値を拒否する大衆迎合運動と手を携えるようになった。こうした同盟は短期的にはめざましい成果を上げたが、長期的には社会や経済の屋台骨を脅かす。イギリスのＥＵ離脱（ブレグジット）は、企業にとって好ましくはないはずだ。世界貿易戦争や移民の停止も好ましいものではない。問題は自由市場なのではない。問題は制御されることのない自由市場であり、政府が存在しなくても、まともな政府がよって立つ社会全体の健全性を支えるために人々が社会的、道徳的義務を分かち合わずとも何も困ることはないとする考え方である。

なんらかの手を打たなければいけないことはわかっている。国連が掲げる17の持続開発目標（ＳＤＧs：Sustainable Development Goals）は、公正で持続可能な世界を構築するための一貫性のあるロードマップを提示し、このロードマップは産業界に広く受け入れられている。[59] 環境問題に取り組むのに必要な技術と頭脳はある。格差を解消するための資源もある。何をすべきかがわかっていないわけではない。どのようにすべきかがわかっていないのだ。

産業界は立ち上がらなければならない。企業の力はきわめて大きい。大きな変化を生み出せるだけのリソースがあり、スキルがあり、世界的なネットワークをもっている。行動を起こすための強力な経済合理性もある。何もしなければ、地球温暖化によってアメリカ経済は今世紀末の時点で10％縮小し、[60] 想像を絶する被害が生まれるだろう。デイビッド・ウォレス・ウェルズは、『地球に住めなくなる日』で、長期的な平均気温の上昇の違いによる影響について、こう書いている。

1度や2度、4～5度という数字は小さいため、それほど大差がないと思われがちだし、これまでの人類の経験や記憶から適切なたとえを見つけるのも難しい。これが世界大戦の勃発やガンの再発であれば、たった1回でも避けたいのが本音だろうが。地球の気温が2度上昇すると、いったいどういうことになるのか。地表を覆う氷床の消失が始まる。新たに4億人が水不足に見舞われる。赤道帯に位置する大都市は居住に適さなくなる。北半球でも夏の熱波で数千人単位の死者が出る。インドでは熱波の発生頻度が32倍になり、期間も倍に延びて、影響を受ける人の数が93倍増える。これでも「最良の」シナリオだ。では、上昇幅が3度だとどうなるか。南欧では旱魃が慢性化し、中央アメリカの旱魃は1年7カ月、カリブ海では1年9カ月続く。森林火災で焼失する面積は倍増する。

2050年時点で、10億人もの人々が移動している可能性がある。[61] こんな世界には住みたくないだろう。それは、私たちの経済システムの根幹を脅かす世界でもある。世界有数のヘッジファンド、ブリッジウォーター・アソシエイツの創設者のレイ・ダリオはこう語る。

思うに、ほとんどの資本家は経済のパイを適切に分ける方法を知らず、ほとんどの社会主義者は経済のパイを適切に拡大する方法を知らない。しかも現在われわれは、(a)思想・信条が異なる人々が協力して、パイを適切に分配しつつ拡大するために、うまくシステムを再構築するか、(b)激しい対立と何らかの形の革命を招き、ほぼ全員が傷つき、パイが縮小するかの岐路に立たされている。

レイ・ダリオも示唆するように、これは企業が単独で解決できる問題ではない。気候変動や格差といった問題は、国家の助けがあってこそ取り組むことができる。そして、それには社会の仕組みを再構築し、市場と政府のバランスを取り戻す必要がある。企業は大きな変化を起こすことができる。ただ、それには、他者とも協力しながら健全で運営のすぐれた政府、活発な民主主義、強力な市民社会をつくらねばならない。これらは真の進歩に必要不可欠なものだ。

政治経済体制を刷新したのちに生まれ変わった資本主義は、五つの主要な要素から成る。どれ一つとして、それ自体では十分ではなく、それぞれが相互に依存しつつ、力強い役割を果たすことで全体が強化される。実際はどのようなものなのか、一企業の変革の物語を通してみていこう。

第二章

「資本主義を再構築する」実践

世界で最も重要な対話へようこそ

ネオ：そこにいるのはわかっている。いるのを感じる。
君たちがわれわれを恐れているのはわかっている。君たちは変化を恐れている。
未来はわからない。どう終わるかを言いたいんじゃない。
どう始まるかを言いに来たんだ。この電話を切ったら、この世界の人々に、
君たちの見せたくないものを見せる。君たちのいない世界だ。
ルールも支配も境界線もない世界。何でも可能な世界。
そこから先は、君たち次第だ。

――映画『マトリックス』1999年3月

パズルの第一のピース：共有価値の創造

2012年、エリック・オズムンゼンは、ノルウェー最大の廃棄物処理会社ノルスク・ジェンヴィンニング（NG）の最高経営責任者（CEO）に就任した。[1] 廃棄物処理はさえないビジネスだが大きな変革が差し迫っているとエリックは考えていた。従来は大量の廃棄物を地元で埋め立てるだけだったが、業界の将来はリサイクルにあり、ハイテク・ビジネスになる可能性を秘めている。大きな規模の経済を活かして世界市場に打って出られる可能性もある。さらに廃棄物処理は、気候変動と原材料不足という二つの世界的な課題を解決するカギを握る。つぎのように語る。

自問してみました。良い方向に変えられる余地がこれほど多い産業が、ほかにあるだろうか。すっかり魅了されるほどのチャンスでした。本当にすばらしいことができる可能性が見えていたのです。ノルウェーの廃棄物処理産業は二酸化炭素を7％減らすというが、私には不可解でした。そんなことは可能だろうか。NGはノルウェー全土の廃棄物の25％を収集し、85％を原材料や廃棄物のエネルギー源の形で産業界に返している。私は、これはすばらしいことだ……と思ったのです。循環型経済の実現のカギを握るのは、廃棄物処理業界だと思い至ったのです。循環型経済は、二つの世界的課題――世界的に急増するゴミ問題と、世界的にミドルクラスの消費者の増加に伴って予想される将来的な天然資源の逼迫を同時に解決するのです。

エリックは暫定ＣＥＯという立場で正式なＣＥＯ候補のインタビューをしている最中に、みずから正式なＣＥＯ候補として名乗り出る決断をする。当時をこう振り返る。

昨日のことのように覚えています。イースターの前日で、すばらしい候補者にインタビューしていたときに彼から聞かれたんです。あなたに質問があります。あなたは候補者ですか、と。帰宅して自分の胸に手をあてて考えた。久しぶりのことです。そして、妻にこう言いました。「いいアイデアかどうかわからないし、そこまでの経験もない。だけど、毎朝目が覚めるたびに、本当に価値があることをやっていて、世の中に影響を与えることができるような実感がするんだ」。そこでイースターの後、（プライベート・エクイティのパートナーでＮＧの会長の）レニエに電話をかけて、候補に私の名前を入れてくれるよう頼みました。それ以降はご存じのとおりです。

エリックは、みずからトラックで廃棄物を運搬して、処理場に搬出することから始めた。すぐに気づいたのは、従業員の大多数は正直だが、ＮＧも業界全体もさまざまな不正行為に手を染めている、ということだった。ＮＧでも競合会社でも、危険物に普通ゴミのラベルを貼ったり、公有地に投棄したりするなど違法な処理が横行していた。電子機器の廃棄物は、ノルウェー国内で処理するよりも、違法だがアジアに輸出するほうが10倍も安上がりだった。一方で、廃棄物処理の規制はいくつもの行政当局にまたがり、運用が杜撰だった。ノルウェーで輸送された廃棄物の85%以上が規制に違反していることを示す調査もあった。

NG社内では、一部の経営幹部が短期の財務上の目標を達成するために粉飾し、販売用のリサイクル材料の品質をごまかしていた。エリックが説明を求めると、「そうは言っても、業界ではそうなっているのです」という類いの言い訳ばかりだ。エリックによれば、決まってこう言われたという。「業界では前からこのやり方だ。誰もがやっている。オスロの愚かな連中は違うやり方ができると言うが、違うやり方ができるわけがない。財務的にできないし、そもそもうまくいくわけがないからだ」

ほかの人間ならそれ以上関わることを避けたかもしれない。だが、エリックは取締役会に対して、悪弊を一掃するための資金と時間を要求した。まずはコンプライアンス・ポリシーを導入し、従業員全員に署名を求める。短い猶予期間を経て厳格な体制に移行し、コンプライアンスに違反すれば、ただちに解雇することにした。こうした動きは不興を買った。初年度は、ライン幹部70人のうち30人と、スタッフ幹部の半分が会社を去った。その多くは顧客も連れ去った。

エリックらは次に、会社の新たなビジョンを打ち出した。NGは単に廃棄物を大量に処理する会社ではない。リサイクルした原材料を海外に販売する世界的な再生工場になる、というものだ。「あらゆるものを収集し、あらゆるものを再生する。あらゆるものが資源になる。そして、鉱山から採掘したり、森林を伐採したりしなくても、あらゆるものを新たな資源として繰り返し活用できる」とエリックは語る。
エリックは、自分が気づいた産廃業界の実態を公表した。ＮＧの文化を変えるためのさまざまな手を打ったが、広報もその一つだ。のちに、こう説明している。

汚い洗濯物を屋外に干して周囲にさらすのは、自分たちは本気なのだということを業界だけでなく自社の従業員に対しても公言することです。リップサービスなどではありません。業界団体を前に行うある種の演説でもない。全国メディアで身を危険にさらして、悪弊は一掃すると公言したわけです。それについては真っ正直でした。この残酷なまでの正直な方針を初日から実践したことが最も重要だったのです。

この方針は、潜在的な顧客に接触する機会ももたらした。主に著名な世界的ブランドで、心の平安のためにプレミアム価格を支払ってもいいと考える人たちだ。一部の顧客は――エリックが期待していたほど多くはなかったが――それでも多少の顧客は、それが正しいことだと考え、あるいは不祥事として騒がれることを恐れて、ＮＧとの契約にサインした。エリックは、ＮＧの新たな目的に合致するスキルをもった有能な人材を求めて、産廃処理以外の業界から積極的に採用を開始した。幹部人材は、コカ・コーラやノルスク・ハイドロ、ノルウェー最大の食料品チェーンのノルゲン・グルッペンといった畑違いの業界から連れてきた。
この変革にはコストがかかった。初年度は、コンプライアンスの研修費用だけで、ＮＧの利払い・税引き前利益の40％にのぼった。新たな従業員を育成するには数年かかったが、その間にも、ＮＧが業界の評判を落としているとして地元の業界団体は締め出しにかかった。エリックが掲げる方針は、組織犯罪の利益を脅かすものだったため、エリック自身が脅しの標的になった。

だが、新たな戦略は予想外の機会ももたらした。それまで不正を見つけてもなす術がなく無力感をおぼえていた幹部が、会社を創り変えるという課題に熱心に取り組むようになったのだ。杜撰で違法な慣行をきっぱりと断ち切ったことで、本当の意味でイノベーションが起きる余地が生まれた。ＮＧはハイテク・リサイクリングを標榜することによって、廃棄物処理業界のバリューチェーンを、ゆっくりとではあるが、確実に産業化していった。ノルウェーでいち早く、光学技術を使って金属を分類する最先端装置を購入した。一台の車を装置の端に載せれば、部材の95％から96％が再生できる。当初の処理能力は年間12万トンだったが、1年経たないうちに2倍近くに増やすことに成功した。処理能力に余裕ができたことで、処理する廃棄物を探すようになり、それをきっかけに廃棄物収集のロジスティクスを一から見直し、事業をスカンジナビア諸国全域に拡大することになった。高品質の金属の生産にステップアップしたことで顧客基盤を分散し、価格を大幅に引き上げることができた。こうした一連の動きによって規模の経済が生まれ、コストを引き下げ、利幅を拡大し、競合相手を破ってさらに販売量を増やすことができた。２０１８年時点でＮＧはスカンジナビア有数の高収益の廃棄物処理企業になっていた。

要するに、エリックは、廃棄物処理ビジネスの持続可能性を向上させて、革新的なビジネスに変える、というビジョンを具現化することができたのだ。新しい資本主義に関する議論は、利益と目的のトレードオフという観点から論じられることがあるが、ＮＧの事例は、こうした議論が的外れであることを示している。

これまでどおりのビジネスは、実行可能な選択肢にはなりえない。この地球、そして資本主義を存続させようとするなら、別の方法を見つけなければならない。環境資本や社会資本が事実上無料の世界——少なくとも誰かが負担してくれる世界から、環境制約と社会全体の繁栄が当たり前の世界に移行する必要がある。こうした移行はかなり破壊的なものになるだろうが……移行期はすべからくそうであるように、とてつもないチャンスの源泉にもなる。

人は呼吸しなければ生きていけないが、生きる目的は呼吸することではない。[2] 今の世界で、資本主義を創り変えるには、企業は収益を上げるだけでなく、居住可能な地球と健全な社会という枠組みのなかで繁栄を築き、自由を確保することを目指すべきである、そうでなければ繁栄はありえない、という考えが浸透する必要がある。エリックの経験は、社会をより良くするビジョンが、大きな力をもちうることを物語っている。こうしたビジョンがあったからこそ、「共有価値」を生み出し、高収益のビジネスを構築し、正しいことをしながら、同時に、リスクを減らし、コストを削減し、需要を増やすことができた。

企業が社会のためになる目的を掲げることは、大方の見方に反して、大いに法に則った行為である。世界のどこにも、投資家の収益最大化を法律で義務づけられた企業は存在しない。たとえば米国法では、あきらかに長期の株主価値を破壊する事業判断は違法だが、企業の売却など厳密に定義された数少ない状況を除いて、取締役の判断にはかなりの裁量が認められている。[3] アメリカ企業の多くが本社を置くデラウエアの法律では、取締役は企業および株主双方に対して、配慮し、忠誠を尽くし、誠実である義務（フィデューシャリー・デューティ）を負っている。長期的な成功を追求するうえで、短期的に株主価値を最大化しない決定をすることができ、またそうすべきである、ということだ。敵対的買収を受けたアメリカ企業の取締役は、始終、これを実践している。買収によって企業の長期的価値が低下すると判断すれば、足元の株価を上回る価格での買収提案も却下する。取締役は「経営判断の原則」によって守られている。この原則では、情報に基づいて誠意をもって忠実に行われた取締役の経営判断は、企業の最善の利益に適う、と想定されている。

だが、資本主義を再構築するには、共有価値を創造するだけでは十分でない。企業が社会のためになるビジョンを掲げるだけでは十分でない。組織運営の方法を変える必要がある。

第二のピース──目的・存在意義（パーパス）主導型の組織を構築する

組織を運営する方法は、基本的に二通りある。「安直な道を行く企業」は人間を機械の邪魔をする存在とみなし、モノとして扱う一方、「王道を行く企業」は人間を尊厳と敬意をもって扱う。すなわち共通目的を目指すコミュニティを形成するなかで、自律して権限をもち、共に創造する存在である。王道を行く企業の経営はコストがかかるように思えるが、必ずしもそうではない。さまざまな状況下において、王道を行く企業のほうが、安直な道を行く企業よりも、かなり革新的で生産性が高いことを示唆する事例はいくらでもある。資本主義を創り直すうえで安直な道から王道への路線転換はきわめて重要であるが、その理由は二つある。

第一に、資本主義の再構築は一筋縄ではいかない。共有価値をつくるという決断は、リスクを伴うことが多い。公正かつ持続可能な経済の構築には創造的破壊が必要で、それを遂行するのは並大抵のことではない。目的主導型の王道を行く企業は、この移行を乗りきるための武器が揃っている。NGの例が示唆しているように、必要な変革を主導する触媒となるのは、こうした企業である。

第二に、王道を行く企業を築くことは、それ自体が、公正で持続可能な社会を築くために必要不可欠である。王道の企業すべてが高い賃金を支払えるわけではないが、多くは支払うことができ、それは格差の縮小に欠かせない。さらに、人々が敬意をもって扱われ、仕事を通して成長し能力を最大限に発揮することを促される良質な仕事、意味のある仕事は、それ自体が健全な社会の発展にとって不可欠なのだ。

共有価値を創造し、王道を行く企業を構築することは、資本主義を再構築するうえできわめて重要なステップだが、それだけでは足りない。共有価値を追い求める目的志向の企業は社会に大きな好影響を及ぼすことができる。現にNGは、廃棄物処理ビジネスの変革で大きな役割を果たしている。ライバル企業は、やり方を変えて収益を確保できることに気づいたとき、変化そのものを歓迎するだろう。エネルギー効率の改善は、かつては意識の高い個人の領域だった。いまやエネルギー効率の向上が高収益につながることは誰の目にもあきらかで、環境にやさしい事業の展開は、急速に業界全体の標準になりつつある。だが、そうしたいと考える多くの企業は、資本市場の短期至上主義に縛られていることに気づく。それゆえ投資家の行動を変えることが、企業の行動を変えるのと同じくらい重要になる。

第三のピース——金融の回路の見直し

資本主義を再構築するうえでまさに最大の障害となるのは、伝統的な金融かもしれない。投資家が自身の収益最大化だけを気にして、簡単に計測できる短期指標だけに注目し続けるかぎり、企業はわざわざリスクをとって共有価値を創造し、王道を行く労働慣行を取り入れようとはしないだろう。現代の大問題に取り組むことは、法に則り、道徳的に求められていることかもしれないが、そのことで投資家にクビを切られるとすれば、企業経営者が問題の解決をみずから担う気はなくなる。本気で新しい資本主義像を考えるなら、資本調達システムの見直しが不可欠である。

幸い、このプロセスはすでに進行中である。現代の大問題を解決することが投資家の利益に適っているとすれば——実際、適っている場合がほとんどだが——投資家を説得して正しいことをする企業を応援してもらうには、正しいことは儲かることだと示す指標を開発するにかぎる。必要なのは環境問題や社会問題を解決するためのコストとメリットを捉えた、監査が可能で、複製可能な指標である。それによって投資家も共有価値を創出するメリットを理解できるし、企業に説明責任を果たさせることもできる。いわゆるＥＳＧ（環境・社会・企業統治）指標は、この課題に応えるものだ。厳格な会計制度の設計には１００年以上を要し、ＥＳＧ指標はいまだ改良の途中だが、すでに投資家の行動を変えつつある。２０１８年には、運用総資産の20％にのぼる19兆ドル超が、ＥＳＧに基づく情報を活用して運用された。

とはいえ、最善の指標を使っても、目指すべき目的地に到達するには不十分だ。単純に計測できないものがあることが一つ。そして、企業は利益を確保しながら問題を解決できるが、そうした場合、投資家の収益を削ることになるという問題もある。ファイナンス見直しへの第二のステップは、従来とは異なる資本調達先を探すことだ。いわゆるインパクト投資家——自身の収益最大化と同じくらい、変化を起こすことに関心がある投資家——に加え、消費者や従業員に出資を求めることが考えられる。消費者や従業員が所有する企業は、従来の投資家に比べて、資本利回りを犠牲にしても消費者や従業員の厚生を向上させることに満足を覚えるはずだ。こうした代替資本を大規模に調達することができれば、新しい資本主義の構築に向けて、かなり強力な促進効果が期待できる。

もう一つの選択肢は、投資家の権限の縮小である。企業統治を変えるか、企業をコントロールするのは誰かを決めるルールを変えることによって、資本市場の絶え間ない要求から経営者を守るシェルターを提供するのだ。これは面倒だが、掘り下げると面白いアプローチだ。Ｂコーポレーション（社会的責任を果たす企業として認証を受けた企業）などの企業形態を広く導入することで大きな効果が得られるが、予期せぬ結果を引き起こす可能性もあり、既存の投資家からは広く抵抗を受けるだろう。

こうした路線に沿った金融回路の見直しは、新しい資本主義構築への重要なステップになると考えられるが、それだけでは十分ではない。確かに資本を先駆的かつ目的主導型の企業に投じることができ、ＥＳＧ重視を活用して、すべての企業が行動基準を引き上げざるをえなくなれば、大きな変化を起こすことができるだろう。だが、私たちが直面している課題の多くはまさしく公共財の問題なので、単独で解決しようというインセンティブをもつ企業は一社としてない。協力することを学ばなければならない。

第四のピース――協力体制をつくる

ナイキがサプライチェーンから児童労働を排除しようとしたとき、まず自社のオペレーションを刷新し、すべてのサプライヤーに行動指針を与え、定期的に監査することにした。このやり方で、一部の工場の慣行は部分的に改善したが、問題を全面的に解決するには程遠いことがあきらかになった。大手サプライヤーのほとんどは、ほぼすべてのスポーツ靴メーカーと取引があり、ナイキのライバル会社は労働条件の改善に関心がないか、違うやり方を考えていた。サプライヤーの行動を変えるために、監査がきわめて不完全な手段であることもわかった。主要なサプライヤーの多くは零細企業に外注しており、それらをすべて監視することなど到底できないためだ。ナイキは事業を展開するうえで、自社のサプライチェーンの労働条件がブランド・イメージを著しく損なうという深刻なリスクを抱えていたわけだが、それを解決できる方法はなかった。[5]

そこでナイキは、業界の主要企業に呼びかけ、共同でサプライチェーンの刷新に取り組むことを提案した。

ナイキは他社と共に、サプライチェーンのリスクに協力して対応する団体、「持続可能なアパレル連合」を立ち上げた。こうした協力組織を支える考え方はシンプルだ。誰もがみずからの責任を果たせば、すべての関係者が恩恵を享受できる、というものだ。たとえば、チョコレートの場合、主原料のココアの主要な買い手は、長期にわたってココアを確実に手に入れるためには、公正で持続可能なサプライチェーンを共同で構築し、コストを分担するしかないと認識するようになった。[6] 鉱業の場合には世界の主要な鉱山会社が、人権問題への対応として、国連の人権に関する行動規範を履行することで合意している。[7]

言うまでもないが、協力して公共財を生み出すことについては、誰もが公共財の恩恵を受けるにもかかわらず、それを構築したり維持したりするコストは他人任せにして、「ただ乗り」の誘惑にかられる、という問題がある。ただ幸いなことに、人間は公共財の問題をうまく解決できるようにできている。息子が幼い頃、私はよく自宅に大人数を招いてイースター・エッグ探しのイベントを催した。最初の数年は全員にランチを用意していたが、そのうち友人が何品か持ってきてくれるようになり、だんだん持ち寄りのポトラック・パーティになった。手の込んだラザニアに新鮮なサラダ、お手製のクッキーやケーキが並んだランチは豪華で美味しかった。

だが、ポトラックが成り立つのは、全員が料理を持ち寄るからだ。わざわざ手の込んだラザニアを作るのは、自社のサプライヤーに環境への配慮を求め、すぐれた労働慣行を守らせることに通じる。ただ乗りの誘惑は常にある。古くなったクッキー一袋だけを持って行きたくなることはあるだろう。誰も料理なんてしない、誰も手間ひまなどかけない、と全員が思えば、誰もランチを食べられない。だが、みなが知り合いで、付き合いが続くとわかっていれば、そんなことにはならない。ラザニアを作った人を褒めちぎり、古いクッキーを持ってきた人は容赦なくいじめるか、次の招待を「忘れる」ことでお返しする。

家庭、軍隊、暴走族、教会、スポーツのファン、大学などの集団では、集団の一員であることを意識して、組織のためになることなら何でも喜んで貢献しようとする。じつは、現代心理学では、人間は「利己的」であるのと同じくらい、生来「集団主義的」であることが示唆されている。人類は進化の過程で集団を形成し、恥や自尊心といった感情や、義務や名誉といった概念から、チームの一員であることを好み、利己的な人たちを非難する傾向をもつようになった。

人類の歴史は、協力の規模を拡大してきた物語として理解できる。[8] 最初は家族、ついで拡大家族の集団、さらに村、町、都市といった具合に協力の範囲を拡大していった。うまくいっている国家は、国民に「他国」への侮蔑を植え付け、自国を誇り、納税と、政治プロセスへの平和的参加を促す。大企業はいい意味では協力的なコミュニティであり、共通目標に向かって大勢の従業員に働いてもらっている。資本主義を再構築するには、こうした協力する能力を、より大きなスケールで公共財の問題を解決するために活用する必要がある。

こうした類いの活動は、専門的には「自主規制」と呼ばれ、かなり強力になりうる。共通の問題の解決を目指して、企業と企業、企業と第三セクター、企業と政府がパートナーを組んで、その後の実行のモデルとなる解決策のひな型をつくる。だが、これは本質的に脆弱でもある。目標を達成できない協力的合意はいくらでもある。ナイキの例やアパレル産業のケースでは、正しくない行為をしても評判のコストがそこまで高くない国の企業（とくに小規模事業者）は、「不正」行為をしたり、最低価格の入札業者から購入し、疑わしい行為を容認したりする誘惑にかられる事態がなくならない。こうしたタイプの協力は、国家の支援なしに継続するのはきわめてむずかしいが、国家はいたるところで失敗している。資本主義を再構築するとすれば、民間セクターが一翼を担って社会の仕組みを創り変え、政府を立て直す必要がある。

第五のピース——社会の仕組みを創り変え、政府を立て直す

共有価値を創造し、協力を学び、ファイナンスを見直すことで進歩は促進されるだろう。だが、多くの問題は、政府の力がなければ解決できない。アメリカ企業のかなりの割合が王道を行く雇用戦略を導入するとしても、それで格差が大幅に解消される見込みは低い。多くの企業には、安直なやり方で利益を追い求める短期的なインセンティブがある。単純に賃金上昇コストを賄えないと考えている企業は少なくない。

さらに、そもそも格差拡大を加速させたさまざまな要因に対処することなく、一方的に賃金を引き上げても後が続かない。格差拡大の背景には、税制改正や労働組織率の低下から、巨大企業

の支配力の増大、現代の職場の要請に応えられない教育の失敗がある。これらはいずれも、政治行動を通してしか対処できない問題ばかりだ。そして、政府がこうした問題の対策に乗り出すのは、私たちがポピュリズムを乗り越え、八方塞がりを打開できた場合だけである。私たちが直面している問題を解決するには、市場の力と包摂的な仕組みの力のバランスをとる方法を見つけ、健全な社会の実現を目指す目的主導型の企業が重要な役割を果たすしかない。

企業は包摂的な仕組みを築くうえで過去にも重要な役割を果たしてきており、もう一度そうすることはできるだろう。たとえば17世紀のイギリスでは、商人や企業家が同盟を組んで王を追放し、議会制民主主義のルールを世界ではじめて起草した。[10] ニューイングランドの清教徒は、企業の設立許可証を得て、それをテコに民主的な政府を樹立した。[11]

現代の企業は、その気になれば、政府に影響力を及ぼすことのできる巨大な力をもっている。たとえば、インディアナ州知事は2015年、ゲイに対する差別を合法化する法案に署名したが、従業員がLGBTQ（性的少数派）への差別を容認するはずがないと判断した産業界が迅速かつ積極的に動き、1週間後には法案は廃案となった。企業はこうした的を絞った行動で、政治・経済体制や社会を支える必要がある。

もちろん、社会の仕組みを再構築するには行動の積み重ねが必要だが、共通価値の創造を模索する企業、従業員に敬意を払って王道を追求する企業、そして、協調行動を身につけた企業は、この問題を解決するのに絶好の位置にいる。違いを生み出すことをみずからに課しており、多くの場合、公共財をしっかり守る政府の支援を得てこそ、その目標を達成できることに気づいているからだ。

社会の仕組みを再構築するには、新たな法律と新たな規制の整備と同じくらいに、新たな行動様式、思考様式が求められる。

資本主義が常に基盤としてきた価値を再発見し、それらを日々の事業に組み込む勇気とスキルがなければ、資本主義を再構築することはできない。これは事実ではないと見て見ぬふりをするのは、目の前の真実を著しく歪めることである。私たちは、手っ取り早く儲けるために、社会や社会を構成する人や組織を壊している。単純な株主価値の最大化を乗り越えなければ、システム全体が壊れてしまう。

必要な変革を主導するうえでは個人の価値観を表明する勇気が物を言う。だが、人はまま、その役割を過小評価しがちだ。私自身もそうだ。有力者がずらりと顔を揃えた会場で登壇するとき、黒のスタイリッシュなジャケットに色鮮やかなスカーフ、手持ちで一番高いハイヒールという隙のない格好で、「単純にみなさんが儲かるのだから、世界の問題を解決すべきです」と言ってしまいたくなることがある。それは真実であるという美徳があり、彼らがそれを気に入るのはわかっている。もし私が「価値」や「目的・存在意義」について語り始めたら、途端に産業界の厳しい現実がわかっていない浅はかな女性だと切り捨てられるのではないかという不安もある。だが、変革は生易しいものではない。キャリアの最初の20年、私はコダックやノキアといった企業に経営のやり方を変えるよう説得にあたってきたので、見ないふりをする理由、変化を無視する理由、来期の業績を重視する理由がごまんとあるのは知っている。

モトローラのページング部門で交わした会話は忘れられない。フロリダでの暑い日のことだ。窓のない会議室で、スマートフォンによく似た模型を手にしていた。（スマホの元祖ともいえる）ブラックベリーが話題になる数年前で、ましてｉＰｈｏｎｅなど影も形もないときのことだ。私はこの新技術に多額の投資をするメリットを力説したが、部門の責任者は疑わしそうな目をこちらに向け――ひそめた眉の形が目に焼き付いている――こう言った。

わかりました。ご提案は、存在するかどうかわからないが、確実にこれまでの市場よりも小さい市場に多額の投資をして、これまでの商品ラインより確実に利益率が下がるビジネスモデルを使って、顧客が欲しいかどうかもわからない製品を開発しろ、ということですね。あなたは、この投資をすると深刻な組織上の問題にぶつかると警告しているが、われわれは今の事業でも資源の確保に汲々としている。どうしてこの投資をする必要があるのか、もう一度お聞かせください。

物事のやり方を変えるときは、ほぼ常に不確実性が高く見える。そして、ほぼ常に既存のやり方より儲からないように見える。だが、それを認識していれば大いに報われ、モトローラのように否定してしまうと、悲惨な結果になる場合が少なくない。20年にわたる研究が教えてくれたのは、変わることのできた企業には変わらなければならない理由があった、ということだ。存在意義を掲げれば、それが火付け役となって、資本主義を創り直すのに必要なビジョンが明確になり、勇気がもてる。

世の中で事を起こそうという企業を経営するには、強心臓でなければならない。知り合いの成功している目的主導型のリーダーは、ほとんど分裂症ではないかと思うくらいに、容赦なく最終利益を追求する一方で、「大いなる善」を熱心に唱導している。アメリカの乳製品大手チョバニの創業者兼CEOで正真正銘の目的主導型リーダーであるハムディ・ウルカヤは、やり手のビジネスマンと人情味あふれる人道主義者という、二つの人格をもつ。「私は羊飼いであり、戦士でもある。この二つの間を行ったり来たりしている。私はノマド（遊牧民）であり、ノマドはごく正直な人間だ。自分を偽ることができない」

私は光栄にも、何年かポール・ポルマンが主宰するリトリート（日常を離れて課題に向き合う研修合宿）のファシリテーターを務めたことがある。ポールは当時、ユニリーバのCEOで、組織として世界の問題解決に取り組むことは正しいことであるだけでなく、業界リーダーへの王道だと幹部チームを説得している最中だった。世界をより良い場所にするためにユニリーバに何ができるかを熱く議論したかと思うと、なぜ四半期の売上目標を達成できなかったのか、それについて具体的にどんな手を打つのか、部門の責任者同士で容赦なくチェックさせた。

正しいことをすると約束した企業の経営は、従来型の企業の経営以上にむずかしい。有能なマネジャーであると同時に先見性のあるリーダーでなければならない。冷徹に数字を重んじると同時に、より広い世界に心を開かなければならない。だが、このように経営の舵を取ることは十二分に可能であり、はるかに面白いはずだ。ハムディやポールのような経営者が、新しい資本主義を構築している。投資家にとっての価値を創造しつつ、自分たちがよって立つ社会への責任を忘れることがない。公正で持続可能な社会を築くことは簡単ではないし、安上がりでもない。だが、私の見方では、現実的な選択肢はほかにはない。これを実現する方法を見つけなければならない。

最近一緒に仕事をしたCEOが、二大出資者と交わした会話を教えてくれた。

いつもどおり、営業利益をどう上げたか、成長への投資がどう実を結んだかを説明すると、いつもどおりの質問が返ってきました。その後、私から気候変動は本当だと思うか、本当だとすれば、各国政府は問題解決に動くと思うかどうか聞いてみました。気候変動は本当だと思うが、政府が対策に乗り出すとは思わない、というのが彼らの答えでした。沈黙がありました。そこで、子どもがいるかどうか尋ねました。いると言います。そこで私はこう言ったのです。「政府が対策に乗り出さないとすれば、誰がやるのですか?」。またしても沈黙です。でも、そこから本気の対話が始まったのです。

世界で最も重要な対話へようこそ。

第三章

資本主義の再構築には経済合理性がある

リスク低減、需要拡大、コスト削減

カネは愛に似ている。カネを握りしめている者は、じわじわと苦痛を与えながら殺す。カネを友だちにした者は、元気づける。

——ハリール・ジブラーン「昨日と今日、Ⅻ」、ハリール・ジブラーン著『人生についての小本』

カネは火に似た点がある。有能な下僕だが、ひどい主人でもある。

——P・T・バーナム『マネーを獲得する技法、あるいは儲けるための黄金ルール』1880年重要な問題について対話するのはもちろん大切だが、共有価値を創造すること、人を尊重すること、環境負荷を低減することについての経済合理性はあるのだろうか。もちろん、ある。

現時点でも、巨額の売り上げを実現しながら、同時に社会問題や環境問題に取り組んでいる企業は多数ある。アメリカの太陽光発電の売上高は840億ドルで、その雇用者数は石炭、原子力、風力発電の合計を上回っている。[1] 風力発電はアメリカの電気の7%を供給している。[2] インドでは、太陽光発電の価格が急激に下落したため、14の大型石炭火力発電所の計画が撤回されたばかりだ。[3] プラグインの電気自動車の昨年の販売台数は200万台にのぼり、売り上げは飛躍的に伸びている。[4] 代替肉市場は、今後10年以内に1400億ドル産業になると予想されている。[5]

ただ、資本主義を創り直すには、話題の産業だけでなく、すべての産業を見直す必要がある。どの企業も変革を行っていると主張しているが、そう言わなければ、ミレニアル世代に働いてもらえないからだろう。だが、環境にやさしい事業モデルは、本当に存在しているのだろうか。前章のノルスク・ジェンヴィンニングの話は確かにすばらしいが、結局のところ産業廃棄物ビジネスだ。リサイクルを改善して利益を確保できることがわかったところで、驚くにはあたらない。しかもエリック・オズムンゼンは経営トップであり、みずからが掲げた指針を推進する権限をもっている。だが、通常業務があり、常に競争圧力にさらされ、同僚や上司から怪訝な目で見られる一般社員に、新しい資本主義を生み出すことなどできるのだろうか。たとえば、ティーバッグの紅茶を販売していて、そんなことができるだろうか。たいていは、できる。だが、そのために必要なものがある。仲間、勇気、そして組織全体の理解だ。

正しいことをする理由を探す

ミケル・リジェンズは、２００６年夏、紅茶のリプトンのブランド開発マネジャーとしてユニリーバに入社した。それ以前に在籍していたベン&ジェリーズ・アイスクリームは、小さい企業ながら、高いブランド力と最高級品質で、環境にやさしいサプライチェーンを構築し、その分、価格が高いことで知られていた。だが、世界最大の紅茶ブランド、リプトンの事業はまったく違っていた。[6]

茶は水の次に世界でよく飲まれている飲料だ。全人口の半数近くが毎日茶を飲み、２０１８年には世界で２７３０億リットルの茶葉が焙煎され、約１兆杯が飲まれている。[7] ユニリーバの紅茶の年間売上高は60億ドル弱で、そのほとんどがティーバッグだ。[8] ティーバッグの紅茶販売は競争が激しい。価格が安く、たとえばウォルマートでは、現時点で１００袋入りのリプトン紅茶が3・48ドルで売られている。一袋あたり3・5セントの計算だ。しかも、たいていの消費者は、主要ブランドの品質や味の違いがわからない。[9] ミケルがマネジャーに就任した当時、業界は死のスパイラルに陥っているようにみえた。慢性的な過剰供給と、商品間の差がないことから、主要ブランドは値下げに走り、それがさらなる値下げ圧力を招いていた。２００６年当時、紅茶の価格は、１９８０年代半ばのピーク時の半分以下になっていた。どんな対策を打ち出すべきか。

ミケルが紅茶部門の同僚と協力して編み出した案は、直観に反した意外な内容だった。ユニリーバは100%持続可能な方法で栽培された茶葉を購入する、と公に宣言すべきだと進言したのだ。これは大掛かりな企てだった。何よりも50万戸強の小規模農家の研修が必要で、ユニリーバが茶葉に支払う価格を大幅に引き上げることになる。言い換えれば、ミケルは、価格競争が熾烈な業界で価格戦争が繰り広げられている最中に、コストを引き上げる提案をしたのだ。これは教科書に書いてある対策ではない、どころの話ではない。ミケルが私のオフィスを訪れて助言を求めていたとしたら、頭を冷やしなさい、と言っていたかもしれない。結局、ミケルらは5カ月かけて上司を一人ひとり説得し、本気であることを示した。

何を考えていたのか。

社内で議論した点はいくつかあった。第一は供給確保の問題だ。茶葉栽培は、ダーティ・ビジネスになりうる。小規模農家が茶葉を生産するには、熱帯雨林を農地に転換しなければならない。それによって生物多様性が損なわれ、土壌の悪化を招く可能性がある。[10] 茶葉の乾燥に必要な薪を切り出すために近隣の森林を伐採すると、森林の保水能力が低下するためだ。だが、ほとんどの農家がこうした持続不可能な栽培方法をとるのは、栽培面積を拡大するためではなく、生産量の拡大を重視した結果だった。伝統的な茶葉生産では、殺虫剤を大量に散布し、肥料を大量に使う。それらが相まって土壌の質が低下し、土壌侵食が起きる。長年にわたる茶葉のコモディティ化で価格は下落傾向にあったが、農家が自分たちの所得を守ろうとするため、そのしわ寄せは、労働者と環境に向かった。土壌の質が悪化し浸食されるなか、生産量を維持しようと化学肥料を増やした結果、さらに質が悪化し、浸食が進むという悪循環に陥っていた。茶葉生産は地球温暖化の影響も受けやすく、気温上昇、旱魃、洪水によって生産コストは押し上げられ、生産自体がむずかしくなりつつあった。[11] ミケルらは、現行の価格では、サプライチェーン全体の存続が危ぶまれると訴えた。「なんらかの手を打って業界を変えなければ、どこかの時点で求める品質の茶葉を必要量確保することができなくなってしまう」。ユニリーバは、世界の名だたる茶園の多くから茶葉を仕入れていたため、量を確保できないことは紅茶ビジネスの重大なリスクになる。参考になるのはチョコレートの主原料のココアの事例だ。持続不可能な栽培方法と、気候変動の悪影響が重なって、世界的な需要に供給が追いつかず、価格がきわめて不安定になっていた。[12]

次に議論されたのは、ユニリーバの紅茶ブランドを守る必要性についてだった。伝統的な茶葉農園の労働条件は劣悪だ。茶葉の収穫は労働集約的で、10日から12日ごとに新芽2、3枚を手摘みしなければならない。だが、労働者の日給は1ドル未満で、多くは劣悪な住居に住み、衛生状態も悪く、十分な医療を受けることも子どもに教育を受けさせることもできていない。バングラデシュやインドでは、茶園の労働者はたいてい栄養不足で、就業者全体のなかでもとくに貧しい。[13] サプライチェーンの労働慣行の改善を訴えても聞き入れられないなか、ミケルらは「ユニリーバが冒しているリスクは格好の攻撃材料になる。マスメディア時代にあって、こうした攻撃はひどく高くつく」と訴えた。

さらに、より持続可能な生産方法を採り入れるよう茶葉のサプライヤーを説得することは可能だと示唆した。ミケルは同僚に連れられ、ユニリーバが長年所有するケニアのプランテーションで、2万1000エーカーの美しい茶畑ケリチョを訪れたことがあった。ケリチョの生産方法は、ほかの茶園よりも持続可能性が格段に高い。たとえば、刈り取った後の茶木や葉は廃棄したり燃料や牛の飼料にするのではなく、放置して腐らせていたが、これは土壌を肥沃にし、保水性を最大化する方法だった。肥料の使用は注意深く管理されていた。発電には現地の水力を利用し、ケニアの電力会社から購入する3分の1のコストで安定的に電力が入手できた。農園の片隅には成長が速いユーカリを植えて、茶葉を乾かすための燃料にした。気候は温暖で、周囲の土地を適切に管理していたため、ケリチョは害虫の天敵の棲み家となり、最小限の農薬と殺虫剤を使うだけで足りた。

ケリチョの生産量は一ヘクタールあたり3・5〜4・0トンで、伝統的な茶のプランテーションの2倍近く、世界有数の生産効率だ。それゆえ1万6000人の従業員に、地域の農業の最低賃金の2・5倍以上の賃金を支払うことができた。さらに従業員は会社が用意した住宅や病院を無料で利用でき、子どもは会社が運営する学校で学んでいた。[14] ユニリーバがサプライヤーの研修コストと、茶葉を認証するコストを賄う方法を見つければ、サプライヤーは喜んで切り替えるのは当然だと思えた。しかも、ユニリーバは仕入れ価格を5%程度上げるだけでいいのだ。

第三の議論、そして最も重要な議論は、持続可能性を追求することでユニリーバの紅茶に対する消費需要は増加する可能性がある、というものだ。ユニリーバの紅茶を愛飲する消費者に値上げを納得してもらえると考えていたわけではない。ほとんどの消費者は、口では立派なことを言う。たとえば最近の世界的な調査では、自身が及ぼす環境負荷を軽減するために消費習慣を変えるつもりがあると回答した割合は全体の4分の3近くを占めた。[15] 一般的なブランドではなく、環境にやさしい商品に進んで替えると回答した割合も半数近くにのぼった。[16] 中南米、アフリカ、中東では、企業は環境問題に対応すべきと回答した割合が90％近くにのぼった。[17] だが、たいていの消費者は、持続可能な商品だからといってプレミアム価格を支払うわけではない。ミドルクラスの中年女性のなかには、状況次第で持続可能な商品にプレミアム価格を支払ったり、コーヒーやチョコレートなどの高級品にはプレミアム価格を支払う人もいるが、ほとんどの人にとって商品の持続可能性は――少なくとも現時点では――「必須」ではなく「あればいい」程度のものだ。[18]

価格戦争の最中での主原料の5％の値上がりは大きな打撃だ。価格を上げないと考えている場合はとくにそうだ。だが、ベン＆ジェリーズで、世界初のフェアトレードのアイスクリームの投入に関わったミケルは、環境や労働慣行への懸念から消費者行動がどう変わるかをよく知っていた。少なくともリプトンの一部の消費者は意識が高く、持続可能なブランドに進んで切り替えてくれると踏んでいた。

ここまでで、ミケルらが経営幹部の承認を得るのに6カ月近くもかかった理由が大体わかったかもしれない。だが、ともかくも彼らはやり遂げた。数年後に実施したインタビューから、彼らにはこれはやるべき正しいことだという信念があり、議論した三つのビジネスモデルのうちの少なくとも一つは利益を生む、という適度な確信があったことがうかがえる。ユニリーバは元々、価値志向の会社であり、存在意義と納得できる経済性が合わさったからこそ、ミケルの提案が受け入れられたのではないだろうか。

いずれにせよ、三つの議論すべてに正しい要素が含まれていた。ユニリーバのケニアとタンザニアの農園は、持続可能な茶園としてはじめて認証を受けた。ミケルらは次に、認証候補の優先リストを作成し、アフリカ、アルゼンチン、インドネシアの大手サプライヤーを特定した。これらの農園の多くではすでにプロフェッショナルな経営が行われており、既存の生産方法を見直した後、入手可能なツールを活用して認証を受けた。[19] 次のステップは、ユニリーバが茶葉を仕入れているケニアの50万戸の小規模農家の認証だ。ユニリーバは、ケニア紅茶開発庁（ＫＴＤＡ）およびオランダ持続可能性貿易イニシアティブ（ＩＤＨ）と連携して、「指導者研修」プログラムを設計し、持続可能な農法をケニア国内に短期間で普及させた。茶葉の各工場は30〜40人の農家を選抜し、3日間程度の指導者研修を受けさせる。それぞれの指導者は農場学校を通じて３００人前後の農家を指導することが期待されていて、持続可能な農法とはどういうものかを実地で示す。新しい手法は、やり方を大きく変えるものではなく、たいした投資も必要ない。たとえば、剪定した枝や葉を燃料にするのではなく、その場に放置して腐らせて土壌を改良する。農家には別途、燃料用の木を植えてもらわなければならないが、種は安価で、ユニリーバが補助金を支給した。また有機ごみを燃やすのではなくコンポストにすること、ごみや水を有効活用することも奨励した。

コストがかかる変更もあった。たとえば、サステナブル基準の認証を受けるには、（認可された）殺虫剤の散布に個人用の防護具を使わなくてはならない。これには最大30ドルのコストがかかり、零細事業者には月給の半分に相当する。[20] このケースでは、認証を担当する国際非政府組織

（ＮＧＯ）のレインフォレスト・アライアンスが、非営利の融資団体のルート・キャピタルや国際金融公社（ＩＦＣ）などの組織と連携して、防護具の購入を支援した。地域によっては、零細事業者が資金をプールして防護具を一式だけ購入し、共同所有する場合もあった。[21] ある調査によると、純投資は初年度の農家の現金所得の１％未満であったとされる。[22]

持続可能な生産手法を取り入れたことで、多くの農家では生産量が5〜15％増加した。茶葉の品質は向上し、事業コストは下がり、価格を引き上げる余地が生まれた。平均所得は推定で10％から15％増加したとみられる。[23] だが、ケリチョ農園の責任者のリチャード・フェアバーンによると、農家にとっての最大の恩恵は目に見えないものだという。「ケニアの零細農家が、将来世代に引き継ぐことのできる健全な農園をつくることに関心をもつようになった。それが彼らの共鳴した『持続可能性』だった」

ユニリーバに期待されたメリットはどうだったのか。

ユニリーバは２０１０年までに、西ヨーロッパ、オーストラリア、日本で販売されるリプトンのイエロー・ラベルとＰＧチップスのティーバッグはすべてサステナブル認証を取得した。２０１５年には、ユニリーバの紅茶販売量の約3分の1にのぼるリプトン・ティーバッグすべての茶葉が、レインフォレスト・アライアンスの認証を取得した農園産になった。この改革によって、多くの茶園労働者の生活が変わり、サプライチェーンの健全性と強靭性を大幅に高めることができることが示された。

だが、予想されたとおり、ユニリーバのコストは大幅に上昇した。茶葉の供給は安定していて、手酷い批判を受けてブランドが傷つくこともなかったが、経済合理性としてのリスク回避に伴う問題があった。その一つは、それを計測するのが困難だということだった。[24] ミケルは、需要の増加が見込めることを示す必要があった。

この点については、各拠点の同僚を説得して、マーケティング予算をつけてもらわなければ始まらないが、誰もがいいアイデアだと納得していたわけではない。当時、ユニリーバのマーケティング部門はかなり分散されていて、各国にマーケティング・チームがあり、リプトンのアイデンティティとして「サステナビリティ」を推進するか否か、推進するとすれば、どの程度力を入れるのかは各チームが独自に決めていた。キャンペーンの初年度は、主要地域の少なくとも一つ――アメリカが、マーケティングに「サステナビリティ」を使うことに反対した。またフランスは、マーケティングの効果にかなり懐疑的で、圧力を受けて導入するにとどまった。だが、現地法人がサステナビリティのアイデアを積極的に取り入れた地域では、ユニリーバのシェアが大幅に拡大した。たとえばユニリーバの紅茶の売り上げの約10%を占めるイギリス市場がそうだ。当時は、二大ブランド――ユニリーバのPGチップスとライバルのテトリー・ティーが圧倒的な存在感を示し、約25%ずつの市場シェアを占めていた。[25]

PGチップス・ブランドは、大衆市場の労働者階級向けブランドで、その広告キャンペーンにはイギリス流のユーモアがこめられていた。[26] マーケティング・チームは、サステナビリティ・イニシアティブを、ブランドの大刷新と捉え、1年を通して1200万ユーロ（約1300万ドル）のマーケティング予算を確保し、プロモーションにあてた。この試みは、ブランドの核となる部分は変えずに、消費者に響くメッセージを見つける狙いがあった。「大きな挑戦だった」と、キャンペーンの関係者の一人は振り返る。「主要顧客に、お説教していると思われず、ブランド・イメージに合った言葉で、複雑な問題を説明する必要があった」。こうして厳選されたメッセージは、「あなたも一役買って、お湯を沸かしましょう」（"Do your bit: put the kettle on"）で、PGチップスを飲むことが即ポジティブな行動である点を強調した。キャンペーンでは、同ブランドの過去のキャンペーンとの継続性をもたせるため、しゃべる猿の「モンキー」と労働者階級の「アル」という定番のキャラクターを使った。たとえばある広告では、モンキーが台所でスライドショーを見せながら、持続可能性の意味と、そのためにできる手軽な行動をアルに説明した。

キャンペーン前、PGチップスとテトリー・ティーはイギリス市場で熾烈な首位争いをしていたが、キャンペーン終了後、ほぼ横ばいのテトリーに対し、PGチップスのシェアは1・8ポイント上昇した。リピート買いの比率が44%から49%に上昇し、売上高は6%増加した。さまざまな調査を見ても、キャンペーンが開始されて以降、PGチップスが環境に配慮したエシカルなブランドであるとの認識が着実に高まっている。

オーストラリアでは、2億6000万ユーロ[27]（2億8800万ドル）の紅茶市場の4分の1近くをリプトン・ブランドが占めていた。現地チームが選んだキャッチフレーズは「世界初のレインフォレスト・アライアンス認証紅茶、リプトンでより良い選択を」（"Make a Better Choice with Lipton, the world's first Rainforest Alliance Certified tea"）で、キャンペーンに

110万ユーロを投入した。リプトンの売上高は11%増加し、市場シェアは24・2%から25・8%に拡大した。ユニリーバが約12%のシェアを占めるイタリアで選ばれたフレーズは、「あなたの小さなカップが大きな違いをもたらします」（"your small cup can make a big difference"）[28]で、売り上げが10・5%増加した。

紅茶のような競争が熾烈な消費財市場で、この数字は大きい。私の簡単な試算ではユニリーバは最初の数年で投資を回収したとみられ、ブランド力を大幅に強化した。そして2010年、暫定CEOのポール・ポルマンが「サステナブル・リビング・プラン」を打ち出す。これは、消費者の健康と幸福の増進、環境負荷の軽減、そして最も大胆な目標として農産物の原材料の100%持続可能な調達を掲げ、2020年までに達成することを目指し、広範な全社目標を導入するプランだ。ユニリーバが調達する原材料は50品目で800万トン近くにのぼり、この目標を達成するには、サプライチェーンの大規模な再編が必要になる。ポールは、これが競争力の源泉になると確信していたが、それは紅茶での経験があったからだ。ミケルらは持続可能性のコミットメントは経済的に見合うこと、少なくともユニリーバにとっては10億ドル規模の共有価値の創造が可能であることを示したのだ。

ミケルの成功から、共有価値を生み出すための四つの道筋のうちの二つが見えてくる。リスクの低減と需要の拡大だ。変革を主導する手法として、以下ではリスクの低減を見ていこう。持続可能性を活用した限界的な需要の拡大は、広く見られるようになっている。一般に、消費者は持続可能性にプレミアム価格を支払おうとしない。だが、自分が気に入った商品を見つけると――

品質、価格、機能性が揃っていると――より持続可能性が高い商品に切り替える消費者は少なくない。２０１９年6月、ユニリーバは、同社の目的主導型の「サステナブル・リビング」ブランドの成長率が他の事業を69％上回り、同社の成長の75％を生み出していると発表した。[29]

ミケルの成功からわかることが、もう一つある。新しい資本主義を実践するのは、ＣＥＯだけの役割ではない。ミケルはリプトンで同志を見つけた。とくにサプライチェーンのマネジャーのなかに、アフリカやインドに腰を据えて紅茶ビジネスのあり方を変えようと情熱を燃やす仲間がいた。彼らと一緒になって経済合理性があることを明らかにし、それを実現する方法を見つけた。それをきっかけに、改革は全社的な取り組みになった。

共有価値を創造してリスクを低減し、需要を拡大することは、経済的リターンを生み出す強力な方法である。ウォルマートは、ハリケーン・カトリーナ[30]での文化を変えるほどの経験から、持続可能性を進んでビジネスに取り入れるべきもう一つの重要な理由を見い出した。持続可能性は収益に結びつく、それも多額の収益になる、という事実である。環境負荷の軽減は、コストを削減する有効な方法になるのだ。

２００億ドルを節約したウォルマート

リー・スコットの生い立ちからは、長じて熱心な環境保護論者になることは想像できないかもしれない。スコットはカンザス州のバクスター・スプリングスで育った。父親はフィリップス66

のガソリンスタンドを経営し、母親は地元の小学校の音楽教師だった。スコットは高校卒業後、タイヤの金型をつくる地元企業に就職した。21歳になる頃には、夜間シフトで働いてカレッジの学費と生活費を稼ぎ、小さなトレーラーで妻と息子と暮らしていた[31]。

7年後にはアーカンソー州スプリングデールに転居し、イエロー・フライトという名の運送会社の拠点マネジャーとして働くようになる。ここで会社の売掛金を回収していたときに、10年後にウォルマートの二代目ＣＥＯになるデヴィッド・グラスと出会う。請求書が間違っているとして頑として支払いに応じなかったグラスだが、スコットの誠実さとやる気に感心して、あろうことかウォルマートへの転職を勧める。スコットは断った。「アメリカで急成長している物流会社を辞めて、たかが７０００ドルも支払えない会社に行くわけがない！」と当時の心境を後になって語っている。だが、2年後、グラスに説得されたスコットは、物流部門の副責任者としてウォルマートに移った。そして20年後、ウォルマートの三代目のＣＥＯに就任する[32]。

ウォルマートにとって苦難の時期で、スコットはマスコミの批判の矢面に立たされた。従来の指標ではどれを取っても、ウォルマートはめざましい成功企業だった。実際、多くの点で、自由市場資本主義のお手本のような企業だったといっていい。「アウトサイダー」が業界の覇者になれることを証明したのだ。ウォルマートの創業の地は、アーカンソーの片田舎で、田舎の住民相手の小売サービスが収益事業になるという、従来にない発想でつくられた。ウォルマートは30年で業界地図を塗り替え、物流、購買、流通の仕組みを高度化し、世界有数の大企業へと成長した。スコットがＣＥＯに就任した２０００年時点で、売上高は約１８００億ドル、従業員は

110万人強にのぼっていた。[33]

部外者は財務面でのリターンの高さに注目するが、スコットのような内部の人間は、ウォルマートが人々の生活に与える影響の大きさに興奮を覚えていた。ウォルマートで働いていると、「お金は節約し、豊かな生活を」（"save money, live better"）という標語が空虚なスローガンではなく、企業が目指す究極の目標を説得的に表明したものだとよくわかった。ある独立機関の調査によると、1985年から2004年の間に、ウォルマートのおかげでアメリカの平均的な家庭が節約できたお金は、一世帯あたり2329ドル、一人あたり895ドルになるという。[34] ウォルマートの経営幹部チームの75％はたたき上げで、スコットらは、経済の主流から排除された人々に経済発展をもたらす強力なエンジンがウォルマートだと考えていた。

だが、批判的な人たちの見方はかなり違っていた。2000年代に入ると、ウォルマート自身が強まる逆風を感じるようになった。[35] ウォルマートの低価格は、それに太刀打ちできない零細商店を廃業に追い込み、都市の中心部を空洞化させていると非難された。労働組合は、ウォルマートが度を越した組合の締め付けを行っており、大多数の従業員の賃金と雇用形態は不十分で、食費や住居費、医療費の補塡をする政府支援プログラムに頼らざるをえないと主張した。ウォルマートは差別で訴えられ、不法移民を不法就労させている疑いで捜査の対象になった。児童労働法に違反し、児童労働により作られた商品を仕入れているとも批判された。ウォルマートの競争相手や仕入先にも同じような批判があったが、マスコミの注目を集めるのはいつもウォルマートだ。あるコンサルティング会社がウォルマートの顧客を調査したところ、54％がウォルマートは

「やりすぎ」と答え、82%が「ほかの企業のロールモデルとなる行動を期待し」、あろうことか2%から8%の顧客は、「悪い評判を耳にしたので」ウォルマートでの買い物をやめると回答した。私が息子に、ウォルマートは持続可能性に力を入れている企業の一つだとはじめて話したとき、怪訝な顔でこう言われた。「信じてるよ、ママ。僕のママだから信じるけど、ほかの人は信じないだろうね」

スコットは、この批判の嵐を振り返ってこう語る。認識が遅れたのは、否定的な意見の発信源がウォルマートで買い物をしない「民主党が優勢な青い州（ブルー・ステート）のエリートたち」で、ウォルマートがいかに消費者の節約に貢献しているか理解してないと考えていたからだ。サステナビリティ担当の初代責任者アンディ・ルーベンは、社内の様子をこう振り返る。「バンカーにはまって、頭を上げるたびに敵の攻撃に遭ったような感じだった。従業員は高い志をもち、熱意をもって行動していたが――、私が目にしていたことと、ベントンビル以外でのウォルマートに対する認識には、あまりに大きな隔たりがあった[36]（ウォルマートの本社はアーカンソー州ベントンビルにある）」。ウォルマートと一緒に仕事をした専門家の一人は、のちにこう回想している。「ベントンビルで孤立していて、どうして好かれていないのか、本当にわかっていなかった。まるで、『自分たちは正しいことをしています。お客様に毎日最安値を提供しています。真面目に働いています。誠実です』と言っているようだった。それが彼らの言い分だった」

2004年9月、スコットは、「ウォルマートの世界の現状」をテーマに2日間のオフサイト・ミーティングを開催し、批判にどう応えるか議論した。それに続く12月の会議では、ウォルマートは「強い姿勢で企業の責任」を果たすべきだとの意見で一致した。その8カ月後、ハリケーン・カトリーナがメキシコ湾岸を襲い、スコットは否が応でも新しい戦略を強力に推進せざるをえなくなった。

ハリケーン・カトリーナは、アメリカ史上で最大級の被害をもたらした。ニューオーリンズとその周辺が水没して1000人以上が死亡し、100万人以上が避難を余儀なくされ、推定被害額は1350億ドルにのぼった。[37] 被災地域にあるウォルマートの各店舗は、本社の指示を待たずに、自分たちにできることを始めた。生存者に食料や衣服を配り、救援部隊に住居を提供した。ミシシッピ州ウェイブランドのある店の店長は、「ブルドーザーで店への通路を確保し、水に濡れていない商品を探し出し、近隣住民が求めている靴や靴下、食品、水を配った」。スコットは幹部チームとの電話会議で、本社の予算は気にせず対応するよう指示し、各地の対応を支援するため、当初約束した10倍の2000万ドルの現金を拠出し、100台のトラックで物資と10万食の食事を届けた。[38]

危機の当初、政府主導の救援が機能しないなかで、ウォルマートのこうした対応をマスコミは称賛した。ワシントン・ポスト紙は「ハリケーンの救援で最前線に立つウォルマート」と題する記事でこう評している。「競争相手に広く恐れられる要因となった同社の高度なサプライチェーンは、まさに水没したメキシコ湾岸地域に必要なものだと受けとめられている」。ルイジアナ州ジェファーソン郡首長のアーロン・ブラサードは、全米で放映される日曜朝のニュース番組「ミート・ザ・プレス」に出演し、「アメリカ政府がウォルマートのように対応してくれたら、こんな危機には陥っていないだろう」と語った。

翌月、ウォルマートのすべてのサプライヤー、全店舗、全支社、世界中の流通センターに配信されるスピーチで、スコットは、ハリケーン時の経験を引きながら、サステナビリティへの主要なコミットメントを発表し、三つの主要目標をあきらかにした。１００％再生エネルギーにする、廃棄物をゼロにする、「資源や環境に配慮した商品を販売する」。併せて、向こう7年で温室効果ガスの排出量を20％削減する、ウォルマートの物流部門の効率を2倍にするなどのコミットメントも発表した。また、医療、賃金、コミュニティ、多様性についての行動目標も発表した。

スコットがこれらの目標を設定したのは２００５年だ。持続可能性はまだニッチのテーマで、真剣に取り組んでいたのはパタゴニアやベン&ジェリーズくらいだ。当時のウォルマートのコミットメントは革新的だった。思い出してほしいが、ユニリーバが「サステナブル・リビング・プラン」を打ち出したのは２０１０年になってからだ。効果はすぐに表れ、ウォルマートに対する世間の評判は変わった。それは狙いどおりだった。２００８年の報告書によると、倫理に関する評価で、前年は小売企業27社中最下位だったウォルマートは、08年にはマークス&スペンサー、ホーム・デポに次ぐ3位に選ばれている。[39]

だが、その後、予想しないことが起きる。エネルギーを節約すると、コストがかなり浮くことがわかったのだ。２０１７年までに物流部門の効率を2倍にするという目標を達成し、輸送コストを年間10億ドル以上節減できた。これは純収入の約4％に相当する。ウォルマートは詳細な投資額を公表していないが、２００７年と09年には、エネルギー効率の改善と温室効果ガスの排出量削減に約5億ドルを投じたことがわかっている。このペースの投資を続けていて、この投資の唯一のメリットが物流効率の向上だと仮定して大雑把な計算をすると、資本収益率は最低でも13%になる。多くの小売企業が5%か6%を達成するのに苦労している時期にである。同じ期間に、ウォルマートでは店舗のエネルギー効率も12%向上していた。これも大雑把な計算をすると、年間で約2億5000万ドルのコスト節減になる。

これは当然だという向きもあるだろう。エンジニアやコンサルタントは以前から、エネルギーの節約でコストが浮くと言っていたのだから。たとえば2007年、世界有数のコンサルティング会社は、収益性のあるエネルギー節減の対策を導入するだけで、世界のエネルギー使用量を25%減らすことができる、との研究結果を発表している。[40] 古い建物の冷暖房システムはエネルギーの30%から40%前後が無駄になっているため、微調整できる冷暖房システムに替えれば、たいてい1年以内に元が取れる。[41] 世界最大級のプライベート・エクイティ企業のKKRは、エネルギー・コストを12億ドル以上節減したとしており、現在はどの企業にもエネルギーと水の監査を受けることを求めている。こうした監査のリターンはそれほど高かった。[42] エネルギーの節約による企業のコスト削減を支援するビジネスの市場規模は、少なくとも10億ドルにのぼる。[43]

だが、こうした類いの節約のタネの発掘が始まったのは、戦略的ビジョンがあればこそだ。これは特殊なことではない。リプトンで、持続可能な事業モデルを構築するとは、すなわち消費者行動の根本的な変化を見える化することだった。ウォルマートのブレークスルーは、事業の日々のオペレーションの詳細をまったく別の観点から見ることからもたらされた。持続可能性に関するウォルマートのコミットメントは、リプトンのそれと同じくらい変化をもたらす力があったといえるだろう。

エネルギーに賭ける

共有価値を追求する経済的論拠として、リスクの低減の概念に戻ろう。ユニリーバの紅茶のケースでは、リスクの低減が重要になりうることをみたが、それを定量化するのは簡単ではない。一般的なリスクで、十分なデータがあり、かなりの確かさで確率を計算できるとき——たとえば住宅火災や自動車事故の場合——個別のリスクのコストはかなり正確に計測できる。だが、目新しいリスクの場合、そのリスクを回避するために、どれだけのコストを負担すべきかを推計するのは格段にむずかしくなる。

あきらかに異常な事態が進行しているにもかかわらず、気象に関するリスクを検討課題に入れていない企業が多い理由は、おそらくここにあるのだろう。1980年代以降、気象関連の保険の損害額は5倍に増加し、年間約550億ドルにのぼっている。保険でカバーされない損害額も2倍にのぼる[44]。最近の試算によれば、これでも保険業界は異常気象による潜在的な損害額を最大50%、過小評価している可能性が示唆されている[45]。マイアミの海面は過去30年で約6インチ（約15センチ）上昇した。現時点では2035年までにさらに6インチ上昇すると予測されている。海面が12インチ上昇したところに、春の大潮やハリケーンが襲来すれば、沿岸部の不動産は壊滅的な被害を受けるだろう。[46] これらの情報は簡単に手に入るにもかかわらず、少なくとも大手銀行一行は、フロリダの海岸沿いの不動産の鑑定に、こうした損害リスクを含めずに住宅ローンの引き受けを行っている。

２０１９年４月、イングランド銀行のマーク・カーニー総裁とフランス銀行のフランソワ・ビルロワ・ド・ガロー総裁は共同声明で、異常気象に伴う保険の損害額が過去30年で５倍に増加したと指摘した。両者は、２００８年の金融危機に先立つ銀行融資がいかに過剰だったかを示すのに使われている経済学者のハイマン・ミンスキーの研究に言及し、金融市場が気象リスクの「ミンスキー・モーメント」に直面していることを示唆し、気候変動に対応できない企業や産業は淘汰される恐れがあると警告した。[47]

２０１９年10月、米連邦準備制度理事会（ＦＲＢ）のジェローム・パウエル議長はブライアン・シャッツ上院議員への書簡で、気候変動が「中央銀行にとってますます重大な問題になっていると考えられるようになっている」と述べた。同じ月、サンフランシスコ連銀は、気候変動が金融システムに及ぼすリスクを検討した18本の論文集を発表した。[48]

個々の企業は、こうした類いのリスクをどう考え、リスクに対する行動の論拠をどう構築すべきだろうか。持続可能性への投資を、未知への飛躍ではなく、戦略的なヘッジと考えるのが一つのやり方だ。ＣＬＰの事例を見てみよう。

アジア最大級の上場電力会社のＣＬＰは２００４年、電力の５％を10年までに再生エネルギー発電にすると発表した。２００７年には大きな賭けに出て、20年までに発電量の20％を非化石燃料にすると約束した。これらの数値目標は、アジアの電力会社で最も野心的なものだが、多くの従来指標ではまったく理屈に合わないものだった。[49]

ＣＬＰが保有する発電所の大半は石炭火力発電だった。アジアでは珍しいことではなく、入手のしやすさと相対的な安さから、発電用燃料として石炭が選択されている。２００７年当時、石炭火力発電は、太陽光、風力、原子力発電に比べて格段に安かった。太陽光と風力発電のコストが大幅に低下した後の２０１３年時点でも、風力発電のコストは石炭火力を30％上回り、太陽光発電のコストは3倍にのぼるとＣＬＰは想定していた。

ＣＬＰは何を考えていたのか。

石炭火力に大きく依存し続けるリスクを重視したのだろう。石炭にこだわり続けると、重大な政治リスクに直面する可能性がある。発電所はいったん建設すると動かすことができず、長期にわたって稼働させることになり、かなりのコストがかかる。通常、建設には3年から5年かかり、稼働年数は25年から60年に及ぶ。移動させることができず、地域で唯一、電力を供給している場合が多いため、事業がうまくいくかどうかは、地域のコミュニティと良好な関係を維持できるかどうかにかかっている。いわゆる「事業認可」がカギを握るのだ。ＣＬＰはどこかの段階で、地域のコミュニティが、近隣の大気汚染や都市の洪水の元凶として石炭火力発電を槍玉にあげ始め、事業認可が取り消される深刻な危機に直面する可能性があるとみていた。政府が石炭火力発電所を罰する方向に動くかもしれない。なんらかの炭素価格を設定するか炭素税を課して石炭の価格を引き上げるか、単純に発電所を閉鎖させる可能性もある。

石炭にこだわることには、技術的なリスクもある。太陽光や風力発電のコストが急落する現実的な可能性があるとCLPはみていた。新しい技術は、導入当初は高くつくものだ。たとえば、第一号の携帯電話は、1983年価格で3995ドルで、2018年価格に換算すると1万ドル強もした。[50] だが、ほとんどの技術は、いわゆる「学習曲線」に沿ってコストが低下する。需要が増加するにつれ、企業は研究開発費を増やし、技術が製品に取り込まれて生産が容易になる。2007年時点では、太陽光発電も風力発電も石炭火力発電に比べて大幅に高かったが、遅かれ早かれ安くなるのはあきらかだった。

CLPがそれぞれのリスクに正確な確率を設定していたかどうかはわからない。だが2008年、いくつかの電力会社の幹部にどの程度の確率を置いているか尋ねたところ、返ってきた答えは驚くほど一致していた。ほとんどの幹部は、今後20年で再生エネルギーが化石燃料にコストで対抗できるようになる確率が約30%、一般市民の圧力によって政府が税金や価格上乗せを実施せざるをえなくなる確率を約30%とみていた。これらの二つの確実性を次のような四象限の図にまとめた。

図の右上は、「従来どおり」で、炭素排出規制はなく、再生エネルギーは化石燃料に比べて高いままの世界だ。私はこれを「神頼みの」未来と呼ぶことがある。というのは、あまりに多くの企業がそうであってほしいと願うことに時間をかけているからだ。エネルギー会社の幹部によると、2030年の世界がほぼ現在と同じ確率は約49%（0・7×0・7）だという。図の左下は「緑の楽園」で、炭素が価格づけされ、再生エネルギーが石炭よりも安い世界だ。多くの電気・

ガス会社の幹部によれば、2008年時点では、およそありえない世界で、確率はわずか9%だった。だが、ほかの二つの未来、「再生エネルギーが価格競争力をもち化石燃料と互角になる」世界と、「規制が現実になる」世界の確率は、それぞれ約21%だった。

この図には、興味深い点が二つある。第一に、未来が現在とほぼ変わらないとする確率は50%を下回っている。第二に、これを伝えると、その場にいるほぼ全員が驚くということだ。たいてい、「緑の楽園」は間近だと信じる夢想家をバカにしていたのが、自分たちの賭けをヘッジするにはどうすればいいか頭を巡らせ始める。CLPの経営陣は、従来どおりの未来が実現する確率はきわめて低いとみていたわけだ。2013年、CEOのアンドリュー・ブランドラーは、次のように語っている。

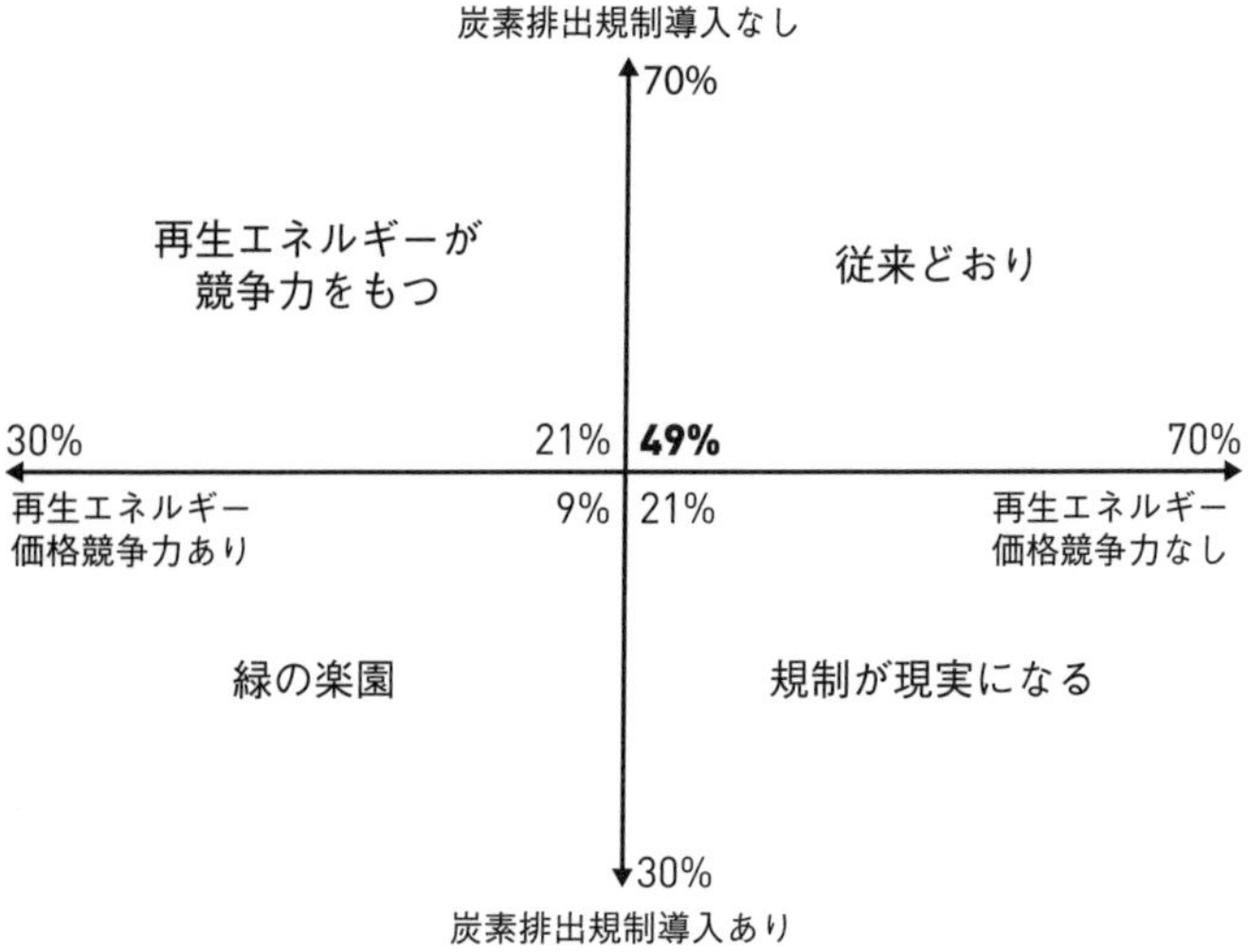

どんな事業にとっても、炭素は長期的に脅威になるとみています。２０５０年時点で、事業が炭素集約的であれば、大いに困ったことになります。それまでに事業がなくなっている可能性が高い。われわれの事業には１００年以上の歴史があり、２０５０年にも事業を継続していたい。だが、それには、２０４９年になってから行動を起こすようでは遅すぎる。この路線に従って世の中の動きの先回りをする必要があるのです。

この発言は、ＣＬＰの戦略を理解するカギになる。リスクの裏にはチャンスがある。アジアの電力セクターが脱炭素化を進めるとすれば――そうなるとＣＬＰはみていたが――競合他社に先駆けてカーボン・フリー・エネルギーに移行することは、きわめて魅力的な事業機会を確保できる可能性があった。15年後、同社のいち早いコミットメントには先見性があったことがあきらかになる。２０１０年から18年の間に太陽光発電と風力発電の世界の加重平均コストは、35％と77％それぞれ下落している。[51] 設置コストは、太陽光発電で22％、風力発電は90％下落していた。[52]

太陽光と風力がすでに石炭よりも安くなっている地域もある。太陽光と風力は、日照があり、風が吹いている間だけ稼働する「間欠性」の電源であり、大規模に化石燃料を代替するには蓄電コストがさらに下がる必要がある。ただ、コストの下落スピードは驚異的で、再生エネルギーに関係する同僚たちによると、２０３０年までに再生エネルギーがコスト面で石炭と肩を並べる可能性はきわめて高いという。[53]

中国では、再生エネルギーが２０１８年末時点で設置済み総発電容量の38％を占め、[54] 現時点では2030年までに60%になると予測されている。[55] インドでは、2050年に再生エネルギーが67%になると予測されている。[56] 向こう20年でアジア太平洋地域での新規のエネルギー投資は6兆ドルにのぼり、中国の増分はアメリカとヨーロッパの合計を上回り、インドの増分はアメリカと欧州のどちらも上回るとみられる。[57] 脱炭素発電は大きな市場機会であり、いち早く投資したCLPは成功への態勢が万全に整った。CLPにとって、リスクに挑むとは大きなチャンスをつかむことだった。

それほど結構なことなのに、なぜ誰もがやらないのか？

リプトン、ウォルマート、CLPの事例は、共有価値を創造することの経済合理性を明示している。環境負荷を軽減し、人材を厚遇し尊重すると、風評リスクは下がる。サプライチェーンの長期的な存続は確実になる。ライバル企業の商品やサービスよりも気に入ってもらえる。コストが下がる。新しい事業を創造することもできる。とくにCLPのように先見性があり、他社に先駆けて世の中の変化を読み取れる場合は。

ロビン・チェースがカーシェアリングのジップカーを創業したのは、世の中がシェアリング・エコノミーを発見する20年近くも前の2000年のことだ。ジップカーのアイデアは、未来の経済がどんな風に変わるのか構想する壮大なビジョンの一角をなすものと彼女は考えている。あるインタビューで、こう説明している。

コラボレイティブ・エコノミー（協働型経済）は、シェアリング・エコノミー（共有型経済）よりも大きな概念です。シェアリング・エコノミーは、資産に関する言葉のように聞こえます。コラボレイティブ・エコノミーはすべてを包括します。実物資産だけでなく、人やネットワーク、経験に即時にアクセスできるとすれば、個人の生活が完全に変わってしまうのはあきらかでしょう。何も貯めておく必要がないのです。

スタッフを抱える心配をする必要もありません。必要なときに必要な人材を見つけられるという事実を信頼できるようになるのです。生き方が劇的に変わります。オンデマンド・カーならぬオンデマンド・ライフで、大きな充足感が得られるのです。[58]

カーシェアで世界最大となったジップカーは、2013年にレンタカーのエイビスに5億ドルで買収された。[59] 現在は9カ国、500都市で100万人を超える会員を抱えている。チェースはジップカーを売却後、同じような目標をもって、少なくとも三つの事業を起こした。個人間のカーシェア事業のバズカー、相乗りサービスの GoLoco.org、乗用車やトラックを使って都市にパブリックWi-Fiを提供する Veniam だ。

だが、私がこうしたことを教えようとするたびに、企業は正しいことをして本当に儲かるのか、と疑問の声が上がる。「テスラなら知っていますが、ほかに例がありますか?」と。事例は何百とあり、適切なキーワードが整備されたハーバード・ビジネススクールの事例のサイトを見るよう勧める。だが、共有価値という概念がまだ主流に程遠いのは確かだ。なぜか。これほど多くの企業人が、人との接し方や環境への配慮が大きな収益源になると考えることに二の足を踏むのは、なぜだろうか。

この謎を解くカギは、共有価値という考え方を取り入れることがイノベーションであり、もっと正確にいえば「アーキテクチュラル・イノベーション」であるという事実を認識する点にある。アーキテクチュラル・イノベーションは、コンポーネンツ自体を変えるのではなく、システムのコンポーネンツの関係――システムのアーキテクチャーを変えるものだ。そして、ほとんどの組織のほとんどの人は、コンポーネンツとコンポーネンツの関係ではなく、自分たちが属しているシステムのコンポーネンツに注目するため、両者の関係を突き止め、それに対応することができない。コンポーネンツ同士をどう組み合わせるのかというアーキテクチャーの知識は、組織の構造やインセンティブ、情報処理能力に組み入れられており、実際に目に見えるものではないため、これを変えるのはきわめてむずかしい。

イノベーションをめぐる議論では、既存産業を破壊するクールな最新技術の将来性が重視されることが多い。人工知能（ＡＩ）が世界を変えるとか、タンクで培養した藻が石油の代わりになると考えがちだ。だが、企業の構造と目的について、それまでにない考え方を打ち出したという意味では、ミケルもスコットもアンドリューもロビンも、アーキテクチュラル型イノベーションのパイオニアといえるだろう。リプトンの紅茶ビジネスを伸ばすために、茶葉に支払う価格を引き上げるという考え方は、それまでの常識を根本から覆すものであり、バリューチェーン全体を全面的に見直す必要があった。ウォルマートはコスト削減の達人として有名だった。何か雲をつかむような環境への配慮が、それまで見過ごされていた10億ドルのコスト削減の機会になると誰が予想できただろう。ＣＬＰは選択肢のコストが大幅に高く、未解決の技術的問題が山積していた時期に事業全体の変革を掲げた。カーシェアリングのロビンは、経済の目的をまったく別の観点から見て、一から新規事業を興した。共有価値を創造するとは、徹底的に想像力をはたらかせる行為だ。古いやり方にどっぷり浸かっていたのでは、資本主義を創り変えるという大胆な試みのメリットはなかなか理解できないだろう。

過去50年で大成功した起業家の一人、ナイキの創業者フィル・ナイトの場合を見ていこう。フィルはスポーツシューズ、スポーツウエア事業全体を変える革命を起こしたが、自社のサプライチェーンの児童労働がナイキのビジネスに突き付けたリスクを徹底的に無視したことで、最大の資産であるブランドを重大なリスクにさらすことになった。共有価値を受け入れるべき確かな経済合理性があったにもかかわらず、フィルはそれを完全に無視した。

何を考えていたのか。

フィルは核となる三つのアイデアをもとにナイキの成長を牽引した。第一に、コストを引き下げるには、生産を外注し、コストが低い海外に移転するのがいい。これは１９７０年代にしては画期的な考え方だった。第二に、継続的なイノベーションが成功のカギを握る。ナイキは創業当初から研究開発に多額の資金を投じていた。第三に、マーケティングの効果は大きく、それが成功を加速させた。スポーツの象徴的なパワーと魅力にいち早く気づいていたフィルは、生産戦略で浮いた資金の大半をマーケティング予算に回した。あるジャーナリストはこう評している。

ナイキが文化的アイコンになったのは、フィルがアメリカのポップカルチャーの神髄を理解し、それをスポーツと結びつけたからだ。ヒーロー崇拝、ステータスシンボルへのこだわり、非凡な反逆児への熱狂を、社会で醸成する方法を見い出した。ナイキの誘導的なマーケティングでは、カリスマ性のあるアスリートやイメージを全面に押し出し、シューズについて語ることも、見せることもほとんどない。ナイキのスウォッシュのマークがいたるところに氾濫していて、ナイキという名称は一切出てこない。[60]

こうした三つのアイデアが起爆剤となり、ナイキは商業的に大成功をおさめ、1992年の売上高は34億ドルにのぼった。だが、フィルは手放しで喜んでいたわけではない。フィルがどれほどビジョンを説明しても、投資家はビジョンのパワーに気づいていないように見えた。この年のナイキの年次報告書では、売上高は34億ドルで、スポーツシューズ・メーカーとしては世界最大であると述べ、こう続けている。「過去20年間、スポーツシューズの分野で大きな進歩を成し遂げ、海外市場の売上高は単年度で初めて10億ドルを突破しました」。それでも、「ごく短期間を除いて、弊社の株式はS&P500の株価収益率を大幅に下回る水準で取引されています。……『スニーカーの会社』という古びたラベルを貼られ……アパレルのカテゴリーに入れられているのです[61]」

企業の株価収益率は、株価を一株あたり当期純利益で割って求められる。一般に、成長余地が大きいと判断された企業の株価収益率は高くなる。たとえば１９９０年代後半から２０００年代初めには、ヘルスケア、ＩＴ（情報技術）、通信セクターの株価収益率が、それ以外のセクターを大幅に上回っていた。フィルの苛立ちは、アマゾンと比べるとよくわかる。アマゾンの株価収益率は56倍を下回ったことがなく、現在は１００倍を超えている。だが、ナイキの株価収益率が安定的に20倍を超えることは２０１０年までなかった。[62] 要するに、投資家はナイキの成長力がよくわかっていないため過小評価されている、とフィルは考えていたのだ。[63] その後の5年にわたって、この考えは、年次報告書の株主への手紙の主題であり続けた。

１９９３年にはこう記している。「ナイキは世界的なパワーブランドながら、引き続き過小評価されています。……スポーツシューズとスポーツウエア、とりわけスポーツシューズは、汎用品ではありません。19・95ドルのウォルマート専売のシューズを履いてマラソンをしてみてください。１マイル走るだけでもいい。そうすれば、この議論は終わります」

１９９４年にはこう記している。「7年ぶりに前年割れとなりましたが、投資収益率は18％を確保しました。投資収益率が18％で『悪い』とラベルを貼られた企業の株価収益率は、市場平均が20倍のときに15倍以上にはならないでしょう」

１９９５年には、「業界史上、最高の年」と指摘した後、こう述べている。「現在のような好調な時期ですら、この手紙を書いていると怒りが湧き、苛立ってきます。……社名を隠して今期の業績を投資アナリストに見せたら、株価収益率はＳ＆Ｐ５００を上回るに値すると言うでしょう。われわれは実際試してみました。それが企業名をあきらかにした途端、株価収益率が市場よりも低いのは当然というコンセンサスになるのです。……愚の骨頂です」

1996年にはナイキの株価収益率は上昇したが、それでもフィルは満足できなかった。「この分野で通常使われる標準的な指標で見て、1996年度はすばらしい一年でした。売り上げ、利益とも過去最高を記録しました。……嬉しいことに、ウォールストリートは、弊社の株価収益率が上昇するにふさわしいと判断しました……。ですが、ブランド力がどれだけ強力でも、ファッション企業がこの倍率に値するか、という議論が相変わらず行われています。この議論の核心は、答えは重要ではないということです。間違っているのは、問いなのですから」

要約すると、1990年代前半を通して、フィルは、先見性があり成功した起業家の多くに共通する問題に不満をもっていた。自分のビジョンがもつパワーが、投資家に十分伝わっていないように思えた。もちろん、今はそれがあきらかだが、当時の株主への手紙を読むと、フィルがいかに不満を抱えていたかがよくわかる。[64] 彼はスポーツによって世界的ブランドをつくる方法を語っている。世界の未来に多額の投資をし、海外事業が多額の配当を生み出すことを根拠に、ナイキがいかにイノベーション、広告宣伝、インフラ整備に投資しているかを繰り返し説明する。だが、愚鈍なアナリストすらナイキ現象に気づき始めた1996年になるまで、ナイキの株価収益率がS&P平均を上回ることはなかった。フィルが苛立ちを感じたのも無理はない。

だが、ウォールストリートのアナリストの目は節穴だと怒っていたフィル自身も、自社のビジネスの根幹を揺るがしかねない事態は見えていなかった。

1992年、ハーパー・マガジン誌は、ナイキの下請け工場のシュン・フワァ・コーポレーションで働く若きインドネシア女性サディィサの給与明細を掲載した。執筆者はインドネシア在住歴4年弱で、労働者の権利保護を訴えるジェフリー・バリンガーだ。記事によると、サディィサの日給は1・03ドルで、時給にすると14セント弱だ。この賃金レートで売価80ドルのナイキシューズ一足あたりの労働コストを計算すると、わずか12セント程度に過ぎない。記事の結びで、こう問いかけている。

グローバル経済と「自由市場」の推進者は、世界各国に雇用を創出することで、先進国と途上国間の自由貿易を促進していると主張する。だが、インドネシアの人々は、食べることすらままならない低賃金で、西側の商品をどれだけ買えるというのか。その答えは、マイケル・ジョーダンが地球の上をセーリングするナイキのコマーシャルには見当たらない。ジョーダンの複数年の契約金は2000万ドルといわれている。サディィサが4万4492年働かなければ得られない金額だ。[65]

1993年、インドネシアにあるナイキの下請け工場の劣悪な労働環境について、CBSが詳細に報じた。1994年には、ローリング・ストーン誌、ニューヨーク・タイムズ紙、フォーリン・アフェアーズ誌、エコノミスト誌が辛辣な批判記事を相次いで掲載した。1996年にはライフ誌が、パキスタンやインドにおける悲惨な児童労働の実態を告発した。記者は、パキスタンで輸出用サッカーボールの製造を考えていると偽って潜入取材を試みた。取材の結果、働いている児童は奴隷同然で、親が背負った債務の返済のために雇い主から貸し付けられた借金を返せないため、逃げられないことがわかった。現場の親方は「必要なら針子を100人まで用意しよう。もちろん身請け金は支払ってもらう」と持ちかけてきた。子どもたちは目が見えず、栄養不足で、親を恋しがっては殴られていた。そして、あきらかに賃金が支払われていなかった。記事を執筆したシャンバーグによると、平均的な児童の日給は60セントだという。記事の冒頭には、ナイキのサッカーボールを手縫いする12歳の少年の写真が掲載されていた。その意味するところは明白だった。ナイキは児童を奴隷として働かせていたのだ。

人気漫画のドゥーンズベリーは、1週間にわたってナイキの労働問題を取り上げた。多くの学生団体は、ナイキの商品のボイコットを訴えた。旗艦店の出店を進めていたナイキは、「新店舗をオープンするたびに、デモ隊が押し寄せ、野次馬が叫び、ピケ隊がプラカードを振りかざし、警官のバリケードができた」。ナイキの広告塔であるマイケル・ジョーダンやジェリー・ライスらの有名人も追い回された。

だが、この騒動のなかでナイキは、サプライチェーンで起きていることは自分たちの問題ではない、という主張を貫いた。搾取を禁じる行動規則は導入済みであるが、サプライヤーは独立した事業者なのでナイキが管理することはできない、というのが言い分だった。ナイキのアジア担当副社長のニール・ローリゼンはこう語っている。「そもそも製造についてはよくわかりません。われわれはマーケッターであり、デザイナーなのです[66]」。ジャカルタ駐在のゼネラル・マネジャーのジョン・ウッドマンは、こう説明した。「彼らは下請け業者であり、『労働規則違反の申し立て』の調査は、われわれの範疇ではありません」。さらに、こう付け加えている。「われわれはここにやって来て、何千人もの仕事がなかった人たちに仕事を与えたのです[67]」

フィルの株主への手紙に労働問題がはじめて登場するのは1994年のことだ。とくにスポーツ・ライターのジョージ・ヴェチェイが執筆したニューヨーク・タイムズ紙の記事を取り上げ、「ナイキを執拗に攻撃する酷いコラム」と不満をぶちまけている。1995年はサプライチェーンについての言及はなく、96年には次のように述べている。

通常、この場でいつも使っている標準的な指標で見て、1996年度はすばらしい年でした。……ですが、海外事業に関するメディアの攻勢で、そのすばらしい年に、ほどなく終止符が打たれました。そのため、私はジレンマに陥っています。この場で、批判的な人々の誤解を解くべきなのか、……それとも株主の皆様に、わが社の大きなビジョンをご説明するのか……私は後者を選びました[68]。

1997年には、ドキュメンタリー『ザ・ビッグワン』で、映画監督のマイケル・ムーアに直撃され、質問に答える様子がカメラで捉えられている。

ムーア：（インドネシアの）工場で12歳の児童が働いています。それでいいのですか？

（フィル）ナイト：工場で働いているのは12歳ではない。……最年少は14歳だ。
ムーア：では14歳ならいいのですか？　気になりませんか？
ナイト：いや、ならない。

年次報告書の株主への手紙で、サプライチェーンの労働問題についての言及はなかった。そして利益が急減する。それまでナイキは急成長してきた。１９９７年は売上高が42％増、純利益は44％増だったが、翌98年は需要が冷え込んだ。ナイキの労働慣行に対する世間の怒りが一因だとされた。１９９７年には、「ナイキ」を「劣悪工場」「搾取」「児童労働」という言葉と結びつける記事が３００本近くにのぼった。[69]

１９９８年５月、全米記者クラブでの講演で、フィルは口調を改め「ナイキの製品は、奴隷並み低賃金、強制的な超過労働、恣意的な虐待と同義語になっている」と認めた。[70]社内に企業責任を検討する部署を設置し、工場の労働条件の改善を目的に、新たなイニシアティブをいくつか導入すると約束した。最低賃金の引き上げ、独立監視システムの活用、環境・健康・安全の規制の強化、ナイキの資金負担での第三者によるサプライチェーンの調査などである。いまやナイキはアパレル業界のサプライチェーンの持続可能性向上の先頭に立っており、独立系機関の評価で常に世界で最もサステナブルなシューズ・アパレル・メーカーとして認められている。[71]

ナイキの物語は、多くの企業が共有価値重視への転換にいかに苦労しているかを理解するカギになる。フィルは先見性のある起業家で、ほかの誰にも見えないものが見えていたが、そのフィルをもってしても、サプライチェーンの問題がブランドに突き付ける脅威を理解するまでに5年かかった。その間、ナイキの成功の源泉がまるでわかってないと投資家を非難し続けた。皮肉なのは、フィルが投資家とまったく同じ落とし穴にはまっていたことだ。投資家はスポーツがシューズやアパレル業界を創り変えることを理解できなかったが、フィルも同じように、世の中が変化して、サプライチェーンの労働環境に配慮するのが当然の流れになるなかで、それを理解することができなかったのだ。

世の中が予期せぬ方向に変化するとき、最も先見性のある企業人であっても、事態がなかなか呑み込めない。投資家はナイキの将来性を見逃す一方、フィルら経営陣はサプライチェーンの問題を見逃したが、それはアーキテクチュラル・イノベーション、つまりパズルのピースの組み合わせ方を変える変化だったからだ。

パズルのピースの一つを改善することを積み重ねるインクリメンタル・イノベーションは、言うは易く実現は簡単ではないが、しなければならないことは容易にわかるし、それによって現状が脅かされることはない。フィルが指揮するナイキは、インクリメンタル・イノベーションの名手であり、毎年、大幅に改良したランニングシューズを市場に投入した。

耳目を集めるのは、たいていラディカル（非連続的）あるいはディスラプティブ（破壊的）イノベーションだ。こうしたイノベーションは、既存のやり方を陳腐化させる。デジタル写真技術や、自己免疫を活性化する癌の治療薬を思い浮かべるといい。ラディカル・イノベーションは、成功している組織にとって大きな挑戦であるが、その及ぶ範囲はすぐにあきらかになる。デジタル技術によってコダックは破綻に追い込まれたが、コダックがその脅威に気づかなかったわけではない。じつはコダックは、当初からデジタル写真技術に多額を投資し、この分野でいくつも画期的な発見をしている。

問題を引き起こし、コダックを破綻に追い込んだのは、アーキテクチュラル・イノベーションだ。デジタル写真技術への移行によって、製品のアーキテクチャーが変わり、カメラは手に携えて持ち運ばれるスタンドアローンの機器ではなく、携帯電話のコンポーネンツの一つになった。写真が共有され、印刷され、活用される方法も変わった。コダックはこうした変化に気づいてはいたが、適応することができなかった。ラディカル・イノベーションは大変だが、わかりやすい。大手製薬会社はすべて、遺伝子の解読が新薬開発の柱になることは理解しており、遺伝子研究に多額を投じている。だが、アーキテクチュラル・イノベーションは、レーダーに映らないところで進む。パズルの小さな一つのピースだけだと比較的小さな変化に見えるが、実際はピースの組み合わせ方を根本的に変えるものなのだ。

フィナンシャル・タイムズ紙で「アンダーカバー・エコノミスト」のコラムを担当するティム・ハーフォードは、成功している組織がアーキテクチュラル・イノベーションのパワーを見逃す格好の例を発掘している。それは、戦車の発明にイギリスがどう反応したかの歴史のなかにあった。[72] 戦車を発明したのは、オーストラリア人のランスロット・ド・モールで、1912年に設計図を携えてイギリス戦時局に接近した。第一次世界大戦が始まる2年前のことだ。

第一次世界大戦が終わる1918年には、イギリスは世界最高の戦車を保有していた。ドイツには1台もなかった。じつは、連合国側は戦車の生産を禁止していた。ところがドイツは1930年代に長足の進歩を遂げた。第二次世界大戦が始まる1939年には、生産台数がイギリスの2倍に達し、それを活用して大きな成果に結びつけた。

これは典型的なアーキテクチャーの問題だった。イギリス陸軍は、どこに戦車を配備すべきかがわからなかった。陸軍は騎兵隊と歩兵部隊の大きく二つに分かれていた。騎兵隊は迅速に移動する。戦車も迅速に移動する。戦車を特殊な馬だとみなせば、騎兵隊に属すると考えることができる。一方、歩兵はじっとしていて、強力な銃になることが求められる。戦車は小回りはきかないが強力だ。そう考えると、戦車は超強力な銃を携行した歩兵ともみなすことができる。もちろん、戦車だけから成る部隊を新たに立ち上げることもできる。だが、その部隊のために誰が立ち上がるのか。誰が資金をつけるのか。

当然ながら、戦車は、足の速い馬でもなければ強力な歩兵でもないが、その双方を兼ね備えていて、戦闘の性格を根本的に変える可能性を秘めていた。イギリス陸軍将校のJ・E・C・フラーがその可能性に気づいたのは、第一次世界大戦の最中だった。1917年、上官に詳細な計画を示し、空軍の応援をつけてドイツの陣地に戦車を投入し司令塔を攻撃すれば、戦争をただちに終わらせることができると進言した。フラーの伝記では、このアイデアは「軍事史上最も有名な幻の計画」と記されているが、幻どころか実際に活用されている。1940年、ドイツ軍によって。ドイツ軍はこれを「電撃戦」と呼んだ。

イギリス軍では戦車の指揮を騎兵隊に委ねたが、騎兵隊の関心は新兵器ではなく、馬に向いていた。馬は騎兵の生活の中心であり、プライドや喜び、存在意義の源泉だ。イギリス陸軍大将のアーチボルト・モンゴメリー＝マッシングバードが、ナチスの軍備の脅威に対し打った手は、騎兵隊の将校各人に2頭目の馬を与え、飼料の予算を10倍に引き上げることだった。戦車を軸に陸軍を再編した敵国に対し、イギリスは準備するどころか、無防備のまま第二次世界大戦に突入したのだ。

アーキテクチュラル・イノベーションは、なかなか認識できず、対応がとてつもなくむずかしいが、それは、どの組織でも、与えられたパズルのピースだけに注意を払うことに時間を割いている人がほとんどだからだ。大手自動車メーカーで、ドアのハンドルの設計を担当するとしよう。来る日も来る日もハンドルの設計で頭がいっぱいだ。ドアのハンドルの会議に出席し、ドアのハンドルの動向を追いかける。自動車業界全体がどう変わっていきそうかは、ほとんど考えないのだ。誰しもが生きていくうえで、世界はどのように動き、そのなかでは何に注意すべきで、無視しても大丈夫なのは何かを教えてくれる、メンタルモデルを身につけるものだが、それぞれが独自のメンタルモデルに囚われてしまう。

大きなビジョンを描くために報酬をもらっているはずのCEOなら、こうした罠にははまらないと思うかもしれない。だがナイキの例で見たように、CEOも罠にはまる。じつは、フィル・ナイトの場合、罠にはまってしまったのは、みずからの将来ビジョンを投資家に伝えること（そして、もちろん、数十億ドルのグローバル企業をつくること）に時間もエネルギーも費やしてしまい、自社のサプライチェーンで重大な事態が生じていることに気づく余裕がなかったからだともいえる。自社の領域外で起きる出来事には責任はない、とのフィルらの信念は根深いもので、当初は批判される意味が理解できなかった。自社の従業員に対する責任は、会社という枠で囲まれた範囲にとどまると「確信していた」。それは、あくまで既定の事実——世の中の仕組み—であり、付き合いのあるほぼすべての企業関係者で共有されていた。今になってみると、とても皮肉に思える。スポーツビジネスそのものの根幹をなす前提が大きく変化しつつあることを理解できていないとフィルは投資家をなじったが、ブランドとサプライチェーンの関係の性質について、それまでの前提が通用しなくなりつつあること、サプライチェーンの児童労働がブランドの脅威になりつつあることに、フィル自身が気づいていなかったのだから。だが、この問題はもはや無視できない、という強力なメッセージが発せられたとき、予想されたことだが、フィルは精力的に巧みに対応した。

共有価値を創造する機会は無限にある。個々の企業は、環境問題、社会問題に対応しながら、ビジネスを成長させることができる。コストを削減し、ブランドを守り、サプライチェーンの長期的な存続を確保しながら、自社商品に対する需要を拡大し、まったく新たな事業を興すことができる。

だが、こうした機会に気づくのは容易ではない。公正で持続可能な社会を構築するのは、蒸気から電気へ移行するのと同じくらい破壊的なものになりうる。インターネットの利用法を学び、人工知能（ＡＩ）の利用法を学ぶのと同じくらい破壊的だといえるかもしれない。現行のシステムでうまくいっている企業は、変化する必要はない——変化する必要があったとしても、経済的なメリットをあきらかにする論拠がない——そして、論拠があったとしても、目の前のビジネスに忙しく、それどころではない、と主張するだろう。変化とはそういうものだ。

私はマサチューセッツ工科大学（ＭＩＴ）に在籍していた当時、イーストマン・コダック冠講座の教授として、写真技術のデジタル化がもたらす脅威への対応をアドバイスしていたことがある。技術的には何の問題もなかった。第一号のデジタルカメラを発明したのはコダックの技術者であり、初期のデジタル写真技術の特許をいくつも保有し、デジタルカメラ事業部門を立ち上げていた。だが、コダックは収益を上げるビジネスモデルをつくることができなかった。デジタルカメラでは、印刷の頻度がぐっと下がる。カメラが携帯電話に欠かせないものになることも予想できなかった。コダックは２０１２年に破綻した。根本的なアーキテクチュラル・イノベーションの犠牲になったのだ。

私は20年以上、こうした変化の研究に携わってきた。そのなかで学んだことが少なくとも三つある。第一に、アーキテクチュラル・イノベーションを認識し、対応するのは簡単ではないが、できないわけではない。フィル・ナイトは、おそらくあまりに成功していたがゆえに躓いたが、リプトンもウォルマートもＣＬＰも、共有価値の創造をテコに、大きな競争優位を手に入れることができた。第二に、こうした変化を追い風にできる企業——競争相手に先駆けて投資する勇気、まったく違う方法で市場にアプローチするために技術や人材に投資する勇気をもった企業——は多額のリターンを刈り取れる可能性がある。

第三に、変化のカギを握るのは、組織の目的・存在意義（パーパス）である。利益最大化を超える明快な「目的」をもった企業――すなわち、企業の存在意義は株主を豊かにすることではなく、社会のためになる良い商品やサービスをつくることだということが明確に理解されている企業こそが、変革を主導できる勇気とスキルをもつ企業である。

資本主義を生まれ変わらせるには、企業の目的・存在意義を定義し直すことが肝心かなめになる。それは正確にはどういうことなのか、実際にどう行われているのか、次章で取り上げよう。

第四章

深く根ざした共通の価値観

企業の目的・存在意義に革命を起こす

欲は良いことだと言う人たちがいる。
だが、結局は寛大さが勝ることは幾度となく証明されている。

——ポール・ポルマン　ユニリーバ前CEO[1]

２０１５年1月12日、フロリダ州ジャクソンビルのホテルの会場を埋め尽くした聴衆を前に、エトナのＣＥＯマーク・ベルトリーニは、４月から最低賃金を時給16ドルに引き上げると発表した。[2] エトナは世界最大級の医療保険会社で、この発言はトップニュースになった。国内従業員の約12％を占める６０００人近い従業員の報酬は平均11％増えることになる。なかには33％増となる者もいた。[3] 多くの従業員は最低限の負担でエトナの手厚い医療保険に加入できることも発表された。昇給と合わせると可処分所得が45％以上も増える従業員もいる。会場は熱気と興奮に包まれた。マークはのちにこう語っている。「喜ばれるのはわかっていたが、ここまで喜ばれるとは思ってもみなかった。泣いている者もいた。『神のご加護を。祈りが通じた』と口にする者もいた。前線の幹部は興奮していた」

この施策は高くついた。労働コストを年間２０００万ドル押し上げ、一部の経営幹部には不興を買った。最低賃金で働くエトナの従業員の80％は女性だ。ほとんどがシングルマザーで、なかにはフードスタンプ（食料配給券）やメディケイド（貧困層向けの医療扶助）に頼っている者もいる。だが、マークが最低賃金を16ドルに引き上げることを提案したとき、昔ながらの株主価値の最大化を第一義とする人たちからの強力な抵抗にあった。マークはこう説明する。「彼らの言い分はこうだ。賃金が平均を下回る州で、市場の実勢よりも高い賃金を支払うことになる。これでは最終損益が傷つく。われわれが仕えるべきは株主であり、ウォールストリートを満足させなければならない」

マークは何を考えていたのか。

単に、エトナの費用を使って、自分自身の道徳観に忠実に従っただけというのが一つの解釈だ。実際、インタビューで、最低賃金の引き上げは、個人としてのモラルに基づく判断だったと答えている。ソーシャルメディア上で、多くの従業員が生活苦を訴えているのを見て、行動を起こすことを決意したという。「SNS上で、医療費が支払えない、保険料が高すぎる、という書き込みを目にすることが増えていった」。フォーチュン50の企業で働いている従業員が家計のやり繰りに苦労している状況は、どう見ても公正ではないとニューヨーカー誌に語っている。そして、この決断は、あきらかにもっと大きな格差をめぐる議論と結びついていた。トマ・ピケティの『21世紀の資本』を上級幹部全員に読むように手渡したと語っている。「企業は単なる利益製造機械ではない。こうした類いの投資は、社会秩序のためにしなければならないものだ。間違いなくモラルの要素を含んでいる。決算をつくれません、という意見は多く出た。だが結局、現状は公正ではない、というのが私の判断だった」

話はこれで終わらない。個人として、またプロフェッショナルとして、この決断に至った背景を探っていくと、次にあきらかにするように、マークはエトナのビジネスモデルを根本から創り変えることで、共有価値を創造するという大胆な戦略を実行していることが見えてくる。従業員一人ひとりが人間らしい生活ができる最低賃金を支払うことは、この戦略のカギを握る要素だった。共有される目的を掲げ、それによってコミットメントや創造性、推進力を得て、ビジョンを実現しようとするものだ。

信頼に足る確固とした、企業の目的・存在意義（パーパス）を全社で受け入れること——つまり、単なる利益確保にとどまらず、共通の価値観に深く根差した企業の存在意義を全員が認識し、戦略や組織に埋め込んでいくこと——が資本主義を再構築するうえで欠かせないステップである。これには三つのきわめて重要な効果がある。第一に、信頼できる目的がしっかり受け入れられていれば、共有価値の創造を可能にするアーキテクチュラル・イノベーションを特定しやすくなる。第二に、こうしたイノベーションを実行するために必要な姿勢ができ、リスクをとり、勇気をもちやすくなる。第三に、真に目的志向の組織をつくることは、それ自体が共有価値を生み出す行為である。なぜなら、それによって格差を是正し、公正な社会を築くために必要な新たな仕事が創出されることになるからだ。

マークの企ての出発点は、アメリカの医療保険制度が機能不全に陥っている、という事実だった。GDP比でみたアメリカの医療コストは、他の先進国の2倍にのぼっているが、それほどめざましい成果を出しているわけではない。[5] たとえば、世界保健機関（WHO）の「医療体制全体のパフォーマンス」に関する評価では、アメリカは191カ国中37位である。11カ国（オーストラリア、カナダ、フランス、ドイツ、オランダ、ニュージーランド、ノルウェー、スウェーデン、スイス、イギリス、アメリカ）の医療体制を評価した別の調査では最下位だ。[6]

同じ時期、エトナの既存のビジネスモデルは圧力にさらされつつあった。アメリカの医療保険業界に対する評価はとくに低く、顧客の継続的利用の意向を示す「ネット・プロモーター・スコア」では、航空会社やケーブルテレビ会社を下回っていた。[7] さらに規模の経済が物を言うようになり、合併が相次いだ結果、エトナは業界首位を争うユナイテッド・ヘルスとアンセムから大きく引き離され、3位に甘んじていた。[8] マークは新たな戦略を必要としており、内なる使命感に突き動かされて方向転換を決意したのだった。

じつは、マイクを駆り立てるきっかけとなった、40代に経験した二つの悲惨な出来事がある。2001年、息子のエリックが16歳で癌と診断され、助からないと宣告を受けた。「余命半年で、この癌で助かった人はいない、と言われた」という。[9] マークは仕事を辞めて、「息子の病室に通い詰め、医療チームを質問攻めにして、未承認の薬が使えるように手を尽くした」という。「駆け出しの医師のバイブルといわれる『内科のハリソンの原理』をダウンロードして、息子は助かるはずだと医師に激しく迫った」。息子は、アメリカで唯一承認されている脂質のサプリメントにアレルギーがあったため餓死しかけたが、マークはオーストラリアに魚由来のサプリメントがあることを突き止め、医師を説得して規制の免除を申請し、メーカーの会長に、次にアメリカに来るときに持って来てもらうよう頼みこんだ。息子が罹ったのはガンマ・デルタT細胞リンパ腫という稀少癌だが、この癌で生き残っているのは彼しかいない。[10]

マークのアメリカの医療制度に対する見方や、制度を立て直すのに何が必要かについての見方は、この出来事によって形づくられた。「わかったのは、息子が4号室のリンパ腫患者としてしか認識されていない、ということだ。私は分娩室で生まれたときから息子を知っているのだが……彼らの目には、一人の人間ではなく、一つの病気としてしか映っていなかった。……この経験を通して、医療システムは血が通ったものではないことを痛感した」とマークは語る。「われわれは血が通っていて、人と人とのつながりがある。思い入れがあってやっている」

医療システムが扱うのは、一人の人間としての患者ではなく、個々の処置と利益なのだというこの認識をさらに強める出来事が、エトナに入社して1年も経たない2004年に起きた。マーク自身がスキーの事故で首の骨を5カ所骨折し、腕を損傷する瀕死の重傷を負ったのだ。このとき鎮痛剤を大量に処方されたことに、マークは疑問をもった。

回復の過程で、一度に7種類の鎮痛剤が処方されました。フェンタニルの貼り薬、バイコディン、オキシコンティン、ニューロティン、ケプラなどです。出かける必要のないときは、アルコールを自由にとってもいいといわれました。もう無茶苦茶です。そんなとき、クレイニオセイクラル・セラピー（頭蓋仙骨療法）を勧めてくれる人がいました。最初は疑っていましたが、4回目で気分が良くなり、5、6カ月が経つ頃には鎮痛剤が要らなくなり、すべて処分しました。クレイニオセイクラル・セラピーに熱心に通っていたところ、今度はセラピストからヨガを勧められました。「ヨガなんて若い女性がやるものだ」と軽くみていたのですが、一度やってみると、翌日は体を動かせません。「なんてことだ。ヨガはこんなに体を使うんだ」と感心しました。ヨガをやると気分が良くなるので、日課にしました。2カ月目に入る頃には、ヨガは奥が深いと感じ、『ウパニシャッド』や『バガバッドギータ』を読み始めました。リトリートにも行きました。お経を覚え、サンスクリットも多少かじりました。「これは本物だ」と惹きこまれたのです。[11]

こうした経験を経て、マークはエトナの戦略の大胆な見直しに着手した。もっと個人を尊重し、つながりを重視することで、加入者の健康を増進したいと考えた。二つの明確なイニシアティブを立ち上げた。一つは、ビッグデータと世界最高峰の行動経済学に基づいた最先端のデジタルプラットフォームの構築だ。このプラットフォームでは、(既存ビジネスの弱点である)加入者とエトナのやりとりを簡素化するだけなく、さまざまなアプリケーションを提供して、加入者が自分の健康状態をリアルタイムで把握し、改善できるよう支援する。アメリカでは薬の処方箋の20~30%は服用されず、慢性疾患患者の約半数は治療を受けていない[12]。治療を受けないことによって年間に12万5000人前後が死亡し[13]、医療コストは年間1000億ドルから2890億ドルにのぼっている[14]。この問題の解決にプラットフォームがどう役立つのか、マークのチームの一人は次のように説明している。

私たちが手掛けるのは、お知らせプログラムを立ち上げるというシンプルなことです。加入者が最初の6回、処方箋を受け取る期間に的を絞ります。薬を必ず服用するインセンティブを与えたいのです。実験を繰り返し、アイデアを素早く試し、目立った変化が起きているかどうかを把握します。このお知らせプログラムで加入者に事前にインセンティブを与えるのか、それとも6回目の処方箋をもらうまで様子を見るのか。最終的な目標は、その人に合ったインセンティブを、その人に合った方法で、その人に合ったタイミングで提供することです。加入者の同意にもよるし、当社がどこと組むかにもよりますが、たとえば、当社の提携先のコンビニエンストアや小売店を通りかかったときに、加入者のアップルウォッチにインフルエンザの予防注射を受けるようメッセージを送ることができます。そして、実際に予防接種を受けた場合、なんらかの特典が受けられる仕組みをつくるのです。[15]

第二のイニシアティブは、重い病気にかかった加入者と直接対面する人員を配置することだった。最初のパイロット事業では、フロリダ州の8つの地区にそれぞれ横断的チームを置いた。チームは、看護師、薬剤師、運動療法士、ソーシャルワーカー、栄養士、コミュニティの健康指導士で構成される。加入者全員に担当のケアマネジャーがつく。ケアマネジャーは加入者を訪問してどんな健康状態を目指すのかを聞き出し、その目標に応じてチームの専門家を連れていく。エトナのフロリダ地区の責任者、クリストファー・チアノはこう説明する。

エトナ・コミュニティ・ケア・プログラムは、総合的なアプローチで、加入者一人ひとりのニーズや目標を理解するよう努めています。そして、そのニーズに対応すべく、個人に合わせた包括的なプランを作成します。従来の当社のプログラムは、病状に合わせたもので、加入者個人の目標に合わせたものではありませんでした。たとえば虚血性心不全の場合、以前は加入者本人の希望を聞いて目標を作成することはありませんでした。ご本人が望んでいるのは、普遍的な数値目標の達成ではなく、外出できるようになりたいとか、孫と遊びたい、といった具体的なことでしょう。当社の新たなアプローチでは、加入者一人ひとりが具体的にどうなりたいかを把握し、そのお手伝いをすることを重視しています。単に電話やメールで連絡をとるのではなく、加入者が住まい、働き、楽しい時間を過ごしているコミュニティに常駐し、交流を深めることでニーズを掬い上げています。[16]

マークはこの新たな戦略を、「消費者側のヘルスケア革命」と評している。その根幹には古典的な共有価値のテーマがある。つまり、エトナが加入者と連携して健康を増進できれば、加入者が健康になるだけでなく、エトナのコストは下がり、かなり差別化された高収益ビジネスを構築して成長できる、というものだ。戦略遂行のためにマークが外部から雇い入れたゲーリー・ラブマンは次のように説明する。

一般的な理解として、医療制度は絶望的に複雑で、対応できず、身動きがとれなくなっているとみられています。私はもっとシンプルに考えています。多くのアメリカ人は必要以上に病み、そのコストは必要以上に高く、人生が必要以上に危険にさらされています。たとえば、糖尿病と初期の腎臓病を患う60歳男性が二人いるとします。一人は医学的なアドバイスをしっかり守り、有意義で幸せな生活をしています。医療コストは平均を若干上回っているだけです。もう一人は、医学的アドバイスに従わず、好き勝手に不健康な生活をして、たびたび救急搬送されるなど、かなりの医療コストがかかっています。私が目指しているのは、後者を前者のように変えることです。それができれば、多くの人を健康にでき、多額の医療コストを浮かせることができるのです。[17]

もちろん、こうした枠組みで見ると、マークの戦略は単純にビジネス上のすぐれた戦略だと思える。だが、それが共有価値の本質ではない。共有価値とは、合理的な事業計画を立てながら、もっと大きな問題に同時に取り組もうとするものだ。目的か利益かという二者択一の問題ではない。それは、より大きな目的を設けることでさまざまな機会を見つけ出すことができ、そして、その目的を組織に浸透させることで企業は見い出した機会を実際に活用していくことができる、という大局観に関わるものなのだ。

マークの戦略にはリスクがあった。かなり大胆なアーキテクチュラル・イノベーションが必要とされたからだ。エトナが顧客にどう関わっていくのか、どのように価値を創造するかについて、考え方を根本的に変えなければならない。戦車が登場したときのイギリス陸軍の反応を思い出せば、アーキテクチュラル・イノベーションの実行がいかにむずかしいかがわかるだろう。大規模で安定した組織で、そこそこうまくいっている場合はとくに容易ではない。エトナは100年以上、保険の販売と管理をビジネスにしてきた。コストを管理することで収益を生み出してきたのであって、病気になった加入者の声を代弁してきたわけではない。マークの戦略では、上級幹部から電話オペレーターまで、全従業員がこれまでとはまったく違うスキルを身につけ、行動を大きく変えなくてはならない。

私の経験からいえば、こうした変革を確実に遂行するには、全社の共通目的（シェアード・パーパス）を組織に定着させることが肝要だ。共通目的があれば、組織全員が使命を共有し、同じ方向を向く。個人がばらばらに目標を目指すのではなく、組織が一丸となって目標の達成を目指す。何より重要なのは、共通目的を掲げることで、昔ながらの企業に創造性や推進力、興奮が生まれ、新しいことに挑戦できるようになる。

人はお金や地位、権力といった、「外的」な動機から懸命に働く。だが、主なニーズが満たされると、働くこと自体の興味や喜びといった「内的」動機がはるかに重要になる。共通目的を掲げることで、自分の仕事には意味があると思うようになる。これは、内的動機の最たるもので、仕事の質を高めよう、創意工夫しようと思うようになる。また、共通目的は、強い一体感を生み出す。一体感も内的動機の源泉であり、社内の強力な推進力となりうる。本当に大切な価値観に合った生活ができるよう支援すれば、ポジティブな感情が生まれる。ポジティブな感情があれば、新たなつながりを見つけ、新しいスキルを身につけ、困難な時期を乗り越えられる。抵抗力が高まり、問題や脅威に対しても怯まない。このため、目的意識の高い企業で働く従業員は、従来型企業の従業員に比べて、生産性も幸福度も創造性も大幅に高くなると考えられる。[18]

目的・存在意義が本物なら、チームの結束は飛躍的に高まる。従業員は会社の目的をわがこととして捉え、目標を共有する。もっと「社会のことを考える」ようになるだろう。他者を信頼し、一緒に働くことを楽しむようになる。チームのメンバー同士が目標を共有し、信頼でき、社会のことを考え、内的な動機をもっていると、コミュニケーションがとりやすく、活動の足並みを揃えやすい。互いが信頼し、「精神的な安心感」が生まれる。これらは、いずれもパフォーマンスを高め、リスクをとり互いに学び合う能力を高めるものだ。目的意識の高い企業は、新しい機会を歓迎する。アーキテクチュラル・イノベーションでは、こうした機会を活かすことが求められるため、巧みにイノベーションを行う。

マークには強い目的意識があったからこそ、エトナの新たな戦略の立案に必要な視点が生まれ、情熱をもって取り組むことができた。だが、戦略を実行するには、創造性、推進力、コミットメントが必要で、それには目的意識の高い組織をつくらなければならない。そうした組織では、従業員の大多数がみずから新たな目的に深くコミットし、経営陣はこの目的に邁進していると確信している。

マークは、その役割にみずから身を投じた。機会を捉えて自分自身の物語をできるだけ包み隠さず話すことから始めた。エトナ本社の壁には、会社の新たな価値を列挙した明るいポスターを張り出した。だが、口で言うだけなら簡単だ。自分は本気なのだ、何より重要なのは最終損益を良くすることではなく、社会を良くすることなのだと、何千人もの従業員を納得させなければならない。それには、単純にそれが正しいから正しいことをすべきなのだということを明確に伝えることだ。場合によっては、利益よりも大義を優先することがあるということだ。

エトナの最低賃金を引き上げるというマークの決断は、こう理解すべきではないだろうか。会社が従業員の健康に気を配れば、従業員は加入者の健康に配慮するようになるはずだとの考えから、マークは従業員向けのヨガや瞑想の講座を設けた。最終的に、従業員2000人以上のすべての支社に、救急センター、フィットネスセンター、マインドフルネスセンター、薬局が併設された。多少の反対はあった。マークはこう回想する。

反対する者はいました。当時の最高財務責任者（ＣＦＯ）からは「われわれは収益企業です。思いやりや協力を求める会社ではありません」と言われましたが、「いや、私は本当にそういう会社だと考えている。責任者は私だ。だから、みんなでやるんだ」と言いました。[19]

そして最低賃金を引き上げた。その経済的論理については慎重に語る。引き上げの影響を受ける従業員の多くが顧客サービス担当である点を挙げ、それによってより多くの従業員のモチベーションが上がり、顧客との関係が良くなるはずだと主張する。「家計のやりくりが心配な従業員が、親身になって顧客の相談に乗るのはむずかしいだろう」[20]。だが、これが最低賃金を引き上げた理由、あるいは唯一の理由ではなかった。そうしたのは、それがやるべき正しいことだという、揺るぎない信念をもったからだ。そして、ここにパラドックスがある。最低賃金の引き上げの決定は、マーク自身が責任を負うという覚悟と一体のもので、マークの本気度を示すものだった。そして、本気を示すことが、組織全体が目的に向かうパワーを解き放つ重要なステップだった。このパラドックスがおわかりだろうか。本物の目的主導型は、それ自体が強力な事業戦略になりうる。だが、いいビジネスになるからといって、本気になれるわけではない。それは本物ではない。本物の目的主導型になるとは、ひとえに企業の目的と利益の境界を探っていくことである。やるべき正しいことを選択したうえで、激しく戦いながら、事業で正しいことを実現するための経済合理性を見つけることなのだ。

マークはエトナ再生に大きな足跡を残した。だが、現在、目的主導型ビジネスとしてのエトナの命運を握るのは、2018年にエトナを買収した薬局チェーンのCVSだ。同社は消費者向けヘルスケアの地域の担い手になるという目標を掲げており、エトナの新戦略は既存ビジネスを補完すると判断したようだ。また、CVS自体がその企業目的を実験的に試しているともいえる。[21]だが、マークの経験が浮き彫りにしたことが二つある。目的に向かうパワーが、アーキテクチュラル・イノベーションの種をまき、アメリカのヘルスケア全体に新たな形の共有価値を創造するきっかけになったこと、純粋に目的主導型の組織を構築すること自体が共有価値創造の戦略になる、ということだ。

目的主導型で成功する企業には、共通する要素が二つある。第一に、社会で果たすべき自分たちの使命をはっきり自覚している。目的主導型企業のリーダーは、生き残るために利益の確保が必須であることは十二分に認識しながらも、それを最大の目標に掲げているわけではない。目的主導型企業には、顧客の生活改善に尽くす企業もあれば、雇用の創出を何より重視する企業もある。世界の環境問題や社会問題の解決を掲げる企業もある。いずれのケースでも、短期的な株主価値の最大化よりも、自分たちの使命を優先している。

第二に、すべての従業員に尊厳と敬意をもって接し、一個の人間として自律を促し価値を尊重する組織を構築することにコミットしている。こうした「王道」を行く「高コミットメント」の組織では、権限が広く委譲されていて、前線に立つ従業員に意思決定権を与え、パフォーマンスが向上するよう業務が設計されている。頻繁に挑戦し、個人として成長する機会が与えられる。高コミットメント企業は賃金が高いが、金銭的な報酬や解雇の脅しでやる気にさせるのではなく、内的動機を重んじる。ヒエラルキーではなく、上司と従業員の間で信頼を醸成し、互いに尊重することを重視する。

ミッションと、仕事の性格の見直しの組み合わせが、創造性やコミットメント、エネルギーを引き出して、熾烈な競争社会で目的主導型企業が生き残ることを可能にし、資本主義を再構築するために必要なイノベーションを加速させる。マネジメントの手法を変えることなく、ミッションを掲げるリーダーは、その実現に苦労することが多い。仕事の性格や組織の目的を変えずに、単純に賃金だけを引き上げるリーダーは、賃上げコストを賄うのに苦労する。要するに、本物の目的主導型企業、王道を歩む企業を創ることが、公正な社会に向かう重要な一歩となるのだ。

所得分布の上位では、健全な雇用の伸びが見られるが、従来、中間層に提供されてきた雇用——製造業や初歩的な事務職、技術職の雇用——は消滅しつつある。新たな雇用が生まれているのは、事実上、臨時か、医療・介護の分野のどちらかだ。一般に、強力な組合が存在する場合を除いて、こうした雇用条件は劣悪だ。賃金が低く、福利厚生がなく、勤務時間も変則的で恣意的に変わる。良質な雇用は、心身共に健康で良好な状態であるための前提条件だ。基本的な衣食住が満たされていなければ、良い人生を送るのはむずかしいが、良質な雇用があれば、社会的地位を得られ、連帯感を感じ、有意義な活動に携わっていると思える。それによって大いに幸福感が高まる。[22]

ここまで読まれて、私が企業の目的や存在意義をあまりに過大評価していて、きれいごとを並べているに過ぎないと思われただろうか。この章の残りで、読者に納得していただこうと思う。私は真剣そのものだ。熾烈な競争環境下で、目的主導型の企業はただ生き残るだけでなく、従来型のライバル企業を大きく引き離している事例は枚挙にいとまがない。[23]効果的な企業目的とはどのようなものなのか、実例を引きながら、それがなぜ、そしていかに実行可能な戦略になるかを説明していく。そのうえで、重要な疑問に答えるつもりだ。マネジメントの方法としてそれほど優れているなら、なぜ世界を席巻していないのだろうか。最後に、目的・存在意義へのコミットメントを表明する企業がますます増えているのはなぜなのかを探求しよう。

企業目的・存在意義（パーパス）の実際

ミッションと仕事の性格の組み合わせ方が、アーキテクチュラル・イノベーションと良質な雇用の創出を支えていることがよくわかる格好の例が、アメリカで最も歴史のある小麦メーカー、キング・アーサー・フラワー（ＫＡＦ）だ。[24]ＫＡＦの定番商品、５ポンド入り全粒粉小麦は代わり映えのしない商品だ。以前から小麦市場は縮小傾向にあった。パンやクッキーを手作りする人は減り、ネットの購入比率が増え、ブランドが物を言うわけではない。だが、ＫＡＦはしっかり利益を確保していて、熱烈なファンがいる。ＫＡＦのフェイスブックには１００万件以上の「いいね」がついていて、インスタグラムのフォロワーは37万５０００人以上だ[25]（比較のために現在の市場リーダーのゼネラル・ミルズの「パン生地、ベーキングミックス」を見ると、売上高こそ39億ドルで、KAFの約1億4000万ドルを圧倒しているが、フェイスブックの「いいね」は8万5000件、インスタグラムのフォロワーは3000人に過ぎない）[26]。KAFの売上高は毎年一桁台の後半の伸びをみせている。200年前からある昔ながらの産業の定番商品としては、異例の伸び率だ。

KAFは「パンやお菓子作りを通してコミュニティを築く」[27]ことを目的に掲げている。3人（!）の共同CEOは、家庭でのパンやお菓子作りで社会に変化を起こせるとの信念のもと、その理由や方法について明快な考えをもっている。共同CEOの一人で、最高ブランド責任者のカレン・コールバーグはこう語る。

パンやお菓子を作るときは、ほっとします。私は3人のティーンエージャーの母として、家族とのつながりを感じられるこの時間を大切にしたいといつも思っています。私どもの会社では、一緒になって何かできるようご提案しています。

同じく共同CEOの一人で、最高財務責任者（CFO）のラルフ・カールトンはこう語る。

出来合いではなく手作りのパンやお菓子は、心のこもった贈り物です。誰かを思う気持ち、焼き立てのパンの香ばしいにおい、手作りには人と人を結びつける特別な何かがあります。

……そこで私たちは、パンやケーキの手作り体験を軸にすべてを展開することにしたのです。

共同CEOで人材部門担当の副社長のスザンヌ・マクドウェルは、こう付け加える。

パンやお菓子は誰にでも作れます。そこから出発すると、どうやって焼くかを考えるのはみな同じなのですから、頭がいいとか豊かかどうかは関係なく、垣根はなくなります。みなが一緒になって手作りを楽しめるようにします。粉をこねて焼き、コツを学べば、老いも若きも関係なく、驚くほど一体感を感じることができます。家族と一緒でもいいし、同僚やご近所と一緒でもいいのです。手作りの体験は、コミュニティをつくる絶好の機会になります。そして、私たちに必要なのはコミュニティづくりなのです。今の社会ではとくに重要なことだと思います。これまでもそうでしたし、これからもそうあり続けるでしょう。

エトナの場合と同様、KAFは会社の目的を熱く追求することで、従来はアーキテクチャーの問題だと考えられた戦略を再確認することができた。KAFは、単に白い粉を売るだけの会社ではない。売るのは体験であり、消費者がパンやお菓子を上手に焼く手助けをする。ラルフはこう語る。

お菓子やパン作りでむずかしくて面白いところは、上手に作ろうと思うと知識が必要になる点です。ひらめきも必要です。レシピや料理本を見ないで作る人は、ほとんどいません。それほど、やさしいものでもないのです。食事ならありあわせの材料で適当に作っても、それなりのものができます。でも、お菓子やパンの場合は失敗作になります。そこで私たちは、ウエブで情報を提供することにしました。最初は小さく始めましたが、今では膨大な情報が蓄積され、全国のお菓子やパン好きの人たちの知識やヒントの宝庫になっています。

そして、それが私たちの戦略のコアの一つでもあります。……未来の手作り派が、商品を選ぶようになったとき、いちばん多くの情報をくれて、いちばん信頼できる会社から購入するのではないでしょうか。私が焼いてみせて、キング・アーサーから買うべきだと訴えるわけではありません。すばらしいレシピがたくさんあり、参考になるテクニックを教えてくれるからです。……キング・アーサーが、私やあなたのことを気にかけてくれて、パン作りや品質のことを真剣に考えている会社だからです。

この戦略が実行可能なのは、従業員が当事者意識をもち、仕事を全面的に任されていて、報酬をもらう以上にやり甲斐を感じて働いているからだ。これを真似するのはそう簡単ではない。いまや観光名所となったバーモント州の本社には[28]、小売店が併設され、来訪者はパンや菓子作りのデモの動画を視聴し、（ＫＡＦの商品を材料に使った）試供品を購入することができる。またベイキング・スクールが開講され、パンやお菓子作りが大好きな人たち数百人が、ＫＡＦが認定した達人から学んでいる。オンラインでもレシピが公開され、レッスンを受講することもできる。

ベーキング・ホットラインでは、経験豊富な従業員が顧客からの質問に答えている。[29] 何よりも従業員全員がパンや菓子作りに情熱を燃やしている。全員が決められた以上のことをして、会社の成功を助けている。直近の業績は従業員全員で共有し、全員が損益計算書や貸借対照表を読めるよう研修も行われている。人材の採用にはとくに気を配っていて、採用後の処遇も同じようにきめ細やかな対応が行われている。カレンは、こう説明する。

会社の文化が採用プロセスの要です。そのため面談では、キング・アーサー・フラワーで働くとはどういうことなのか、全員参加型であることを話します。協働型であることを話します。どういう意味なのでしょうか。自分から手を挙げること、自分自身にもチームにも責任をもつこと、そしてどんな行動を期待されているかを明確に意識しておいてもらいたいのです。それと同時に、自分がやっていること、ほかの人がやっていることは、本当にそれでいいのか遠慮なく問い直してほしいのです。そして私たちに疑問をぶつけてもらいたい。そうすれば、会社がどこに向かっているのか、なぜそれをすると決めたのか、それについてどう思うのか、といった点について、本当に生産的な対話ができるのです。

ラルフは、こう付け加える。

ＫＡＦには、自分自身の内面と深くつながり、正しいことをする文化があります。カレンがよく挙げる例ですが、ホリデーシーズンは大忙しで、毎日配送センターから何千、何万個も出荷します。商品をピックアップして箱詰めする一階の作業場はてんてこ舞いで、応援がほしいことはほかの部署に伝わります。すると、従業員は自発的に階下に降りて作業を手伝います。上司に指示されて仕方なく手伝うわけではないのです。

スザンヌも職場の明るい雰囲気をこう説明する。

みな自発的で、商品に誇りをもっています。みなが夢中なのです。サイロのように、ここが私の持ち場です、ということがありません。私は私の仕事をやる、あなたの仕事に影響しないし、何の影響も受けない、というわけではないのです。じつは、(あなたの仕事が)全員に大いに影響しています。それは楽しいことでもあるのです。私たちはワイワイするのが好きで、パンやお菓子を作るのが本当に好きなんです。毎日職場に来るのが楽しみで仕方ないのです。

KAFが競争を勝ち抜いているのは、このように、従業員に積極的に権限を与えていることと深く関連している。仕事を任された従業員にとってKAFでの仕事が楽しくなるだけでない。会社は平均を上回る賃金を支給し、退職金年金を積み立てるチャンスを与えることができている(KAFは完全に従業員が所有する会社だ。これはきわめて重要な意味をもちうるが、この点については次章で取り上げる)。

全従業員が共有できる強力な企業目的をつくることができたのは、ＫＡＦのような比較的小さい企業だからこそ、ともいえる。それでは、はるかに規模の大きい組織でも、実現することはできるのだろうか。できる。何十万人という人材を抱える売上高10億ドル規模の組織でも、同じように創造性やコミットメントを生み出すことはできる。トヨタの例を見ればよくわかる。

トヨタは筋金入りの目的主導型組織だ。第二次世界大戦で日本経済は荒廃し、ほとんどのインフラストラクチャーと住宅ストックは破壊された。１９５０年の日本の国内総生産（ＧＤＰ）は、人口が約20分の１のノルウェーやフィンランドの半分にも満たなかった。[30] こうした状況を背景に、トヨタの幹部は――当時の日本の優良企業の多くの幹部がそうだったが――二つの目標を掲げた。雇用の創出と、天然資源が乏しいなかにあって国際市場で競争力のある世界的企業になることだ。トヨタは１９３７年の創業だが、50年の労働争議で破綻の危機に瀕した。現金が枯渇し、破綻の瀬戸際に追い込まれるなか、トヨタは地域への深いコミットメントを活用して、破綻の脅威を新たな働き方に変えることができた。この改革は抜本的なもので、競争相手のアメリカメーカーの経営スタイルよりも生産性が高く、大量の雇用を持続的に生み出す源泉となった。[31]

トヨタがアメリカにはじめてオフィスを開設した１９５７年当時、アメリカで販売される車の2台に1台はゼネラル・モーターズ（ＧＭ）製だった。ＧＭ幹部は、アメリカの消費者は浮気などしないと絶対的な自信をもち、日本の輸入車を鼻で笑った。だが、１９８０年代には、アメリカの消費者は日本車に恋していた。アメリカ車は音がうるさく、振動が大きく、日本車に比べて信頼性が低いと不満を抱いていた。トヨタがアメリカ車とほぼ同じ価格で、はるかに品質の高い車を生産することができたのは、車の設計・生産システムに関する考え方を変え、生産システムの主要なプレーヤーの関係を根本的に変えたからだ。要するに、車の設計、製造方法を根本的に「創り直した」（リアーキテクトした）のだ。

当時のアメリカ企業はほぼすべてそうだが、GMでの仕事は、以前から厳格に機能別、階層別のラインで編成されていた。設計や組立システムの改善の責任は、監督や製造エンジニアの手に委ねられ、車両の品質は品質部門が責任を負い、組立ラインから出て来る車両を検査した。有名な話だが、ブルーカラーが生産プロセスの改善に寄与するはずがないと、GM幹部は見くびっていた。労働者は、たとえば60秒間にボルトをいくつか取りつける、といった同じ作業を毎日8時間から10時間繰り返す。このたった一つの作業以外には、別の何かをすることはまったく期待されていない。組み立てラインの工員と工場幹部は、はなから敵対していた。1990年代初め、ある従業員がインタビューに次のように答えている。

以前は、自分たちの雇用を守るためにいろいろな作戦を立てました。「ゆっくりやろう。そんなに作業を急ぐな」「ドアの向こうのヤツに、作業のやり方を見せるな。幹部連中が、二人の作業を一人にやらせようとするから」「ときどき、モンキー・レンチを放り込んで、機械を故障させよう。修理の連中が来て修理している間に、座ってコーヒーが飲める。もう一人雇わないといけなくなるかもしれない。そうなれば俺の年功が上がる」

幹部の連中は、怒り狂う。バカな連中は何もわかっちゃない……幹部が求めているのは、自分たちの思いどおりに文句を言わず作業をやる従業員です。メッセージはシンプルでした。「言われたとおりにやらないなら、おまえはクビだ。やる人間にすげ替える。おまえに代わろうという人間は10人以上待機している」

ＧＭとサプライヤーとの関係も似たようなもので、いつでも切り替えられるものとして扱い、サプライヤー同士を競わせてコストを引き下げた。だがトヨタは、まったく違うやり方で自動車を製造することが可能であることを示した。トヨタの生産ラインの作業は、ＧＭよりも厳密に定義されていた。たとえば、各ステーションで、ボルト１個をどちらの手で取るのかを細かく定めている。だが、トヨタの従業員ははるかに大きな責任をもたされていた[32]。それぞれの従業員が幅広い訓練を受け、一つのラインで６つから８つの作業を受け持つことが期待されていた。車両の品質と、生産プロセス自体の継続的改善の両方に責任をもたされていた。ラインの全員が品質上の問題を発見することを期待されていて、発見した際には各組み立てステーションにあるアンドンの紐を引っ張って、問題を解決できる人間の応援を求め、必要とあれば、もう一度アンドンの紐を引っ張って生産ライン全体を止める。ラインのスピードや効率を高める可能性がある生産プロセスの改善点の発見にはチームが責任を負うが、メンバー全員が積極的な役割を果たしている。この改善プロセスの一環として、従業員は統計的プロセス管理や設計の研修を受ける。

トヨタにも現場監督や工業デザイナーはいたが、組立工場の従業員に奉仕することになっていた。すべてはプロセスの継続的改善のためであり、改善の責任を負っているのは現場の従業員った。トヨタには強力な平等主義的な文化があり、「人の尊重」がトヨタの中核的価値の一つであった。

サプライヤーとの関係でも敬意を払い、幅広い権限委譲を行った。サプライヤーは「サプライヤー・パートナー」として扱われ、信頼して極秘情報を開示され、トヨタと緊密に連携してより良い車づくりに生かす。トヨタは、自動車業界のホワイトカラーの性格すら変えた。社内のマーケティング部門とエンジニア部門は敵対者ではなく同志とみなすことが奨励された。財務部門は、最終損益を良くするための無慈悲な警察ではなく、継続的な改善プロセスを支援することが求められた。従業員は、自分自身を有利にするためではなく、会社の目的に奉仕する存在であることを求められた。

この戦略はめざましい成果を上げた。1980年代後半、トヨタが1万4000ドルの車の開発に要した時間は170万時間だったが、GMはトヨタのほぼ2倍の時間がかかった[33]。1990年にはトヨタの時価総額がGMの2倍になり、2008年にはトヨタが世界最大の自動車メーカーになった[34]。

別の言い方をすると、トヨタはアメリカの自動車メーカーの半分の時間とコストで新車を開発し、半分の従業員で組み立てていた。だが、アメリカ企業がこの結果を受け入れるのに20年近くかかった。トヨタの成功について書かれた文献が大量にあったにもかかわらず、である。トヨタをテーマにした書籍は少なくとも300冊、学術論文は3000本以上ある。

さらにいえば、トヨタは決して特異なのではない。どの産業でも平均すると生産性が最も高い企業は、最も低い企業の2倍以上の生産性を誇る。[35] 世界中の数千社から収集したデータに基づく最近の調査では、こうした生産性の格差は企業のマネジメント手法によって生じたものであることが確認されている。仕事のやり方に対する「高いコミットメント」が、多種多様な産業で生産性の向上を牽引しているのだ。[36]

目的・存在意義を掲げるマネジメントは、それが可能であるだけでなく、競争優位の強力な源泉になるとすれば、どの企業もやらないのはなぜだろうか。多くの企業が、こうしたアイデアをなかなか実践しないのはなぜなのか。ギャラップの従業員エンパワーメント調査では、アメリカ人労働者のうち、「意欲があり熱心に仕事に取り組む（actively engaged）」と答えた割合は34％で、過去最高を記録する一方、「意欲がなく仕事が嫌い（actively disengaged）」は13％で過去最低に低下した。だが、半数以上の従業員は「専念できず（unengaged）」、概ね満足しているものの、仕事や職場に愛着は感じないと答えている。出社して必要最低限のことはするが、少しでも報酬がいい職場があれば転職する可能性が高い。[37]

目的主導型のマネジメントが普遍的ではなく、少なくとも一般的でないのは、それ自体が本質的に第一級のアーキテクチュラル・イノベーションであり、自分自身や従業員、会社組織についてまったく新しい形で考えることをマネジャーに求めるからだ。そして残念ながら、多くのマネジャーは100年以上前からの世界観と、それに伴う従業員に対する見方およびマネジメントの手法に囚われている。資本主義を再構築するとすれば、こうした世界観がどこから来たのか、どうすれば変えられるのかを理解しなければならない。

100年続いた世界観

偉大なビクトリア朝の資本家たちは、雇われ人は基本的にわがままで怠惰で、働くのはカネのためであり、注意深く管理しなければならないと考えていた。企業は厳格な階級組織になっていて、マネジメントと従業員には厳格なカベがあり、労働と資本は対立するものという画一的な前提で経営されていた。当時の企業家は、総じて労働者を厳しく監督し、賃金をできるだけ低く抑えなければ経営は立ち行かないと考えていた。アメリカでは、可能なかぎり組合を解体し、ストライキを起こす従業員は私兵を雇って鎮圧し——殺すこともあり——反トラスト法のもとで労働組合は訴追されるべきだと最高裁に訴えた。

大多数の従業員は基本的に愚かな機械であり、マネジャーのスキルと専門知識があってこそ使い物になるという考え方を大幅に強化したのが「科学的管理法」である。これはマネジメントに科学的なお墨付きを与えるものとして、20世紀のかなりの期間を通じてGMのみならずほとんどの大企業で常識として定着した。

科学的管理法を提唱したのは、フレデリック・テイラーである（科学的管理法は、彼の名前にちなんで「テイラー主義」と呼ばれている）。テイラーは、アメリカの名門出身だ。メイフラワー号でアメリカに渡った清教徒の子孫で、フィリップス・エグゼター・アカデミーに通い、ハーバードへの入学を許された。だが、視力が急激に悪化したため進学をあきらめ、工場の機械工見習いとして4年間修業することになり、最終的に1878年に機械工としてミッドベール・スチール社に入社する。昇進を重ね、首席技師（職長）になった。

テイラーは、こうしたキャリアの経験を通じて、工場労働者の大多数は「怠け者」で、わざとぐずぐず作業をしていると確信し、今でいう「生産性」を体系的に研究し始める。テイラーが発見したのは、すべての行動を構成要素に分解し、各パーツの生産性を向上させると、生産量は大幅に増加するということだった。そのうえで、マネジメントが提示した正確な手順に従うよう従業員に強制する。これは、金銭的報酬の約束と引き換えに人間をロボットに変えることを意味した。

ベツレヘム・スティールでの銑鉄の積み下ろしにまつわる有名な逸話がある。シュミットという名の従業員を相手に実験を始めた。テイラーは次のように語っている。[38]

われわれの仕事は、シュミットに一日あたり47トンの銑鉄の扱いを任せ、進んでやらせることに絞られた。以下のように進めた。銑鉄を扱う連中のなかからシュミットを呼び出し、こんなふうに言う。

「シュミット、君は高い賃金に見合う人間だろうか。……君が高い賃金に見合う人間か、それともあの低賃金の連中の一人なのかを知りたい。一日に1・85ドル稼ぎたいのか、あの安上がりの連中と同じ1・15ドルで満足なのかを知りたい」

「一日に1・85ドル欲しいか、値打ちのある人間ですと。もちろん、値打ちのある人間です」

「なるほど、君が値打ちのある人間だと言うのなら、明日の朝から晩まで、この男の言うとおりに動いてもらいたい。銑鉄を取っては運び、取っては運ぶ。座って休めと言われたら休む。一日中、言われたとおりにする。口ごたえはなしだ。値打ちのある人間は言われたことだけやり、口ごたえはしない。わかったか？　この男が歩けといったら歩く、座れと言ったら座る、そして口ごたえはしない。明日の朝、君が出勤すれば、一日が終わる頃には君が本当に値打ちのある人間かどうかがわかる」

テイラーが説明しているのは、シュミットがいかにして人間ロボットになっていくか――働けと言われれば働き、休めと言われれば休むか――だが、この規律を導入してシュミットの生産性は60％以上上がったという。数値が誇張されているのは、ほぼ間違いない。[39]だが、テイラーの手法を活用すると、さまざまな状況下で生産性が大幅に上昇することを示す証拠は多数ある。テイラーの手法の推進者たちは、あらゆる専門知識をマネジメントに委ね、従業員を機械のように管理することには欠点もあると認めるものの、生産性の押し上げ効果が大きいことから、そうした費用をかける価値は十分あると主張する。「テイラー主義」は常識になり、著書の『科学的管理法』は、20世紀前半を代表するビジネス書のベストセラーとなった。テイラーの考え方が広く受け入れられたため、存在意義を掲げることで生産性が大幅に向上する事実が早くからあきらかになっても、たいていは無視された。ようやくその事実が認識されるに至ると、今度は、新しい働き方を導入するのはとてつもなくむずかしいことに企業は気づかされるようになった。躍進するトヨタに対抗するのにGMがいかに苦労したかを見ていこう。

新しいやり方の模索――GMのトヨタへの対応

GM幹部は1980年代初めには、トヨタが工場で「何か違う」ことをやっていると確信するに至った。だが、当初、トヨタの強みの本質が従業員との関係にあると考えようとはしなかった。代わりに注目したのが、生産プロセスの目に見える変化だ。プレス金型をすぐ変更できるように設計された旋盤などの機械材料固定具、「ジャスト・イン・タイム」の在庫管理方式などであり、こうした手法の開発と導入を可能にした経営管理のプラクティスには目を向けなかった。GMのコンサルタントの一人は、1980年代に次のように報告している。

GMのマネジャーの一人が、かなり上のレベル（副社長）から、GMの工場をNUMMIのように創り変えるよう指示されました（NUMMIはGMが閉鎖した工場をトヨタが譲り受け、完全に創り変えた工場である）。上司はこう言いました。「カメラを持って工場に行き、隅から隅まで写真を撮って来てもらいたい。写真を撮ったすべてについて、うちの工場もそれと同じようにしたい。うちがNUMMIと違うのはなぜか、質が低いのはなぜか、生産性がそこまで高くないのはなぜか、言い訳は無用。なぜなら、見たとおりにそっくりコピーするからだ……」。それが無理難題であることは、すぐに気づきました。従業員のやる気はコピーできないし、組合と経営陣との良好な関係もコピーできない。コピーできるものではないし、写真に撮ることすらできないからです。[40]

GMでは、明確に定義されたルールや、個人が期限を守ったか否かといった容易に観察できる指標をもとに従業員を評価する。これに対し、トヨタでは、チーム全体のパフォーマンスをもとに、従業員のパフォーマンスを評価していた。[41] トヨタでは、組織の階層を越えた活発なコミュニケーションを通して従業員が一丸となって目標に取り組んでいて、GMのトップダウン型や指揮統制型の管理とは無縁だった。

GMのマネジャーは、目の前の四半期の数字をつくることに専念し、既存のシステムの細かな手直しが染みついていたため、従業員のマネジメントを根本から見直す準備ができていなかった。上から威張り散らすことでサプライヤーやブルーカラー労働者をマネジメントしてきた幹部にとって、継続的改善をもたらしてくれる相手として、信頼と敬意をもって接することなど到底できなかった。

最も重要な点として、高パフォーマンスをもたらす労働慣行を円滑に導入するには、揺るぎない信頼を醸成しなければならないが、GMの歴史を見ると根深い問題があった。GMは数字によって管理し、定量的な結果を昇進の基準にしていた。だが、業績好調な企業を特徴づけるような行動様式は、数値目標で特定することができない。上級幹部は長期的な関係を築こう、信頼を構築しようと口で言うかもしれないが、現場レベルでの同様のコミットメントとインセンティブの変更が伴わなければ、現場のリーダーが行動を変えるはずがない。

従業員との揺るぎない信頼から生まれる価値の最たる例が、長年にわたって使われている高級デパートのノードストロームの従業員向けの手引書だ。一枚の紙に下図のように書かれている。[42]

彼らは本気だった。ノードストロームは、従業員の「最良の判断」を活用して、小売業界でめざましい実績を積み重ねている。一連の有名な逸話がある。ある店員はスノータイヤの返品を請け負った（ノードストロームではスノータイヤを販売していない）。別の店員は何時間も車を運転して、顧客が親族の集まりに間に合うように洋服を届けた。三人目の店員は会社の駐車場で動けなくなった顧客の車のタイヤを交換した。こうした逸話から、ノードストロームは卓越した顧客サービスを提供するとの評判が高

ノードストロームへようこそ

私たちの会社の一員としてお迎えできることを嬉しく思います。私たちの第一の目標は、卓越した顧客サービスの提供です。個人としても、プロフェッショナルとしても高い目標を設定してください。あなたなら目標を達成できるはずです。

ノードストロームのルール：#1
あらゆる状況で最良の判断をすること。

ほかにルールはありません。

どんな質問でも、部門マネジャー、店長、地区責任者に遠慮なく尋ねてください。

まった。その評判はライバル社も羨むほどで、固定客をしっかりつかんでいる[43]。

しかし、マネジャーが、従業員の「最良の判断」を信頼して任せるようになったのは、そうすることが良い結果をもたらしてきた長い歴史があるからだ。従業員が自分自身のイニシアティブで行動を起こすリスクをとるようになったのは、従業員がそうすることに対して会社が報いてきた長い歴史があればこそだ。本物の信頼関係は、時間をかけてしかつくれない。そして、本物の信頼関係をつくれるのは、短期的な犠牲もいとわず、本物のコミットメントを掲げる企業だけなのだ。

短期的な利益と数値目標の達成にこだわるGMにとって、こうした信頼を築くのは、とてつもなくむずかしいことだった。たとえば1984年、GMはチームを活用し合同で問題解決を支援するため労使協定の改定を検討していると発表した。だが、新たな協定は単なる人員削減目的であることを示唆する内部資料が流出した。1980年代を通してGMの労働組合幹部の多くは、会社がトヨタのやり方を取り入れているのは、生産スピードを上げ、従業員にさらなる圧力をかけるために違いないと見ていた。このようにGMは従業員と信頼関係をうまく構築することができなかった。従業員にしてみれば、自分たちを犠牲にしても収益を確保することを目標に掲げる会社を信頼することなど、できない相談だった。

GMは例外的にマネジメントが下手な企業なのだと思いたくなるが、業績向上のための労働慣行を導入しようとして、似たような問題にぶつかる企業の例を私は数多く見てきた。従業員は愚かで、すべてのカードはマネジャーが握っている、という心地よい前提を手放そうとはしないマネジャーは数知れない。全員が尊重され、権限が広く分散した働き方を構築するには、知恵を絞り、汗もかかなければならないが、彼らはそうしたことはしたくないのだ。そして、一歩踏み出すと決めたとしても、信頼構築に不可欠な長期の投資をするのは簡単ではない。

じつに過去150年以上にわたって、この力学がはたらいてきた。目的主導型の企業が出現し、目的主導型マネジメントのパワーを示しても、それらは退けられる。だが、今起きていることの基礎を築いたのは目的主導型企業の経験であり、そうした経験が体系化され、現在にも息づいているのだ。

「王道を行く」企業の台頭

1861年、イギリスのジョージとリチャードのキャドバリー兄弟は、不振に陥っていた紅茶とコーヒー事業を父親から引き継ぎ、明確な目的を掲げて成長企業へと変貌させた[44]。成功のもとにあったのは、すべての人間の平等を重んじる伝統を守り抜くことへの強いコミットメントだ。これは、リーダーが存在意義を掲げて経営にあたるのに必要な勇気とビジョンをもつうえで、強い精神的、政治的信念が決定的な役割を果たすことをはっきり示している。

キャドバリー兄弟はイギリスのバーミンガムの三世代にわたるクエーカー教徒の家庭に生まれた。本人たちは友愛協会の会員と呼ばれることを好んだ。同協会の会員は、「内なる光」、すべての人に神が直接顕現するとの信念をもち、奴隷制反対と刑事司法制度改革、教育の普及に尽力した。コミュニティとして、収益を上げることには懐疑的で、産業の役割はコミュニティ全体に奉仕することであるべきであり、労使紛争はオープンな対話と善意によるべきだと考えていた。

キャドバリー兄弟が経営を引き継いだとき、会社は傾き、20人いた従業員は11人に減り、赤字を垂れ流していた。二人は母の遺産の8000ポンド（現在価値で70万ポンド／86万1300ドル）[45]を会社に回し、再建に乗り出す。1864年には小幅な黒字に転換し、その後の数十年でイギリスの優良企業に育て上げた。彼らが掲げた企業としての存在意義は、最高級のココアとチョコレートを販売する、というごくシンプルなものだった。二人がビジネスを始めた当時、市場に出回るチョコレートは、ごく少量のココアを大量の混ぜ物で固めたものだった。ジョージ・キャドバリーによると、「ココアは5分の1で、残りは片栗粉、椰子でんぷん、小麦粉、糖蜜でできていた」。キャドバリーのココア・エッセンスの発売は1866年。「純正だから最高」を掲げ、広告には内科医の推薦文を載せた。1905年に発売した「キャドバリー・デイリー・ミルク」でも、粉乳ではなく生乳を使って純粋さをアピールした。最高の原材料を使う方針は、その後100年にわたる同社の品質証明であり続けている。業績好調な目的主導型企業はみなそうだが、キャドバリーでも、企業の社会的存在意義に対する強い思いに合わせて、従業員の処遇を抜本的に見直している。

1878年、キャドバリー兄弟はバーミンガムから4マイル離れた土地に、巨大な工場を建設した。フランス語のチョコレートにちなんで「ボーンヴィル」と名づけられた工場はフル稼働で、1895年には120エーカーの土地を追加購入し、草花に囲まれた理想の村の建設に乗り出す。ジョージは、クエーカー成人学校運動の教師として熱心に活動し、バーミンガム一の貧民街で何年も教えた経験から、貧困層の教育と生活環境の改善が何より重要だと考えるようになった。のちにこう語っている。「バーミンガムの成人学級で教えることになり、貧困家庭を訪問して悲惨な生活実態を知らなければ、ボーンヴィル村を建設することはなかっただろう」。自分より恵まれていない人たちとの交流という個人的経験が強調されているが、これは目的・存在意義主導型のリーダーの逸話には繰り返し登場するテーマである。現場での実体験がきっかけとなって、違うやり方を模索するリーダーは少なくない。

キャドバリー兄弟は、当初からテイラー型マネジメントには否定的だった。「科学的管理法に反対する根拠」と題した1914年の新聞記事で、兄弟の一人がこう語っている。「生産面で科学的管理法の信奉者が主張するとおりだったとしても、それによって生み出された経済で人間が犠牲になるのではないかという疑問が残ります」。ジョージ・キャドバリーはクエーカー雇用主会議においてこう語っている。「人間の地位は、自尊心が完全に保たれ、雇用主や仕事仲間の関係が紳士や市民との関係であるようにすべきです」

従業員には家族のように接した。セレモニーで前に立つことを好まず、汚れ仕事を進んで手伝った。当初から教育には相当な資金をつぎ込んだ。すべての従業員は初等教育を受けることが義務づけられ、そのうえで希望すれば商業や技術を学ぶことができた。スポーツや体育教育施設を用意した。疾病手当や年金基金も導入した。クリスマスや新年を祝い、サマーパーティも開かれた。工場では労働者が参加する実験を行った。会社の正式な経営者は取締役会（全員が親族）だが、日常業務の監督は、基本的に労働委員会などのさまざまな委員会に委ねられた。労働委員会は、スタッフとライン双方の従業員で構成され、工場の環境、品質管理、福利厚生に責任を負った。１９０２年には、直接選出された従業員代表が工場管理の改善案を提案する仕組みの導入を提案している。１９１９年には、全面的な事業の民主化の実験に乗り出す。ショップ委員会とグループ委員会を創設し、労働評議会に報告する三層構造の仕組みをつくった。

１９３０年代には、イギリスの製造業で24位に入る大企業に成長し、現在に至るまで人気を博す世界的な商品ブランドをいくつも生み出した（キャドバリーのフルーツ・アンド・ナッツ・バーは、私の子どもの頃の定番で、いまだに好物だ。イギリスに里帰りするたびに、ひとり静かに味わうのを楽しみにしている）。キャドバリー兄弟の経験は、今でも多くの目的主導型のリーダーを啓発しているが、兄弟が健在の間は、その管理手法は風変わりなものと軽視され、新しい経営管理の手法ではなく、クエーカー教徒の信仰の一部とみなされた。

より良い経営管理法があるかもしれないとの考えは、その後も登場する。１９４０年代、イギリス人学者のエリック・トリストは、ケンブリッジの東50マイルに位置する炭鉱ヘイムーアを訪れた。イギリス国内の炭鉱のほとんどは、従来テイラー型で管理されていたが、ヘイムーアは違った。昔ながらの道具では石炭表面に届かないため、ヘイムーアでは炭鉱夫が自律型チームを編成し、一人の炭鉱夫が最大で６つの作業をこなした。

ヘイムーア炭鉱はどこの競合炭鉱よりも安全性が高く、生産性もはるかに高かった。だが、トリストがヘイムーアの方式をほかの炭鉱でも取り入れるよう政府の担当当局に進言したところ、拒否された。そもそもヘイムーアの調査を依頼したのは当局だったのだが、政府当局はトリストの介入によって不安定化することを恐れ、報告書に「ヘイムーア」の名前を入れることすら禁じた。権限を与えると従業員はつけあがり、労使間に深刻な摩擦を引き起こすとの懸念が、従業員を尊重する王道のマネジメントを拒否する主因として指摘され続けた。ところが、事実はその逆であることが後ではっきりする。

トリストは次に、少人数の自律型チームでヒトラーと見事に戦い、産業横断型のチームをつくったノルウェー人グループとの共同研究に着手した。彼らのやり方は、パフォーマンスを大きく改善させる可能性があるとトリストは見ていた。だが、2、3社には興味をもってもらえたが、ほどなく、「トリストが自分たちを殺そうとしているのを発見したかのように」、ほとんどの経営幹部が協力を辞退した。ある意味では、そのとおりだった。「彼らの意見はわずかばかりだが当たっていた」と、トリストは後年語っている。「彼らは全権を握り、好きなようにやっていた。その権力の一部でも明け渡したくはなかったのだ」[46]。GMの事例でみたように、これがいまだに変化を阻む大きな壁となっている。目的主導型を成功させるには、リーダーは支配を断念することを学ばなければならない。自分たちの下で働いてくれている人たちが、少なくとも自分たちと同じだけクリエイティブでやる気があるということが腑に落ちていなければならない。

トリストの考え方は、MITのスローン・スクールのダグラス・マグレガーの著作で再び注目されるようになる。1960年に出版された『企業の人間的側面』でマグレガーは、人間のやる気について、現代の動機理論の先駆けとなる二つの理論を打ち出した。第一の「X理論」では、人間は基本的に我儘で怠惰で、働くのは自分自身のためであり、金銭や地位、権力といった外的な見返りのためであると考える。第二の「Y理論」では、人間のやる気を内的な報酬に求める。何かに習熟し自律する喜び、他者と関係を築く機会、意義や目的をもつことが、やる気に火をつけると考える。Y理論は最新の研究と期待されていた。この理論では、人間は利己的であるのと同じくらい「集団主義的」であり、元々、集団の一部であることに喜びを感じるようにできており、特定の状況では、協力し、利他的な行動すらとることがあるとされた。同書は、Y理論に与する議論として解釈される場合があったが、マグレガー自身が訴えたいのは、Y理論の正しさではなく、どちらの理論もモデルとして有用で、X理論だけに頼るのはあまりに単純で危険であり、多様で力強いやる気の源泉が切り捨てられてしまう、ということだった。

マグレガーの考え方をいち早く実践に移したのが、ジョージア州オーガスタにあるプロクター&ギャンブル（P&G）の洗剤部門のマネジャーたちだ[47]。P&Gは、科学的管理法の原則を早い時期に熱心に取り入れていたが、1960年代初頭には、オーガスタ工場を立ち上げたマネジャーたちは科学的管理法の限界を感じ、苛立ちを強めていた。科学的管理法では、あらゆるものが厳格に計測される。あらゆることが指示される。あらゆることがルールと手続きでがんじがらめになっていた。何か違うやり方を試すことにした。

まずマグレガーを招聘した。その「率直な物言いと、あけすけで、猛烈なマネジメント・スタイル」と、トリストの手法の説明が気に入り、取り入れることにした。オーガスタ工場の運営を、「技術者」チームに完全に委ねる体制に移行する。各自が幅広いスキルを開発し、工場の継続的改善に積極的に貢献することが期待された。工場では職階制がなく、生産割り当てもない。工場の従業員は、週に4時間は研修を受け、さらに2時間集まって問題の解決に知恵を絞る。要するに、オーガスタ工場は、トヨタがアメリカで最初の波を起こす何年も前に、トヨタにきわめて近い生産方式を導入していたのだ。オーガスタがめざましい成果を上げたため、1967年にはP&Gのすべての工場で、この方式を導入することが決められた。

この方式を活用する工場として、一から立ち上げられたのがオハイオ州リマ工場だ。指揮を執る工場長のチャーリー・クローネは、トリストの手法を学ぶだけでなく、チベットとスフィの神秘主義を学び、精神指導者のゲオルギイ・グルジエフの著作を読むような風変わりな人物だった。リマ工場は、「学習を体現」し、感情や心理的な要素を直接働き方に取り入れるよう設計された。従業員の人間としてのニーズが、事業のニーズに負けず劣らず重要だと考えられた。階層は最小限しかない。取り組みたい課題があれば、同僚にはたらきかけてチームをつくる。チームは自分たちでスケジュールを管理し、マネジャーはコーチ役、応援役を務める。リマ工場もめざましい成果を上げた。生産コストは、従来の工場の半分といわれているが、それより小さかった可能性もある。工場の責任者は、本当の数字を言っても誰も信じないと思ったようだ。

だが、リマ工場から派遣されたマネジャーが、自分たちの開拓した手法をほかの工場に広げる活動はうまくいかなかった。上級幹部は当初は戸惑い、新しい手法を経験したマネジャーの「ヒッピーのような話し方」に脅威を感じた。一方、新たなリーダーのほうは、上司に苛立ちを強め、本気でない、信頼できないと、詰め寄ることになった。結局、クローネは社外に転出し、経営のグル（神様）として、数少ない弟子とともに、フォーチュン500以外の中小企業に新しい手法を広めていった。

従業員に権限を与え、信頼と敬意をもって接し、目標と存在意義を共有することで組織のやる気を引き出せばパフォーマンスが劇的に向上する、という考え方自体は廃れたわけではなかった。トリストは、仕事をする上での人間関係を重視する研究者グループ、タビストック研究所の創立者の一人となった。MITのダグラス・マグレガーの研究は、同僚のエド・シャインの研究に影響を与え、シャインは組織文化研究で世界的な権威になった。ハーバード大学のマイケル・ビアらをはじめとする研究者は、好業績企業の成功の根底には、目的主導型のリーダーシップと従業員の尊重があるとの論文の発表を続けている。それでも、何十年にもわたって、目的主導型の組織は例外的な存在であり続けた。

だが、この10年で世界は劇的に変わった。目的や存在意義を掲げることが業績向上につながるとの考え方は、常識に近いものになった。ある調査では、5人中4人が「企業の将来の成長と成功は、利益と目的のバランスをとる、価値主導型ミッションにかかっている」と答え、「従業員に目的意識をもたせ、目的主導の仕事の機会を与えることが、ウィンウィンの関係をもたらし、企業と従業員双方にとって望ましい」と答えている。[48]

こうした変化が起きた背景には、いくつもの理由があるが、レピュテーショナル・マネジメントと薄っぺらなご都合主義が大きな役割を果たしているのは間違いない。「何かを」していると見せることがいかに重要かを痛感する企業が増えているのだ。多くの企業が、変革と成長の起爆剤として、目的の共有が大きなツールになると認識するようになった。

だが、トヨタの成功の源泉が高く評価される要因はほかにもある。GM同様、多くの企業は当初、トヨタの異例のパフォーマンスの高さを、同社が高パフォーマンスを引き出す労働慣行を導入した結果だと解釈していた。チームワークへの信頼やインクリメンタル・イノベーションの重視に注目し、これらを可能にした組織文化や価値は顧みなかった。しかし、企業がこうしたプラクティスそのものを採り入れるようと悪戦苦闘するようになると、この解釈も変わってきた。トヨタ方式を他社に伝えるためにトヨタが起用している組織コンサルタントの一人は、「すべては文化に関わる。常に文化の問題だ。だが、これを経営陣が受け入れるには長い時間がかかる」と述べている。[49] サウスウエスト航空やホールフーズなどの従業員重視の企業の際立った成功も、多くの関心を集めている。

こうした最近の変化を促すもう一つの要因として、企業目的と高パフォーマンスをもたらす働き方を財務実績と関連づける研究が増えていることが挙げられる。たとえば、MITの研究者のゼイネップ・トンは、著書の『よい職場の戦略』で、コストコやメルカドナといった小売大手のように、業務を見直して従業員の継続学習とイニシアティブを支援する企業は、競争相手より業績が良く、従業員の賃金が平均を大幅に上回っていると指摘している。また長期データやきめ細かい企業目標の指標を使って、従業員の満足度の水準が高く、目的を戦略と密接に結びつけ見える化している企業は、株主リターンが改善することを示した研究がある。[50]

世の中の変化から、企業が存在意義や目的を明確にする必要性も出てきている。一般市民の期待が変化して、企業が現代の大問題に取り組むことを期待する割合は、全人口の73％にのぼっている。[51] ミレニアルとそれに続く世代は、目的や存在意義がしっかりした仕事を積極的に探している。他方、企業と一般市民の間の信頼感の欠如は加速していて、従業員の3分の1は雇用主を信頼していない。エリートの82％は企業を信頼する一方、一般市民で企業を信頼する割合は72％にとどまっている。[52]

さらに、何かもっと根本的なことが起こりつつある。問題が切迫するに伴い、多くの企業リーダーは、行動を起こさなければならないモラル上の切実な義務があると認識している。私は、共有価値の創造に向けた戦略について、何百人もの企業リーダーと対話を重ねてきた。その経済合理性については、誰もが雄弁に語ってくれる。だが、非公式の場では――廊下やビールを飲みながらの話では――行動に駆り立てられるのは、居ても立ってもいられないからだと打ち明けてくれた。具体的には、気候変動で絶滅リスクがある、コミュニティを再建する必要がある、医療制度を改革する必要性がある、あるいは海を守らなければならない、といったことだ。この二重性を偽善だと解釈する人もいるが、これこそ、資本主義を再構築するための基本だと私は思う。現代の大問題を解決しようと思うなら、利益と意義の両方が必要なことを企業のリーダーは認識しなければならない。共有価値を生み出す新たなビジネスモデルを発掘しようとするなら、そのビジネスモデルを実現することができるとすれば、そして、しっかりとした社会を築くために必要な良質な雇用と職場を創出しようと思うのであれば、目的主導型のリーダーシップが不可欠である。

とはいえ、多くの企業は、目的や存在意義と事業を融合するのに苦労している。自社の目的を明記し、戦略と関連づけ、従業員に伝えられていない企業はまだ数多い。[53] こうした齟齬は、テイラー主義から決別することや、仕事上で感情や気分を表すことを極端に忌避しようとするところに一つの要因がある。だが、企業側には、もう一つの構造的な障壁がある。それは、短期重視と世界の投資家の無知である。投資家があくまで四半期の増益を求め、目的の価値を理解せず、計測することもできないのであれば、目的主導型の企業になるのに必要な長期投資を行うことはきわめてむずかしくなる。

そこで、資本市場との関わり方を変えることが、資本主義の再構築に向けての第三のステップとなる。

第五章

金融の回路を見直す

長期重視の考え方を定着させる

カネが先に立てば、すべての道は開ける。

——ウィリアム・シェイクスピア『ウィンザー城の陽気な女房たち』

収益性が高いだけでなく、大きな社会問題や環境問題の解決に貢献できる優良企業をつくる機会が現実にあり、価値重視の目的・存在意義（パーパス）主導型の企業になることが、こうした機会を生かす王道だとしたら、企業目的と共有価値を積極的に組み合わせて取り入れる企業がもっと多くてもいいはずだ。世界の大企業の85％が社会的な意義を掲げていると主張し、多くの企業が社会的価値を生み出すために自分たちにできることを模索し始めてはいるが、こうしたアプローチは、まだまだ一般的とはいえない。どうしたことだろうか。

私の知り合いの企業リーダーたちは、この疑問に簡単に答えてくれる。企業が社会問題や環境問題の解決に貢献したくとも、目先の利益確保を求められ、身動きがとれないのだ。「問題は投資家だ。投資家は短期的成果しか頭にない。四半期の収益目標を下回ることになるような長期の投資など到底できない」。20世紀前半を代表するマネジメントの大家ピーター・ドラッカーは記憶に残る示唆をしている。「アメリカ企業の経営幹部と仕事をしている人はみな同じことを言う。来四半期の増益を求める年金基金の運用担当者の要求に応える必要性から、また乗っ取り屋の脅威に対する極度の恐れから、経営トップは自殺行為と言わないまでも、コストがかかる意思決定をするという過ちを犯している」[1]

これまで会ってきたCEOはみなドラッカーに同意している。企業が目先の数値目標を達成するために、収益性の高い投資機会を先延ばしにしたり、逃したりすることはよく知られている。ある調査では、利益目標を達成するために、研究開発費を削ると答えた最高財務責任者（CFO）の割合は80％にのぼった。価値を（小さく）犠牲にすることになっても、利益目標を達成するため新規プロジェクトを先延ばしにすると答えた割合は55％強にのぼる。別の調査では、ほんの少しでも利益目標を下回る恐れがあれば、正味の現在価値が高いプロジェクトを遅らせると答えた経営幹部の割合は、59％にのぼっている。[2]

資産保有者は長期の成果を重視するが、資産運用者は重視しないと信じるに足る理由もある。ほとんどの資産保有者は、自身の資産を管理していない。たとえば2016年時点で、公開企業の株式残高の63％を保有しているのは機関投資家である。[3] ほとんどの退職者の年金資産は年金基金が運用しており、年金基金は資産運用のプロに運用を委託している。多くの個人投資家は投資信託やインデックス・ファンドに投資し、実際の運用はプロの運用担当者が行い、彼らはみずからの議決権も行使している。これは、資産保有者の利益が、必ずしも資産の運用担当者の行動に反映されるわけではない、ということを意味する。資産保有者が長期の運用成績の向上を目指していても、資産運用担当者は短期の成果を目指す。運用担当者の報酬や運用資産の規模が、目先の結果で決まる場合はとくにそうだ。[4]

2015年10月、ウォルマートのCEOダグ・マクミロンが、売上高は前年比横ばいで、一株あたり利益が6～12％減少すると発表すると、同社の株価は10％近く下落し、株式時価総額の約200億ドルが吹き飛んだ。[5] 減益の要因は電子商取引への投資20億ドルと、従業員の時給引き上げに伴う30億ドル近い投資によるものだと説明したが――どちらの投資も自社の健全性に不可欠だと考えていたが――ウォールストリートは耳を貸さなかった。ウォルマートの場合、株式の過半数はいまだに創業家のウォルトン家が保有していて、マクミロンの投資判断を強力に支持したため、マクミロンはCEOの座にとどまった。だが、多くの経営者は、同じような状況に陥った場合、マクミロンほどの運には恵まれないと戦々恐々としている。

多くの企業リーダーは、本気で共有価値に取り組むのは気が進まないと語る。投資家の期待に応えつつ、株式を虎視眈々と狙うアクティビストの脅威を回避しなければならないので、真の企業目的に適う長期プロジェクトに投資することができないからだ。資本主義を再構築するには、投資家に文句を言わせない方法が求められると彼らは口にする。[6] 彼らは、そのためのさまざまな方法も提案する。法改正により、企業が多数のステークホルダーに責任を負うことを明確にするという案もあるし、一定期間以上、十分長期にわたって株式を保有する株主にかぎって議決権を認めるという案もある。だが、どれもが一致しているのは、資本主義を創り直すとすれば、投資家の権限は抑えられるべきだということだ。

この主張にはおおいに共感できる。翌年度の営業利益に響くという理由で先送りされたすばらしいプロジェクトをいくつも知っているからだ。だが、私たちが直面している問題と、その解決策はもっと複雑であり、この線での理解では十分ではないだろう。

短期志向の議論を単純化しすぎる弊害は、少なくとも二つある。第一に、投資家が利益目標を達成できていないと責めるのは、長期投資を支持していないからではなく、経営がうまくできていない証拠だと考えているからだ。それを示す膨大な研究がある。[7] 会計分野の文献で最も有力な発見の一つは、短期の利益目標を達成できない企業は、じつは長期の業績でも、短期目標を達成できた企業を下回っているという事実である。[8] そのため、前述のウォルマートの株価下落は、利益が目標を下回るというマクミロンの発表を受けて、会社あるいはマクミロンの経営手腕に根本的な欠陥があるのではないかと投資家が懸念したからだという解釈が成り立つ。

第二に、一定の状況下では、何年も利益の出ない企業に投資家が進んで投資することが知られている。C型肝炎の治療薬を最初に発表したことで知られる製薬会社のギリアドは、株式公開後の最初の9年は赤字で、累計損失は3億4300万ドルにのぼった。[9]だが、同社の株式時価総額は、公開年が3億5000万ドルで、9年後は40億ドル近くになっていた。[10]アマゾンの場合は、ナスダック上場後の最初の5年で、累積純損失が30億ドル弱にのぼったが、5年目に投資家が同社につけた価値、つまり株式時価総額は70億ドル強だった。14年後、同社が初めて黒字を確保したときの時価総額は3180億ドルにまで膨らんでいた。利益はわずか6億ドルに過ぎなかったのだが。[11]多くの投資家が、アマゾンの投資が実るのを何年も待つことを厭わなかったのはあきらかだ。アマゾンに限らず、ウーバー、リフト、エアビーアンドビーなど、いわゆる「プラットフォーマー」と呼ばれる幅広い企業は、巨額の投資資金を集めている。まだ利益を出していないにもかかわらず、である。

そのため、投資家を十把一絡げにして、圧倒的に短期志向だとはいえない。なかには自分たちに求められている賭けの性質を理解して、賭けをする投資家がいる。投資家がバイオテクノロジーの世界の言葉を理解するには何年もかかる。だが、今では、多くのアナリストが、基礎研究への投資が後になって莫大な利益をもたらす理由を理解している。主流の投資家がプラットフォーマーのパワーを理解するには、1994年から2000年のドットコム・バブルと、フェイスブックやグーグルの成功が必要だった。だが今や、ほとんどの人が、自分のプラットフォームとなる大規模な顧客基盤を構築するために投資することが巨額の利益につながることを理解している。最近、シェアオフィスのウィワークの株式公開が失敗したが、プラットフォーマーだと見せかけた同社が、実際はそうでないことをほとんどの投資家が見抜いたからだ。

こうして見てくると、共有価値を創造し、目的主導型の企業を構築することで紛れもなく利益は得られることはある程度あるわけだから、投資家が目的・社会的意義に投資をためらうのは、投資家に元々ある短期志向のせいだとばかりはいえない。情報不足にも一因があるはずだ。マクミロンの発表を受けてウォルマートの株価が下落したのは、自分たちの投資への影響をどうやって測ればいいのかわからず、長期的なリターンを押し上げると信じられなかったからだ。だとすれば、資本主義の再構築には、会計制度の見直しが必要になる。

投資家により良いデータを提供する

会計士が文明を救うためのカギを握っている、という考えを私が受け入れるまでにひどく時間がかかった。ジェイコブ・ソールの名著『帳簿の世界史』は、複式簿記の発明がいかにして現代国家の誕生を可能にしたかを詳細に論じているが、会計は埃をかぶった味気ないものだと密かに思っていた私は、これを読んだ後もなかなか納得できなかった。

だが、その後、奇妙なことに気づいた。大量の二酸化炭素を排出しても、企業はコストを一切負担しない。あるいはコミュニティを荒廃させ、従業員には最低賃金しか支払わず、また減税を要求するが、これらのコストも払わない。こうした考えのもとで経済全体が運営されている事実に対し、ほとんど気に病むことのない企業人なら大勢知っている。だが、知り合いの会計士は多少気に病んでいるどころではない。猛烈に心配しているのだ。私たちは、計測されるものが管理されるという、一般常識をもっている。だが、会計士は会計のプロとして、会計ルールのわずかな変更によって行動がいかに根本的に変わるかを伝えるのに心血を注いできた。そしてビジネスの業績は目に見えない物事に左右されるが、それらすべてを計測できているわけではないことに彼らは気が付いているのだ。

たとえば「評判」（レピュテーション）を取り上げよう。評判は大きな経済的影響を及ぼしうる。信用を築くには何年もかかるが、崩れるのは一瞬だ。「企業文化」も同様だ。だが、財務報告書には、どちらについても言及はないし、それを測る尺度がない。ほとんどの投資家と同じように、財務諸表を分析して意思決定するとすれば、膨大な量の情報を見逃していることになる。そして、見えていなければ、それらは存在しないとか、たいしたことはないものだと思いたくなる。

現代の資本市場を支えているのが現代の会計制度である。投資家の利益を第一にしていると、ある程度の安心を与えてくれなければ、自分の貯蓄を第三者に託す人はいないだろう。そして、事業の健全性を反映する正確な数値なしに、投資家の利益を第一にしているかどうかを知ることはできない。バランスシートがあるのは当たり前だと思いがちだが、現代の財務諸表は、企業がどの数字を記載するか、その数字が正確であることに誰が責任を負うべきかをめぐり、100年にわたって苦闘した末にできた産物である。大恐慌の惨状を受けて、財務報告書の透明性を求める国民の声が強まり、証券取引委員会（SEC）が設立されるまで、[12] アメリカ企業は財務書類を定期的に公表していなかった。たとえば、プロクター&ギャンブル（P&G）の1919年の年次報告書は下図のようなものだった。[13]

1919年にプロクター&ギャンブルの株主で、年間の売上高と利益以上のことを知りたければ、シンシナチに行って個人的に問い合わせなければならなかったわけである。これでは、会社の内情を知らない限り、評価するのは容易ではない。裏返せば、一つの会社に投資しようという投資家の数は限られていた。これに対して現代は、会計制度のおかげで、何千マイルも

プロクター＆ギャンブル・カンパニー
オハイオ州シンシナチ　1919年8月15日

プロクター＆ギャンブル・カンパニーの株主各位

当社および関連会社の1919年6月30日までの会計年度の総収入は1億9,339万2,044.02ドルでした。

繰越金と償却、損失、税金（連邦所得税および戦争税を含む）、宣伝、紹介キャンペーン費用を差し引いた純利益は732万5,531.85ドルでした。

有資格の株主で、ご興味のある方は、当社のシンシナチ・オフィスで直接お申込みいただければ、さらなる情報をご提供いたします。

プロクター＆ギャンブル・カンパニー
社長　ウィリアム・クーパー

離れた場所にいる投資家が、標準化され監査を受けた指標で、業績との関連が広く理解されている指標を使って、企業を比較できるようになった。ほぼすべての人がどこに住んでいても投資できるようになった、ということだ。経営がすぐれた企業は、資本調達の可能性を大幅に高めることができる。

新たな顧客ニーズの発見、リスク低減、高いコミットメントに基づくビジネスモデルへの投資を呼びこむには、これまで財務報告書に含まれていなかった事業戦略や業務運営を評価できる、信頼性の高い標準化された指標を開発することが重要なステップになる。たとえば、「リスク」を例にとると、気候変動によって甚大な影響を受ける企業があることはわかっている。だが、どの企業なのか。消費者や政府が環境問題や社会問題に目覚めるにつれて、温室効果ガスを大気圏に排出している企業や、劣悪な労働環境でつくられた製品を販売する企業はリスクを抱えることになる。だが、それらの企業の財務会計を見るだけでは、どれだけ温室効果ガスを排出しているかや、サプライヤーが人権を侵害しているか否かはわからない。

「文化」を例にとると、企業文化が長期的な強みの源泉になり、従業員を大切にする企業は生産性が大幅に高そうだということは漠然と認識されている。だが、企業の財務諸表を見て、従業員を大切にしているか、企業文化が健全かどうかはよくわからない。財務諸表を見ると、企業がそれまでうまくやってきたかはわかるが、現時点で適切な投資をしているかどうかはわからない。財務諸表だけに頼っていると、膨大な情報を見落とすことになる。そうした情報・データを見ることも測ることもできなければ、そもそも存在しているのか、大事なのかどうかさえわからない。

いわゆる「環境・社会・企業統治（ＥＳＧ）指標」は、この問題に対する一つの解決策になる。[14] その始まりは、１９８０年代に遡る。１９８４年にはインドのボパールで死者1万５０００人以上、負傷者はこれを上回る有毒ガス漏れ事故が起き、１９９０年にはアラスカ湾でエクソンのバルデス号が原油漏れ事故を起こすなど、大惨事が相次いだ。これらの事故をきっかけに、非政府組織（ＮＧＯ）が、環境や社会への影響について企業側に情報開示を求めるようになった。[15] こうした動きに対して、いくつかの企業が社会的責任に関する報告書を発行し始める。初期の報告書には、定量的な情報はごくわずかしか記載されていなかった。たとえば１９９８年のシェルの報告書は、同社の「一般事業・行動規範」を書き連ねているだけだ。

１９９９年、環境に責任をもつ経済のための連合（ＣＥＲＥＳ、セリーズ）が、サステナビリティに関する報告書の標準化を目指す組織、グローバル・レポーティング・イニシアティブ（ＧＲＩ）を創設した。[16] ＧＲＩは２０００年に最初のガイドラインを発行する。２０１９年時点で、世界の大企業２５０社がこの基準を使って自社のサステナビリティ活動を評価、報告しており、データベースには3万２０００件以上の報告書がファイルされている。[17] だが、投資家はＧＲＩのデータベースを限定的にしか利用できない。データベースの主たる目的は、ＮＧＯや政府が企業に説明責任を問うのに役立つ情報をはっきりさせることであり、企業は業種や企業規模、国籍、株主構成に関係なく、同じ情報を報告する。

投資家の間では、ＥＳＧ指標が投資収益の向上に役立つことに懐疑的な見方が多かったことから、起業家やNGOは投資家にフレンドリーな評価基準の開発に躍起になった。こうした努力によってGRIのデータだけでなく、企業の調査データ、年次報告書、各種の公的データが集められている。私の知るかぎり、現時点で少なくとも2社のスタートアップ企業が人工知能（AI）を使って、ウェブ検索から社会や環境活動に関する有用な情報を整備しようとしている。

こうしたデータの多くは選択的に開示されていて、比較がむずかしく、品質にもばらつきがあるが、すでに世界の投資慣行を変えつつある。[18] プロが運用する資産の40％以上、47兆ドル相当が、なんらかの社会的責任基準を使って運用されている。[19] このうちの半分弱が、いわゆる排除ファンド――銃製造やタバコ製造企業を投資対象から除外するファンドである。[20] 約10％がCEOとの対話を通した運用、つまり投資家が先頭に立って企業の行動を直接変えようとするもので、残りは「ESG統合型インデックス」で運用されている。2018年のESGインデックスの運用額は19兆ドルで、運用総資産の20％にのぼった。

ESG基準のパフォーマンスが財務のパフォーマンスとどの程度相関性があるかについては、多くの研究が行われている。結果は、選択する指標や研究の構成によって大きく違ってくるが、全体としてこれまでのところ、こうした（かなり雑多な）ESGのパフォーマンス評価指標と財務パフォーマンスには相関性がないことを示している。[21] ただ、暫定的な結果としては、大いに勇気づけられる。正しいことをしようとする企業の業績が、ライバル企業と遜色ないことを示唆しているからだ。

最近の研究では、評価手法を前進させるには、ESG評価基準の中でも、結果に重要な影響を与える（マテリアリティ）部分を重視すること、つまり、収益性に著しい影響を与える非財務項目パフォーマンスの把握に焦点をあてる方向にシフトすることが示唆されている[22]（重要なイベントあるいは情報とは、情報を受け取った投資家の判断に影響を及ぼすイベントまたは事実を意味する）[23]。企業の経済パフォーマンスにとって確実に重要なデータセットや指標を活用した最近の研究では、両者の間に正の相関性があるという説得的な証拠が見つかっている。[24]だが、こうした指標を開発するのは容易ではない。ジーン・ロジャーと同僚たちが実用的なデータセットを開発するにはほぼ10年かかっている。

ジーンは環境工学で博士号を取得したのち、スーパーファンド・サイト（スーパーファンド法で管理された有害物質汚染地域）を浄化する企業に就職した。[25]だが、この仕事に嫌気がさした。のちにこう語っている。「仕事が嫌でたまりませんでした。……単に有害物質を除去するだけで、こうなるまで放っておいて、根本的な問題を解決せずに、こんな『弥縫策』でよしとされているのが恐ろしかったのです」。そこで、環境問題に本格的に取り組むためにビジネスの視点を身につけようと、大手会計事務所に移った。さらに、国際的な総合エンジニアリング・プロフェッショナル・サービス企業のアラップに転じ、アメリカのコンサルティング部門のリーダーになった。

ここでジーンは、既存のレポーティング基準に強い不満をもつようになる。こう振り返っている。「多くの企業とサステナビリティ・レポートを作成しましたが、レポートがマネジメントのツールとしては使われていませんでした。報告書を作成するのはアリバイづくりのためで、広報の手段として利用していたのです。業種間での比較はもちろん、同じ業界の企業間ですら比較できませんでした」。指標を定めている業界はほとんどなかった。「ＧＲＩは、ほとんどの報告書で一般的な指標に頼っていました。依頼のあった五つの産業向けに業界固有の指標を定義しただけでした。各産業の企業行動によってサステナビリティ指標は多かれ少なかれ異なるので、レポート作成は産業をベースにしたものでなければならない、ということは誰もが同意していましたが、私がそう言うと、『確かにそうだが、むずかしすぎる。産業も多すぎるし、指標も多すぎる』と言われました」

２０１１年、ジーンは、サステナビリティとレポーティングが重なり合う仕事に携わる数名の先駆者とともに、サステナブル会計基準審議会（ＳＡＳＢ、サスビー）を設立した。[26] ジーンが作りたかったのは、どんな投資家でも企業の銘柄コードを打ち込めば、財務データと同じくらい簡単に有用なＥＳＧデータが出てくるサービスだ。業界ごとに基準を決め、企業は自社にとって重要な課題についてのみ報告すればいい。データは監査がしやすく、企業間の比較も容易にできる。[27] すべての企業はすべての重要情報を報告する法的義務があるので、ＥＳＧでも重要性（マテリアリティ）を強調することで、企業はこれらの評価項目について正確に報告する義務がある、とＳＡＳＢは主張できる。これは、ＥＳＧの評価項目と企業業績との相関性が高くなることも意味し、したがって投資家にも役立つ。こうした評価項目の定義が固まり、広く受け入れられるようになれば、企業は共有価値を創出するための戦略的イニシアティブの価値をより効果的に伝えられるようになり、投資家はＥＳＧと財務パフォーマンスとの関連を明確に理解して、自分が投資している企業に対して、ESG評価基準を活用して戦略を改善するよう求めるはずだ。そうジーンは考えた。

ジーンらは、業界ごとに「重要課題のマップ（マテリアリティ・マップ）」を作成することから始めた。何千、何万という文書を検索して、パフォーマンスを左右する課題を理解し、有用でコスト効率が高く、企業間で比較可能で、監査の対象になりうるような暫定的な指標を開発した。次に投資家、企業、その他の株主を集めて各業界のワーキンググループをつくり、基準の原案を策定した。すべての原案をSASBのメンバー全員が見直したうえで、90日間にわたり公開コメントを求めた。そして2018年、77の業種についてESGの評価項目一覧を公開した。

前に述べたように、暫定的な分析では、この新たなESG基準は財務パフォーマンスと正の相関性があることが確認されている。[28] 同様に興味深いことに、この基準は、投資家を長期にわたって引きつけるのに役立つ証拠もある。例として、格安航空大手ジェットブルーでのソフィア・メンデルソーンの経験を見てみよう。

ソフィアは2011年にサステナビリティ部門の責任者としてジェットブルーに入社した。[29] それ以前は、多国籍の家具製造大手ハワーズで新興国市場のサステナビリティ部門の責任者を務め、上海のジェイン・グッドオール・インスティテュートでは、中国全土の企業や学校向けの環境教育プログラムの立案に携わった。[30] ソフィアがジェットブルーに入社した当時、同社が廃棄する缶は年間1億個にのぼっていて、リサイクル計画の策定が最初の仕事になった。そして、ほかに何かできることはないか考え始めた。

まずは、目についたところで共有価値を創造することに力を入れた。2013年には、とくに携行水の使用削減を目指したリソース効率化計画を立ち上げた。ジェットブルーの大多数のフライトでは、着陸時に水のタンクがほぼ満タンだったが、ソフィアは、タンクの水量の下限を4分の3とする方針への変更を主導した。これにより、約2700立方トンの二酸化炭素が削減され、年間100万ドル近い燃料費が節減できた。[31]

2017年には、ソフィアたちのチームは、ジェットブルーの本拠地であるニューヨークのJFK空港で、グランドサービス用に電気自動車を導入する機能横断的なイニシアティブを開始した。このプロジェクトでは、営業費用を10年で約300万ドル節減することが見込まれ、正味現在価値は75万ドルにのぼった。これは航空業界で幅広い関心を呼び起こした。少なくとも一つの空港当局は、グランドサービス電化の最善の例に挙げている。2年後、ソフィアは、再生可能のブレンド燃料3300万ガロンを、標準的なジェット燃料と同じ価格で、最低10年にわたって購入する拘束力のある契約を結んだ。これは、再生可能ジェット燃料の購入額としては、航空業界史上で最大だった。ジェット燃料は、ジェットブルーの費用のうち、賃金・給与についで大きい費目であり、収入に応じて激しく変動することから、大きな反響を巻き起こした。[32]

ソフィアは、ジェットブルーのインベスター・リレーション部門の同僚と対話を重ねるなかで、会計への関心を強めていった。[33] ジェットブルーは、徹底的な顧客サービス重視の姿勢で、アメリカでも一、二を争う高収益の航空会社になっていた。これは、ジェットブルーが長期的な視点から投資を行ってきたことを意味する。（多チャンネルTVなど）顧客体験をすぐに改善する技術面での投資においてもそうだし、乗員との関係を強化することや、顧客のサステナビリティ重視が航空会社に対する顧客の評価を左右するという考え方についてもあてはまる。だが、ジェットブルーのこうした長期志向とは裏腹に、ジェットブルーの一部の投資家をはじめ、航空会社の投資家の多くは、総じて短期志向だった。インベスター・リレーション部門のソフィアの同僚は、ジェットブルーが自社の戦略をもっと効果的に伝える方法を見つけられれば、長期の成長を重視する投資家をもっと引きつけられるのではないか、と考えていた。そうなれば、ジェットブルーの成長を牽引する長期投資がやりやすくなる。

そこでソフィアは、航空業界の第一号としてSASBレポートを公表することを提案した。SASBの航空業界向けの評価項目には、「従業員との関係」と「サステナビリティへの取り組み」の両方が含まれており、ジェットブルーはどちらの点でも競合他社を大幅にリードしているので、SASBレポートを公表することは、同社の長期の成長重視の見通しを伝える絶好の手段になる。ソフィアはそう主張した。

この判断について、のちにこう語っている。

最終的に目指しているのは、……当社の株式価値の向上、投資家基盤の分散、そして株価の変動の抑制です。そのため株主には長期にわたって株式を持ち続けてもらいたいのです。当社に投資してくれる投資家は、当社の所有者であり、彼らが求める形で情報を提供するのは当然です。航空業界が直面している環境や社会の大きなトレンドに関する情報は、とくにそうです。サステナビリティの報告は、従来の物語風の表現から、データを共有するモデル重視へと変化しています。

こうしたレポーティング戦略で、投資家の関心は劇的に高まった。大株主の一人は、この動きについてソフィアを2時間、質問攻めにした。２０１５年には30％だった総資本回転率は、17年には39％に上昇し、業界最高となった。2年後、サステナビリティとビジネスを分け隔てなく質問する投資家が増えていた。ＳＡＳＢレポートをまとめる過程そのものが組織内で強力な効果をもたらしたことも、ソフィアにとって新たな発見だった。サステナビリティをジェットブルーの財務実績に大きな影響を及ぼすものとして位置づけ、誰にとっても理解できる見方を提供することで、気候変動のような問題について、会社全体でサステナビリティへのコミットメントをしていくように話し合える道が開けたのだった。[34]

このように、適切に設計され、重要で監査対象になり複製可能なＥＳＧの指標は、目的主導型企業と、長期的スタンスを重視し、共有価値の創造を収益性を高める方法だと捉える投資家をマッチングさせるうえで重要な役割を果たす。それは、多くの金融資産が比較的短期志向のプロによって運用されているという現実につきまとうエージェンシー問題の解決につながる。資産保有者にとっては、運用を委託するプロに、ＥＳＧの評価項目を使って長期的な懸念や、環境問題、社会問題に対する懸念を伝えやすくなるからだ。日本の年金積立金管理運用独立行政法人（ＧＰＩＦ）の例を見てみよう。

水野弘道は2014年秋、最高財務責任者（CFO）としてGPIFに加わった。[35] 彼は大幅な報酬ダウンを受け入れ、ロンドンの著名なプライベート・エクイティを辞め、東京都心の雑居ビルのワンフロアで80名の従業員を束ねる立場になった。当時の報道では、異例の決断だと伝えられたが、世界最大級の機関投資家が、資産運用担当者とともに環境や社会、ガバナンス（ESG）に関わる問題への取り組み方に革命を起こすポテンシャルを秘めていると示唆されることはなかった。

GPIFは世界最大の年金運用機関であり、金融資産総額は約162兆円にのぼる。2013年以前は資産の大半を日本国債で運用していたが、14年、規制当局は従来の方針を転換し、リターンの大幅向上を期待して、GPIFがポートフォリオの分散を図り、かなりの割合を上場株式で運用できるようにすることを決定した。だが、これにより、水野はジレンマを抱えることになった。

水野にとって、GPIFの収益向上を達成するルートは二つあった。一つは、勝ち組を選別して、競合他社をアウトパフォームすることが予想される銘柄だけに投資する方法。この方法は直観的なセンスが必要だが、驚異的な成果につながる場合がある。有名な例がマゼラン・ファンドだ。ピーター・リンチがファンドの運用を引き継いだ1977年当時、運用資産は1800万ドルに過ぎなかった。成功の秘訣は、個々の企業を深く理解し、成功する可能性が最も高そうな企業に投資することだとリンチは考えた。[36] その成功はめざましく、1977年から90年の平均リターンは年29％以上で、マゼランは世界最高の投資信託になった。[37] 1990年の運用資産は140

億ドルを超えていた。[38]

だが、リンチの成功は例外であり、惑わされてはいけないことを水野は知っていた。リンチのように好調な銘柄だけに投資して市場を上回るリターンを目指す「アクティブ」運用の平均リターンは、限定された銘柄グループに投資しそれを持ち続ける「パッシブ」運用を常に下回っている。[39] さらに、限られた企業だけに投資するには、GPIFは単純に大きすぎた。日本の株式の約7%、世界の株式の約1%を保有しており、債券市場でも巨額を運用している。GPIFはいわゆる「ユニバーサル投資家」であり、運用額が巨額なため、事実上、投資が可能なあらゆる企業の株式を保有せざるをえない、ということだ。[40] 実際、GPIFの日本株のポートフォリオの90%、外国株ポートフォリオの86%が、特定クラスにおける投資可能な銘柄すべてを含み、株式市場全体の動きに連動するよう設計された「パッシブ・ファンド」で運用されている。

そこで水野は、GPIFのパフォーマンスを向上するために、日本（そして、事実上は世界）のあらゆる企業にESGの活用を奨励することで、経済全体の健全性を向上する方法をとることにした。

本人はこう語っている。

私企業は常に競争モデルで成り立っています。ですが、GPIFが保有しているのは公的資産です。競争相手を打ち負かす必要もないし、市場を上回る必要もない……GPIFは超長期の投資家です。教科書の定義どおりのユニバーサル・オーナーです。……超過リターンを確保するために、ＥＳＧは良い指標とはいえないと言う人もいます。ただ、……私たちが関心をもっているのは超過リターンの確保ではありません。より関心があるのは、全体のシステムをより成長できるものにすることです。

非公式の場で水野は、環境や社会活動に基づく運用方針は、長らく保たれてきた日本の文化的価値観に合致する点を強調した。「私の立場や仕事で、世界的な環境問題や社会問題を考えることは職責に反することだと言ったら、祖母は狼狽し、そんな仕事はすぐ辞めなさいと言うでしょう」

企業にＥＳＧの課題を重視するよう促せば、日本経済全体のパフォーマンスが向上すると考えられる理由はいくつかあった。ＥＳＧの「Ｇ」、企業統治（ガバナンス）重視から始めるのは当然に思える。過去20年にわたって、日本企業のリターンが競争相手の外国企業を大幅に下回っているのは、日本企業の取締役会が世界標準に比べて弱いからだという認識が一般的だ。日本の多くの経営幹部は地位がしっかり守られているため、業績不振で追放されるプレッシャーや、新たな機会を発掘するプレッシャーを感じていない。２０１７年時点で、日本の大企業のうち、取締役会で3分の1以上の社外取締役を置いている企業は27%に過ぎず、その「社外」取締役も、経営の実務経験の少ない弁護士や学者である場合が多い。そのためＧＰＩＦがまず資産運用担当者に要請したのは、投資先の企業に統治構造を改善して投資家に権限を付与するよう求めることだった。具体的には、事業に関するより詳しい情報開示、長期的な戦略についての株主への説明、企業統治を念頭に議決権を行使することなどである。

ＥＳＧの「Ｓ」、社会問題を重視することも、大きな配当を生むとみられた。日本の出生率は１９７０年代半ばの人口置換水準を下回る水準に落ち込む一方、労働人口は世界一のスピードで減少している。[41] 日本の閉鎖的な移民政策を踏まえると、長期的な経済成長には女性の労働参加を促すことが必須だが、これを実現するには根深い構造問題に取り組まなければならない。多くの日本企業は、二本立ての雇用制度をとっている。新入社員は、総合職と一般職に分けられる。通常の被用者の地位と幹部登用の機会を確保するには、総合職のレールに乗ることが不可欠だが、女性の雇用は一般職に偏っている。女性は子育てでも主体になることが期待されている。そして、ほとんどの雇用主が従業員に長時間労働を期待していることから、キャリアと子育ての両立がむずかしくなっている。２０１７年の世界経済フォーラムで発表された世界ジェンダー・ギャップ指数では、日本は１４４カ国中１１４位だった。[42]

ＥＳＧの「Ｅ」の環境問題を解決することも、年金受給者の長期的な厚生を確保するために不可欠だと水野は考えていた。野放図な気候変動は、日本の食料供給を不安定にし、ただでさえ災害の多い島国で自然災害を頻発させる。「これから30年間にわたって年金を支払えたとしても、年金受給者の孫の世代が外で遊べなければどうしようもない」と水野は語る。

ＥＳＧを重視すると決めても、それを実行するとなると話は別だ。独立行政法人であるＧＰＩＦは、政府の民間セクターへの影響力を極力抑えるため、直接の株式売買と企業との直接対話が禁止されている。基金の運用資金はすべて外部の資産運用会社に運用を委託している。[43] そこで水野は、ＧＰＩＦが運用を委託している34の運用会社それぞれに、投資対象のすべての企業とＥＳＧ課題への取り組みについて体系的な対話を開始し、各企業の代理委任状で議決権を行使し、その結果をＧＰＩＦに報告するよう求めた。たとえばある運用会社は、ある企業の取締役指名並びに統治委員会に社外取締役がいない点を取り上げ、修正の時期を問いただし、修正されなければ反対票を投じると迫った。ＧＰＩＦでは、それぞれの運用会社と最低でも年に2回は面談し、企業との対話をどう進めているか概略の説明を求め、議決権行使の開示を求めている。

じつに日本らしい意味で大混乱が起きた、と言うのは控えめすぎる。ＧＰＩＦのパッシブ運用担当者にとって「アクティブなパッシブになる」よう求める水野の提案は、「資産運用業界史上、最も議論を巻き起こした」と言う人もいる。ほぼすべての資産運用会社が、ＥＳＧに関して適切な判断を下せるだけの知識をもっていないと丁重に断った。アクティブ運用会社は、自分たちの知識が（リスク調整後の相対リターンである）アルファの向上に特化したものであり、ＥＳＧ重視が役立つとは思えないとした。パッシブ運用担当者は、自分たちが受け取る報酬は運用額の0・1%未満なので、必要な体制を整える費用が賄えないとほのめかした[44]。

水野は、同じように慇懃にこう返した。誰の報酬も削るつもりはなく、運用成績が向上し、専門知識が増えるなら喜んで報酬を支払う。また、どの資産運用会社にも、ＧＰＩＦのために無理強いさせられていると受け止められるようであってはならない、と巧みに気を配った。次に水野は、資産運用会社の評価、選抜、報酬の体系の変更に着手した。アクティブ運用については、アルファの向上と長期重視の運用に明確に報いるよう新たな手数料体系を設計し、これに同意した運用会社とは複数年の契約を結ぶ。パッシブ運用会社には、手数料の「新たなビジネスモデル」を提案するよう求めた。2年後、具体的な提案をもってきたパッシブ運用会社が1社もなかったことから、選抜基準におけるスチュワードシップ活動の比重を30％に高め、新たな基準を満たせない運用会社については委託運用額を減らし、最悪の場合は委託を打ち切ると発表した。手数料体系の見直しについても強調した。

水野の投資コンサルタントは、資産運用会社と複数年契約を結ぶことは、運用会社をいつでも解約できるオプション価値を放棄するものであり、GPIFのフィデューシャリー・デューティ（受託者の忠実義務）に抵触するとして、新たな契約に反対した。これに対し水野は、長期契約を結ばないことは短期志向を助長することになり、それこそGPIFのフィデューシャリー・デューティに反するものだと応じた。「彼らは、私のフィデューシャリー・デューティを正しく理解していませんでした。私は何世代にもわたってフィデューシャリー・デューティを負っているのです」と語っている。

水野は、GPIFの規模と存在感を活かして、日本の産業界全般にESGの主要課題を提起した。ESGのテーマに基づいた株式インデックスを5本立ち上げ、GPIFが株式に割り当てた資産の約4％にあたる3兆5000億円をこれらのインデックスで運用した。[45] また、各インデックスの作成に使われた手法を全面的に開示するようにした。これは通常ではありえないやり方だった。水野は次のように語っている。

従来どおりの考え方で、……私の仕事が市場を上回るパフォーマンスを上げることだとすれば、［インデックス］のベンダー（金融サービス会社）に手法の開示を求めるはずもなかったでしょう。しかし、私たちはそれを求めました。私たちが目指しているのは、市場を打ち負かすことではなく、市場全体を向上させることだからです。選抜された基準にアクセスできれば、インデックスに組み入れられなかった企業は、自社のＥＳＧ評価をどうすれば改善できるかがわかります。インデックス開発会社に対しては、企業と改善について対話し、進捗状況を報告するよう求めました。インデックス会社によれば、インデックスの発表後、日本からの問い合わせが急増したそうです。

水野の尽力によって、共有価値の創造の可能性や、社会問題・環境問題へ投資することの重要性について、日本の投資家と日本企業の考え方は変わった。マスコミにＥＳＧが取り上げられる機会は、２０１５年から18年の間に8倍以上に増えた。[46] 大企業の80％、中堅企業の60％が、ＥＳＧインデックスの重視によって社内のＥＳＧの認知度が向上し、本格的な変化につながったと答えている。[47] また、日本の小口投資家の半数近くが、自身の投資判断でＥＳＧを考慮することが重要だと認識したという。過去2年で、日本の金融資産のうちサステナブル投資に配分された割合は、3％から20％近くに上昇している。[48]

もちろん、まだまだやるべきことは多いが、水野のとりあえずの成功には勇気づけられる。重要で複製可能で比較可能なＥＳＧ指標の活用が広がることによって、ゲームは変わる。社会問題や環境問題でのパフォーマンスを向上するための企業の投資と、個々の企業にとってのリターンとの関係について、投資家の理解が深まる可能性がある。ジェットブルーがそうであったように。ポートフォリオ全体のリターンについて、GPIFがそうであるように。だが、ESG指標の導入だけでは、現在の短期至上主義の問題を解決するには十分でないのはあきらかだ。多くのESG指標はいまだに開発が容易ではなく、企業間で比較できることは稀で、監査するのはむずかしく、よくよく工夫されたものであっても、業績に影響を与える可能性のある財務以外の要因のユニバースを捉えることはできない。

広く採用され、財務諸表に定期的に記載される標準化された指標を開発するには、しばらく時間がかかるだろう。さらに、世界で最も優れたESG指標をもってしても、目的・存在意義主導型企業を成功に導く、目に見えない無形の投資の価値を納得できる形で伝えることは容易ではないだろう。SASBの項で述べたように、この分野では、積極的な研究が大々的に行われており、今後、状況が変わる可能性がある。ただし、それまでの間は、すでに提示されているほかの解決策を掘り下げて、長期における資本の問題に焦点をあてるのが有意義であろう。

一つの可能性として、公開資本市場からの全面的な撤退が考えられる。たとえば同族企業は原理上、長期の価値創造を重視するには理想的な態勢にある。インド財閥のタタやアメリカ食品大手のマースは、世界有数の目的主導型企業だ。だが、確かにそういえる証拠はあるが、同族企業の業績には大きなばらつきがある。開発経済学者の多くは、同族での株式持ち合いに頼ることが、途上国の経済成長抑制の要因の一つであり、信頼できる公開資本市場を開発する必要があると考えている。[49]

プライベート・エクイティ・ファンドも、情報が豊富で長期資本を提供するが、この面での証拠は明確でない。プライベート・エクイティ・ファンドは公開市場を上回る収益を上げているように見えるが、私が知るかぎり、公開資本市場よりも長期を重視していることが一貫して示されているわけではない。[50]

もう一つの可能性は、本人自身が目的や意義を掲げ、企業の目的と長期的な成果を重視する姿勢を共有する投資家に注目することである。残念ながら、そういう投資家の数はそれほど多くない。幸い、こうした状況は変わり始めており、彼らが投資する企業は、従来型の競合他社よりもやり抜く力がある。

目標を共有する投資家を見つける

いわゆるインパクト投資家は、目的主導型企業の金融版で、ユニリーバやキング・アーサー・フラワーに匹敵する。それなりのリターンを求めているが、利益の最大化ではなく、社会に変化を起こすことを目指している。マイクロソフト創業者夫妻のビル・アンド・メリンダ財団やイーベイ創業者のオミダイア・ネットワークなどの慈善団体ばかりでなく、富裕な個人や親族、プライベート・エクイティ・ファンド、さらには少数だが機関投資家も含まれる。ノルスク・ジェンヴィンニングの買収資金を提供したプライベート・エクイティのパートナー、レニエ・インダールは、会社の刷新に取り組むエリック・オズムンゼンの強力な援軍だった。現在はプライベート・エクイティ・ファンドのサマ・エクイティを率いているが、同社のウェブサイトでは「世界のグローバル課題の解決に投資する」と謳っている。

トリオドス銀行は、こうした機関が発揮できるパワーと、パワーを獲得するために必要なコミットメントを目に見える形で体現している。[51] オランダを拠点とする同行は、資金の賢明な運用方法を探す4人の勉強会から始まった。参加者は、哲学者で社会学者のルドルフ・シュタイナーが提唱した精神哲学に興味をもっていた。シュタイナーは、社会が経済、（政治的、法的）権利、文化・精神の三つの領域で構成され、健全な社会はこれら三つの領域のバランスの上に成り立つと考えていた。創業者の4人は、新たな事業の目的に、革新的な起業家の活動を刺激することによって社会変革を喚起することを掲げることにした。1980年、トリオドス銀行は、資本金54万ユーロで、オランダ中央銀行から銀行免許の交付を受けた。[52] 銀行を所有しているのは顧客で、短期的な利益の最大化ではなく健全な社会を築くという目標を追求できる。現在の運用資産は150億ユーロ、収入は2億6600万ドルである。[53]

「トリオドス」は、「三部から成る」の意であり、シュタイナーの三つの社会領域の健全な開発を支援することが、銀行の目的にとって重要であることを意味する。トリオドス銀行投資顧問の芸術・文化担当の責任者のエリック・ホルテルハウスは、ミッションを中心とした銀行の社会的意義を次のように語る。

社会にとって大切なことが三つあります。一つは、地球を守ること。――そのために、あらゆる環境保護プロジェクトに積極的に関与しています。次に、地球上の人々が互いに尊重し合うこと。そのため、フェアトレードやマイクロファイナンスに積極的です。そして最後に、一人ひとりの成長・発展です。そのために文化を奨励しています。それにより、他の銀行との差別化ができています。「私たちは銀行です、どのセクターで収益を上げられるか」とは問いません。私たちはこう問いかけるのです。「地球（環境）、私たち（社会）、そして私（文化）、この三つのセクターが私たちの出発点です。銀行としてこれらにどう貢献できるだろうか」と。

同行のCEOのピーター・ブロムは、銀行のビジョンを次のように説明する。

今後10年に起こることに影響を与えたい。……

これだけで、他の多くの銀行とは違っています。他の銀行は将来について、あまり深く考えていないでしょう。「今やっていることを、うまくやるにはどうすればいいか」とは考えますが、「どんな影響を与えたいか、何を変えたいか」とは考えないでしょう。

将来にどんな影響を与え、何を与えたいか、というのは非常に重要な考え方であり、それを思い描くには、社会の大きなトレンドについて考える必要があります。われわれはどこに行こうとしているのか。人類はどこに行こうとしているのか。人々にとって必要不可欠なことは何か。そうすると、10～50年後から振り返り、何がうまくいくかを知りたくなります。これは、言うなれば、未来から学ぶやり方で、未来から現在地に戻ってくるのです。それをしなければ、安易な日常の繰り返しに終わってしまいます。時代の精神を理解しなくてはなりません。時代の精神は、人々を長期にわたってどう育てるか、つまり起業家の育成とビジネスのやり方と深く結びついているのです。

こうした目標を捉える方法を探し出すのは簡単ではない。ESG指標がどれほど洗練されていても、それだけに頼ることの限界をトリオドス銀行は示している。たとえば融資の決定については、個人の判断と組織としての判断をすり合わせる絶妙なプロセスがあり、融資担当者は案件が銀行の理念に合っているかどうかを確認し、リスク・プロファイルが適切かどうかを調査しなければならない。銀行内でよく使われるフレーズがあるという。「子どもに5ユーロほしいと言われたら、まず、『なぜ欲しいのか』と聞きましょう」。CFOのピエール・エビは、こう説明する。「融資を実行するとき、まず融資目的を見ます。借り手のミッションは何か。借り手は社会にどんな価値を生み出すのか。当行の価値観と合致している点は何か。次に、銀行家として厳しい目で見る。返済能力はどの程度あるのか。何の仕事をしているか。担保は何か。それで、市場価格を決めるのです」

同行のオランダ国内の企業融資を統括するダニエル・ポヴェルは、こう説明する。「簡単に融資が下りる場合はあります。たとえば、有機農場の経営者で、農場で元薬物依存症患者を雇い、絵画と彫刻を展示する美術館も経営している人が、自宅の屋根にソーラーパネルをつける資金の融資を申し込むとすれば、すぐに融資が下りるでしょう。全員がイエスと言うでしょう」。だが、申込案件はグレーゾーンの場合が多い。個々の判断に加えて同僚との対話から生まれる洞察力を要する案件を、銀行では「ジレンマ」と評している。毎週月曜午前の定例会議では、ジレンマの事例が話し合われるが、その一つをダニエルがこう説明する。

ヨーロッパではとてもよく名前の知られた靴工場から融資の依頼がありました。エネルギー効率を高めて燃料費を節減するのが目的です。工場から出る革の廃棄物から燃料をつくるための資金を求めていました。牛革を剝がしたときの脂肪分を含んだ物質を燃やして熱と電気を発生させ、エネルギー使用量の30%から35%を削減することを目指していました。かなりの削減量です。このメーカーは、環境問題で先進的な取り組みをしてきた実績がありました。たとえば、靴の製造には多くの化学物質が使われますが、飲料水になるレベルにまで水を浄化していました。

会議でこの例を紹介した同僚が「この案件の融資の可否について」意見を聞いたところ、「靴の原料の革を提供する牛は、外を歩くことが許されているのか」という質問が出たので「有刺鉄線の跡がついた靴を好まれるでしょうか。もちろん牛は外を歩きません。屋内にいます」と答えました。問題は、トリオドス銀行としては動物を過密状態で屋内に押し込め、外を動き回る自由を与えない集約型畜産を支援したくない、ということでした。そのため、どうすべきかが問題になったのです。[54]

要するに、トリオドス銀行は、定量的な基準よりもガイドラインを頼りにしている。プロジェクトについて、頭だけでなく、心と直観をもとに考えるよう求められる。ブロムはこう言っている。「『基準』という言葉は意図的に使わないようにし、『ガイドライン』という言葉を使うようにしています。そうすれば、議論や対話の余地が生まれます。ガイドラインのもとでは、抽象的な基準を設けるよりも、個別の状況が重んじられ、より活発で、ずっと多くの説明を伴う議論や対話が行われます」

トリオドス銀行の投資収益率は5～7％のレンジで、世界的な大手銀行の最高の年は大幅に下回っているが、[55]最悪の年は大幅に上回っている。同行は、世界に変化をもたらす点でも成功している。ヨーロッパにおける環境サステナブル・プロジェクト向け資金供与に特化した、ヨーロッパ初のグリーン・ファンド（エコロジカル・ランド・ファンド）を立ち上げた。時をおかずウィンド・ファンドが続いた。当時、風力発電の技術は初期段階だったが、デンマーク、ドイツ、オランダの風力発電タービンの有望な製造業者と契約し、オランダの小規模なエンジニアリング企業をパートナー候補として選んだ。ファンドは、当初から黒字で、金融業界に大きなインパクトを与え、似たような商品を投入する銀行が相次いだ。経済システムのレベルに積極的に関わることのアプローチ法を、ブロムは次のように要約している。

戦略的な見方をするのです。業界の事情がわかっているし、そこで不足しているものもわかります。健全なセクターであれば、どのような要素が必要か、ということもわかります。そして、当然ながら、顧客からの要求もあります。すると、次に私たちとともに次のステップへ踏み出したい起業家をどうやって見つけるのか、ということになります。

私たちは好循環を起こそうとしています。私たちが融資を実行したプロジェクトがお手本となって波及効果が生まれ、ほかの人々の参入を促すことになります。私たちが求めているのは信頼です。そのため、自分たちにとって最善の案件探しに躍起になる典型的な銀行屋にならないよう気をつけています。顧客が当行に来るのは、私たちがハブ（結節点）であるからです。私たちは、今よりずっと協働型の経済を支えるまったく新しいスキル・セットを構築しようとしているのです。

要約しよう。トリオドス銀行は、典型的な目的主導型の戦略を追求しており、幅広いコミュニティ重視を活用して、システム全体を変える可能性のあるアーキテクチュラル・イノベーションを起こす触媒の役目を果たしている。いわゆる6万4000ドル問題とは、自己資金から最大限のリターンを搾り取るよりも、地球全体の厚生に価値を置くインパクト投資家が、はたして限界的な傍流なのか、それとも未来の波になる存在なのか、という問題だ。まだ答えはわからないが、私自身は希望をもっている。ベビーブーマーの死亡に伴い、今後25年で約68兆ドルの資産の保有者が入れ替わると見込まれているが、資産の大半は親世代よりもインパクト投資に関心の高い若い世代に引き継がれるだろう。[56]

長期志向の投資家を確保する、もう一つのルートが、顧客や従業員から資本を調達することだ。トリオドス銀行の成功は、銀行の保有者が顧客である、という事実に負うところが大きい。顧客は、銀行のミッションと価値に共鳴し、長期的に成功することに賭けたからこそ、銀行を所有することを選択した。小麦粉販売のKAFの場合は、従業員が所有する企業だからこそ当事者意識が強く、従業員が会社の理念を体現しているのであって、そうでなければここまでできなかっただろうと、3人の共同CEOは口を揃えていた。

顧客が所有する企業は、意外なほど広がっている。アメリカの電化で重要な役割を果たした農業電力共同組合は、現在でも総人口の10％以上に電力を供給している。[57] 市場支配力をもつ買い手に翻弄されることに気づいた農家は、ランドオレイクスやアメリカ酪農組合などのように、農家による共同組合を結成した。[58] こうした団体が個々の農家のパワーを結集して市場での農産物価格の安定を確保し、時には販売支援のマーケティング・キャンペーンをバックアップした。現在、アメリカには顧客所有型の農業協同組合が約4000あり、売り上げは約1200億ドルにのぼる。[59]

保険業界の黎明期は、顧客所有型の「相互」保険会社が主流だった。その背景は、投資家が所有する保険会社ができるだけ高い保険料を課すことを重視したのに対し、顧客所有型の保険会社はリスクを低減する行動をとれば保険料が安くなる保険を引き受ける傾向が強かったためだ。[60] アメリカにはいまだに相互保険会社が約2万社存在する。信用組合は、顧客所有型の協同組合で、投資家のリターン最大化という制約を受けることなく、組合員に最高のサービスを提供することを目的にする。現在、アメリカには約5万の信用組合がある。相互保険会社と信用組合を合わせると、総収入は1800億ドル、従業員は35万人以上だ[61]。

世界の主要な農産物の買い手や世界の大手銀行と比べれば、これらの数値はいかにも小さい。たとえば、世界の二大農産物商社の収入は、4000の農業協同組合の収入合計を上回っている[62]。アメリカの銀行の上位2行の収入は、5万の信用組合の収入合計を上回っている[63]。だが、協同組合や信用組合の存在は、顧客所有型の事業主体が、資本主義の再構築にとって重要な要素である可能性を示唆している。

従業員所有制は比較的よくあるが、基本的に従業員が経営に関する権限を保有していない場合がほとんどだ。アメリカでは2013年時点で、利益共有を提供する雇用主が約38%[64]、雇用主の株式を保有する従業員は20%[65]、従業員株式オプション・プランに参加する従業員が約5%、従業員持ち株制度（ESOP）に参加し、株式を取得できる従業員は約15%だった。こうしたプランの加入は、経営幹部や営業担当者にとってはごく当たり前だが、その他の従業員も加入できるし、実際加入していた[66]。こうした企業のなかには、従業員がその会社の過半の株式を保有する（少数株主の多数派を占める）場合がある。たとえば、レンタカー・サービスのエイビスは、1996年に外部の投資家に売却するまで、従業員が株式を保有していた。1994年、ユナイテッド航空の従業員は、ESOPへ参加することで合意し、給与面で譲歩する代わりに株式の55%を取得し、当時としては世界最大の従業員所有の企業となった。アメリカの従業員持ち株制度は2000年に終止符を打った。

従業員が支配権をもつ例は一般的ではないが、とくに格差問題の解消策として関心が高まりつつある。スペインのモンドラゴン協同組合企業の駐米代表マイケル・ペックは、モンドラゴンをモデルにした協同組合企業の設立を支援する非営利組織、従業員一人一票制の執行役だ。全米10都市の労働者を支援し、全米鉄鋼労組、全米協同組合銀行、アメリカ・サステナブル・ビジネス評議会などの幅広い団体と連携している。[67] イギリスのプレストンでは、地元の議会が市の活性化へのステップとして、労働者所有の協同組合との実験を積極的に実施している。[68]

アメリカのパブリックス・スーパーマーケット・チェーンは、南東部全域に1000カ所以上の店舗があり、従業員20万人で、アメリカ最大の従業員支配企業だ。[69] イギリス最大の従業員支配企業は、ジョン・ルイ・パートナーシップで、全国で40のデパートと、300の食料品店を経営している。2017年の売上高は123億ドル強だ。同社は公開企業であり、株式は（社内「パートナー」と位置づけられる）8万3000人強の従業員に代わり信託が保有している。統治するのは、3年ごとにパートナーの投票によってメンバーが選ばれるパートナーシップ協議会、協議会によって選ばれ取締役会の役割を果たすパートナーシップ・ボード、ボードによって選ばれる会長である。[70]

スペインのバスク地方を本拠とするモンドラゴンは、世界最大の従業員所有型企業だ。[71] 2018年の売上高は132億ドル、従業員は8万人以上だ。[72] 協同組合型経営、一人一票方式で、従業員である所有者が直接経営に参加している。所有権は移転できない。従業員が退職または離職する場合、株式は売却できず、所有権と引き換えに退職金や年金を受け取る。モンドラゴンは、100以上の従業員協同組合を傘下にもつ持ち株会社だ。一体となって、以下のさまざまな産業で競争している。重工業（自動車部品、家電、工業機械）、軽工業（運動器具、アンティーク銃器、家具）、建設・建築材料、半導体、情報技術、ビジネスサービス（人材マネジメント、コンサルティング、法律）、教育、銀行、農業関連ビジネス。モンドラゴンは教育に多大な投資をしており（モンドラゴン大学は、非営利の協同組合で、学生は4000名）、自前の銀行とコンサルティング会社を保有している。すべては傘下の協同組合の成功と、新たな組合の設立の支援を目的としている。2013年には、「新しいタイプのビジネスモデルの提案」を評価され、フィナンシャル・タイムズ紙の「大胆なビジネス賞」を受賞した。協働がベースでの職場での人間性、一致協力、連帯、そうした労働環境に人々を巻き込む点が評価された。[73]

従業員所有企業は――読者が予想するとおり――利益より雇用を優先し、従業員には平均を上回る賃金を支払っているようにみえる。[74] ある調査では、2009年から10年のレイオフの比率は、従業員所有でない企業が12％だったのに対し、従業員所有型企業は3％にとどまっている。また、確定拠出年金の口座数は非所有型企業の2倍以上にのぼり、総資産は20％多い。[75] ある上級幹部は、モンドラゴンが格差解消に大きな役割を果たしているとし、「スペインのバスク地方を国に譬えると、所得格差が世界で二番目に小さい」と語っている。従業員所有型企業は成長も速く、「最高の職場」ランキングで存在感を放っている。

従業員所有制が意思決定への参加につながり、雇用が安定化する場合、従業員の忠誠心とモチベーションは高まり、離職率は低下し、イノベーションの活発化と生産性上昇の原動力になる。[76]

KAFは、従業員所有型であることで、当事者意識の高い従業員を育成し、引き留めるのに不可欠な投資がやりやすくなっている。研修や十分な賃金、福利厚生を提供するだけでなく、情報を広く共有し、企業文化を維持し、全員に当事者意識をもたせるための投資に時間と労力をかけている。

このように、顧客所有型企業、従業員所有型企業は、金融の回路をつなぎ直す有望な方法であり、経済のなかでそれらの比率と存在感を高めることは、資本主義を再構築するうえで重要な構成要素になるだろう。法律や規制の整備によって従業員所有型企業や顧客所有型企業の設立を容易にすることは、より公平で持続可能な世界の構築に関心をもつ人々にとって、重要な政策目標である。だが、現時点でそれらは即効性のある解決策ではなく、将来の有望なモデルといったものだ。ただ、目的主導型のミレニアル世代にとってはじつに有望なプロジェクトだ！

だからこそ、この分野に取り組む人たちの多くが、ゲームのルールを変えて、企業に対する投資家の権限を弱めるためには、投資家を長期重視に向かわせるしかないと決断したのだろう。

ゲームのルールを変えて、投資家の権限を弱める

私が尊敬する人たちの多くは、公正で持続可能な世界を実現できるとしたら、株主優先の考え方を全面的に否定する必要がある、と考えている。[77] 持続可能な資本主義を構築するには、従来と

は異なる企業観を採用するしかない、と考えている。それは、経営陣と取締役が、投資家ではなく、企業の「ステークホルダー」に対して忠実義務を負う、という企業観だ。ステークホルダーには投資家はもちろんだが、従業員、取引先、顧客、地域社会も含まれる。これを実現すべく、企業統治を規定している法的ルールの改正に熱心に取り組んでいる。[78]

いくつか重要な点で投資家の権限を縮小すべきとの考え方には、大いに共感する。だが、そのための道筋は、提唱者が示唆するより複雑であり、単純に恩恵ばかりをもたらすものでもないと見ている。

たとえば私は、「ベネフィット・コーポレーション（Bコーポレーション）」と呼ばれる法的形態を高く評価している。[79] ベネフィット・コーポレーションとして設立された企業は、投資家に妥当なリターンを還元するだけでなく、公益のために活動することを公式にコミットする。そのための戦略の概要を公表する必要があり、[80] 私的価値だけでなく公的価値を創出するための意思決定に責任を負う。毎年、監査に耐えうる報告書を作成し、約束した公益実現にどのくらい近づいているか、進捗状況を詳述しなければならない。デラウエア州をはじめ、全米36州でベネフィット・コーポレーションを法人組織化することができ、[81] 少なくとも3500社が稼働している。代表的な企業には、キックスターター、パタゴニア、ダノン、アイリーン・フィッシャー、セブンスゼネレーションなどがある。[82]

世界をより良い場所にしたいと願う企業にとって、ベネフィット・コーポレーションという形態を選択することは、あきらかに有利な点がいくつもある。取締役も経営幹部も、株主価値の最大化に法的責任を負わないことが明確化されている。じつは取締役は、あらゆる意思決定においての公益を考慮することが義務づけられている。最も重要なのは、取締役が企業の売却に関与する際、既存株主に現金を最も多く還元する買い手ではなく、すべてのステークホルダーに最大価値をもたらす買い手を選択することができる点だ。この点はきわめて重要だ。すでに述べたように、従来型企業の取締役は、企業を売却する決定をしないかぎり、株主価値を最大化する法的責任を負わず、既存株主が新たな事業体で議決権をもつことはない。もし、そうだとすれば、アメリカの取締役は、最高額を提示した買い手に売却する法的責任を負うことになる。[83] これは細かい話のように見えるが、決してそうではない。従来型企業では、取締役が最高額の入札者に売却せざるをえないリスクが常に存在するという事実によって、「高いコミットメントを掲げる企業」をつくるために不可欠な長期的な投資――信頼を醸成し、従業員を尊重するための投資が、かなりむずかしくなる可能性がある。金融市場の気まぐれに翻弄されるような企業は、信頼できないパートナーだ。それによって、目的主導型企業をつくるのに欠かすことのできない、信頼をベースにした長期的な関係の構築がさらにむずかしくなる。[84]

だとすると、すべての企業をベネフィット・コーポレーションの形態にすることが、資本主義の再構築の秘訣なのだろうか。いや、おそらく、そうではないだろう。投資家の権限の縮小は、諸刃の剣である。ある企業の投資家、取締役会、経営陣が正しいことをすると固く誓い、その実現に全身全霊を傾けるとすれば、ベネフィット・コーポレーションとして法人化するのは大いに理に適う。企業の経営陣は、必ずしも完全とはいえない共有価値の創造という基準に頼らなくとも投資家を説得して、公共価値の創造の重視が収益性を押し上げる程度に前進することができる。投資家もさらに潤うだろう。どこが気に入らないのか。

問題は二つある。第一に、このモデルは、企業のミッションに共鳴する投資家、あるいはこの経営方針で収益が高まると信頼する投資家を引き付ける企業の能力に依存しすぎている。ベネフィット・コーポレーションでは、投資家にすべての権限が残る。投資家だけが取締役を選任できる。投資家だけが、ミッションを忠実に履行するよう訴えることができる。[85] 最悪の場合、冷徹な投資家が新たな取締役に投票して会社を支配し、口先では公益に寄与すると謳って、従来型企業に逆戻りさせることもありうる。

第二の問題は、嘆かわしいことだが、世の中は信頼できる経営者や取締役ばかりではない、ということだ。十分なESG指標が開発されて、企業が社会に貢献しているかどうか投資家がある程度の確信をもって判断できるようにならないかぎり、経営陣も取締役もベネフィット・コーポレーションを隠れ蓑にして楽をしたいという誘惑に駆られるだろう。もちろん、投資家が本気で提訴するつもりで、また企業が実績と連動する詳細な指標を公開するなら、これは問題にならない。だが、すぐれた指標と、投資家と経営陣との深い関わりを最重視するかどうかを決めるのは戦略である。

たとえば、第二次世界大戦後の「奇跡的」な日本の復興では、終身雇用とサプライヤーとの親密な関係、長期の時間軸での継続的な投資、異常なまでの顧客本位が重視された。[86] こうしたアプローチを補完したのが、日本企業と投資家との結びつきの強さだ。日本企業は歴史的に資本の大半を銀行から調達し、取締役会を社内の人間でかためめ、ＣＥＯが議長を務める場合がほとんどだった。多くの企業は株式を公開していても、広範な株式持ち合いのシステムによって、買収の脅威から守られていた[87]。現実に、日本の経営陣は、投資家の異議に怯えることなく、やりたいことは何でもできた[88]。

このやり方はすこぶるうまくいったが、やがて行き詰まる。１９６０年から95年までは、トヨタのような目的主導型で顧客本位の企業を作り、革新的で高品質かつ低コストの製品で世界を制覇することができた。日本は驚異的な成長を遂げた。１９６０年の日本のＧＤＰは、イギリスの60％強に過ぎなかったが、95年にはイギリスの4倍になっていた[89]。

だが、１９９５年以降、日本経済は伸び悩む。１９９５年から２０１７年の間にイギリスの経済規模は約2倍になったが、同じ期間に日本経済はほぼ横ばいにとどまった[90]。日本はいまだ世界第4位の経済大国であり、イギリスとフランスの合計に匹敵する経済規模を誇るが、日本の生産性の伸び率はアメリカやヨーロッパの半分程度で、経済は基本的に20年にわたって停滞している。この間は「失われた10年」あるいは「失われた20年」と言われている[91]。この停滞をもたらした要因については、いまだ熱い論争が続いていて、人口の急速な高齢化から、過剰に保護された産業の非効率性の温存、大規模な資産バブルと日本の銀行にその結果責任をとらせることができなかったことまで、さまざまに取り沙汰されている。だが、日本経済の停滞は、日本の企業統治システムの失敗の表れでもあるとする論者が少なくない。１９６０年代から80年代にかけて日本企業を大成功に導いた長期重視という特徴が、いまや大きな負債になっている、というのだ。ほとんどの日本企業では、今でも経営陣の支配力が強く、不振事業からの撤退に時間がかかり、新しい事業機会の探索になかなか乗り出せない[92]。

経営陣に強い支配権を与えるのは賭けであり、その結果には大きなばらつきが出る。彼らが有能で信頼できる場合は、偉大な企業をつくるための厳しい意思決定ができるだけの最大限の自由が与えられる。１９５０年代から60年代のアメリカ企業や、オランダやドイツ企業はしばしばそうだが、経営陣が組織のネットワークにしっかり組み込まれているがゆえに説明責任を負う場合、ステークホルダー志向の統治システムがかなり有効になりうる。だが、こうした体制が根本的に変わった場合、投資家を怖がらなくなった経営陣は、変化に対して強力な抵抗勢力になる可能性がある。

これは日本だけの問題ではない。過去15年間、シリコンバレーで大成功した企業の多くは、議決権種類株式（二つのクラス株）で株式を公開し、創業者に単独の支配権を残してきた。たとえばフェイスブックは、公開時に二種類の株式を発行した。クラスA株は一般投資家向けで、議決権は一株につき1票である。だが、マーク・ザッカーバーグら創業者はクラスB株を受け取る。クラスB株の議決権は一株につき10票である。これでは、フェイスブックの業績がいくら悪くても、ザッカーバーグを退任させることは事実上不可能である[93]。

当の創業者たちは、株主の圧力から自分たちを守るために、このストラクチャーが必要なのだと主張する。写真共有アプリのスナップチャットは、創業者に議決権の大多数を残し、議決権がまったくない普通株を発行することを決めたが、この決定について、ある識者は、経費を削って短期の利益を増やせという株主からの圧力によって、テクノロジー企業の創業者が、大きな価値創造のイノベーションにつながる重要な長期投資を妨害される恐れがあると論じている。「偉大なイノベーターは、ごく普通の人間には見えないものを見ている。そのため、集団の知恵と同調しない場合が多い」という。[94]

だが、「偉大なイノベーター」は、あくまで偉大な創業者であり、かつては道を外れて成功したが、方向転換が必要な現在の状況を直視するのを拒否する場合がある。私はルールを変えるのは良いことではない、と言いたいわけではない。実際、私が責任者であれば、すべての公開企業に統治構造を変えることを義務づけ、高値を提示する買い手に会社を売却しなければならない脅威に常にさらされることがないようにするだろう。だが、単純にルールを変えるだけで、自動的にコストなしに短期志向の問題が解決するわけではない。

要約しよう。広い意味で、金融の回路を組み替える方法は三つある。一つは、財務データに加えて、重要で複製可能で監査対象となるＥＳＧデータを企業が定期的に公表するよう、会計制度を変えることだ。比較が容易で、監査可能な標準的なＥＳＧ指標が広く導入されれば、企業は目的主導型組織を構築し、共有価値を創造するのに不可欠な長期投資を支援してくれる投資家を引き付けることができる。もっと広い意味では、適切なＥＳＧ指標があれば、正しい活動がいかに財務リターンを生み出すかを、わかりやすく説明することができる。時間軸を引き延ばし、経営陣も投資家も、良いことをすることと、うまくやることの関係の力学を解き明かしやすくなる。

人材に投資すべきときはいつか。最先端の環境戦略をもつべきときはいつか。サプライチェーンを刷新すべきときはいつか。こうした問いに対する答えが見えてくると、出遅れていた企業も先行企業に追いつけるようになる。世界は変わる。企業は省エネ投資をたえず投資家から求められ、多くの従業員の報酬が上がり、待遇が改善される世界だ。

二つ目は、資金調達をインパクト投資家か、従業員や顧客に頼る方法である。この解決法には多くの利点があるが、規模の拡大がむずかしいかもしれない。三つ目は、企業統治のルールを変えて、経営陣を投資家の圧力から守る方法である。これは直観的に良さそうに思えるが、運用には慎重であるべきだ。もっと大きな問題も孕んでいる。現時点で、世界の既存株主の大多数が、この案に強硬に反対するのはほぼ確実だ。

金融回路のつなぎ直しは、大きな変化を巻き起こし、社会や環境の大問題の本格的な解決に乗り出す多くの企業を支える可能性がある。こうした類いの投資は、物事の大きな仕組みを変えることはできるのだろうか。もちろん状況次第だが、個々の企業行動が大問題に大きな影響を及ぼす経路はいくつかある。巨大企業は、単純にその行動が計測可能な波及効果を生み出す。ウォルマートは3万社近い納入業者と取引があり、彼らはさらに数千社と取引をしている。[95] ナイキやユニリーバも同じように、数千のサプライヤーと取引し、何百万という顧客を抱えている。彼らが従業員の待遇改善や、環境問題への取り組みを訴えれば、数百万の人々に影響を与える。だが、もっと規模の小さい企業も、人々の生活を変える。

共有価値の追求は、他社への影響を通じて大きなインパクトを与えることもできる。時には、ある投資が商業的に成り立つことを示すだけで、業界内で次々と同様の投資が行われることもある。サステナブルな方法で栽培したリプトンの紅茶がわずか5%のコスト増で済み、消費者のサステナブルへの関心が高く、リプトンのシェアが拡大したのを見た競合他社は、こぞってサステナビリティに取り組み始めた。ウォルマートの省エネと廃棄物削減を目的とする巨額投資を目の当たりにして、こうした投資が収益向上につながると納得し、追随した企業も少なくない。

目的主導型企業の成功は、消費者行動を変えることもある。20年前、消費者にとって「サステナブル」とは「妥協した」の意味で、サステナブルな商品とは、値段が高いか質が低いことだった。こうした認識は着実に変わってきているが、その背景には、質の高い商品が市場に出回り、サステナビリティへの取り組みを誇示するようになったことがある。そうなると、サステナブルでかつおしゃれな商品、美味しい商品をつくることは可能なのだと多くの消費者は納得し、そうした商品をもっと欲しがるようになる。最先端の企業は、文化的な会話を変えることもできる。ナイキの事例が示唆しているように、長年、個々の企業がサプライヤーに行動の責任を負わせることはなかった。この状況が変わると、基準が大幅に押し上げられ、いまやリップサービスでも、ほぼすべての大手企業がサプライチェーンの状態に注意を払うようになっている。

個々の企業が技術の前線を動かすこともできる。顕著なのが再生エネルギー業界で、業界に参入したすべての企業がコスト引き下げに寄与している。たとえばテスラは、2015年から18年の間に1ギガワット時の蓄電装置技術を導入した（比較のためにいえば、18年に全世界で設置された量は、それをごくわずかに上回るに過ぎない）。2010年以降、テスラの努力で蓄電池の価格は少なくとも73%下がっている。[96] インドのジェイン・イリゲーションやアメリカのジョン・ディアが導入した新たな農業技術は、急速に業界標準になりつつあり、多くの農家のコスト効率を高め、水や肥料を効率的に使えるようになっている。[97] イノベーションが技術的なものでない場合もある。たとえばソーラー・シティは、ソーラーパネルの融資の新たなモデルを開発したことで需要が大幅に拡大し、モデルが業界全体に広がった。[98]

このように企業は、大規模な変化を牽引する可能性のある、いくつもの強化プロセスに弾みをつけることができる。新しいビジネスモデルを示すことで――そして、コストを引き下げ、消費者の需要を喚起するプロセスのなかで――競争相手に同じモデルの採用を促し、業界全体に広げていく。このプロセスは、フードビジネスではかなり進んでいて、世界の農業のやり方を変えつつある。また、エネルギー業界でも、非化石燃料へのシフトの加速に大きな役割を果たしている。建設業界でもプロセスは進行中で、アメリカの新規建設の半分以上がエネルギー効率基準に則って建設されている。

とはいえ、個々の企業の行動だけでは、変革への道筋として元々限界がある。結局のところ、企業が大規模な投資をしようとするなら、利益を確保する方法を見つけなければならない。この点については、ある種の業界では、またある種の問題に関しては利益を確保しやすい。これまでのところ大きなチャンスがありそうなのが、環境汚染により事業の継続や長期的な原料調達が危ぶまれる産業や地域だ。世界の主要な農業生産者や取引業者はほぼすべて、これらの問題を真剣に考えるべきだと認識はしていて、実際に取り組んでいる企業も少なくない。資源の有効活用にも、大きなチャンスがあるようにみえる。エネルギーと水は、長らく安値が続いたので関心をもたれなかったが、こうした状況は変わりつつある。従業員の待遇を改善すれば業績が向上する証拠を示せれば、格差の問題に取り組むビジネスの論拠になるだろう。消費者の選好が劇的に変わり、食品、消費財、ファッション、さらには輸送などの業界では、よりサステナブルになることが利益確保への道とみなされるようになる可能性がある。

だが、これ以外にも、企業が単独で取り組むことのできない問題は数多く残る。単純に大きすぎて、一企業の論理では手に負えない問題もあるのだ。

世界では急激に漁業資源の枯渇が進んでいるが、誰かが止めないかぎり、一人ひとりの漁師には漁を続ける強い動機がある。再生エネルギー価格が下落すれば、太陽光や風力を利用した新設の発電所は増えるだろうが、地球温暖化の最悪の結果を回避するには、既存の化石燃料の発電所を廃止することが必要だ。そして、それは、ルールを変えないかぎり利益を確保できる見込みのないプロセスだ。やる気があり、十分な報酬を受け取っている従業員は競争上の強みになりうるが、競合他社が底辺への競争を繰り広げているとき、従業員に十分な報酬を支払い、待遇を改善するのは容易ではない。地域における教育の質の向上を望む企業は多くとも、それを実現するために自社が単独で資金拠出するのはむずかしい。汚職や腐敗を防止し、地域の行政機関の質の向上を願う企業は多いが、自分たちでは改善できない企業がほとんどだ。

水野弘道自身も、こうした問題に直面している。気候変動の最悪の影響を回避することは、受益者の利益に大いに適っていると水野は考えている。だが、行動変容に取り組むなかで、いくつかのフリーライダー問題にぶつかっている。第一に、化石燃料の削減は、個々の企業にとっては利益にならない可能性がある。水野は、資産運用担当者に指示して、利益を確保できるようにすべきだろうか。第二に、日本企業に対して温暖化対策を強制できるパワーが水野にあったとしても、世界中のすべての企業に変革を強制することはできない。仮に日本企業を変えることができても、どのみち地球温暖化が進むとすれば、水野は受益者にとって本当に正しいことをしたといえるだろうか。

要するに、今日直面している問題の多くは、まぎれもなく公共財の問題であり、協調行動や政府の政策によってのみ解決できる。そうした行動は可能だろうか。企業と投資家は一体となって、世界の大きな課題を解決することができるだろうか。次章では、この点を掘り下げる。どのような条件があれば、業界や地域内で協調行動がとられ、資本主義を再構築する助けになるのだろうか。それを考えていこう。

第六章

板挟みのなかで

協力し合うことを学ぶ

森の片隅で、誰かが来てくれるのを待っていては駄目。時には自分から会いに行かなくては。

——A・A・ミルン『クマのプーさん』全集

資本主義を再構築するには、金融の回路を見直すだけで十分なのだろうか。残念ながら、そうはいかない。地球上のすべての企業が利益以上に存在意義・目的（パーパス）を重視する方針をとり、共有価値戦略を追求し、理解のある投資家に支えられ、長期の目標実現にコミットしたとすれば大きな前進だが、それでも気候変動や格差といった大きな問題を解決するには程遠い。これらの問題の多くは純粋に公共財の問題であり、解決すれば万人に恩恵をもたらすが、一企業が単独で解決することはできない。たとえば気候変動の危機は、森林の保全に合意できないかぎり解決できないが、競争相手が伐採をやめなければ、生き残るためにこちらも伐採せざるをえない。格差の問題は、教育投資を増やさないかぎり解決できないが、競争相手が従業員を教育しないのであれば、こちらも従業員教育にコストをかけていられない。私たちが直面しているのは、このジレンマだ。森林伐採や格差拡大をこのまま放置すれば大変なことになるのはわかっているが、かといって個々の企業は単独ではどうすることもできないのだ。業界全体の協力や、いわゆる業界の「自主規制」が、一つの解決策になりうる。これは突拍子もないアイデアではない。エリノア・オストロムは、森林や水源などの共有資源の管理にコミュニティが効果的な役割を果たすメカニズムを解き明かし、２００９年のノーベル経済学賞を受賞した。彼女の研究は、地域社会の協調が何世代にもわたって続く可能性があり、政府の政策よりも効果的な場合が多いことを示唆している。

ニューヨーク証券取引所やシカゴ商品取引所、ニューオーリンズ綿花取引所など、19世紀のアメリカ経済の主要な機関は、アメリカ経済の成熟に伴って露わになった公共財の問題に対応するため、自主的に組織された団体である。その目的は、取引の場所を提供し、ルールを確立し、レートを決め、標準を定める。コミュニケーションを改善し、情報を伝達する。新人を教育し、メンバーのプロ意識を向上させる、といったものだった。銀行が加わって非営利の決済機関を創設し、金融危機時には緊急融資を実施した。鉄道会社が結成した業界団体では、全国共通の時刻表、機械部品や信号の標準化を行った。[1] 国際貿易の統括ルールのほとんどを立案、施行しているのは、1919年に自主的に発足した国際商業会議所だ。こうした民間の協力型組織は、うまくすれば従来型の規制された行政機関よりも迅速でコストが低く、柔軟な対応が期待できる。

だが、協力型組織は盤石ではない。長続きする場合もあれば、そうでない場合もある。この章では、協力が永続する要因と、短命に終わる要因について探っていく。多くは長続きしないが、その場合でも協力しようと努力したことが土台になって、確かな解決策につながる可能性があることを示すつもりだ。地方政府やその他の組織と、公共の利益を追求する場合はとくにそう言える。これは、希望の後に絶望に陥り、再度、希望の光が見える物語だ。板挟みになると大変だが、脱け出す方法はある。

ビルの上のオランウータン

ユニリーバのサステナビリティ担当責任者のギャビン・ニースは、2008年4月21日月曜日、意気揚々とロンドン本部に出社したが、玄関を見上げて仰天した。オランウータンの着ぐるみを着た8人がバルコニーに陣取り、「ダブ、わたしの森を壊さないで」[2]と書いた大きなバナーを掲げていたのだ。マスコミが集まり、これでユニリーバの計画が窮地に立たされるかどうかを聞いて回っていた。その場にいた上級幹部はみなそうだが、ニースは過酷な一日になると覚悟した。

オランウータンの着ぐるみを着ていたのは、国際環境保護団体グリーンピースのメンバーで、ユニリーバのパーム油の使用に対して抗議するのが目的だった。パーム油を大量に使用しているユニリーバは、熱帯雨林を破壊し、そこに生息するオランウータンを絶滅の危機に追いやっている、というのがグリーンピースの言い分だ。安価で汎用性があるパーム油は、地球上で最も消費されている植物油だ。[3]石鹸やシャンプー、口紅から、アイスクリーム、パン、チョコレートにいたるまでパッケージ商品の約半分

にパーム油が使われている。ユニリーバの場合は、商品のほとんどにパーム油を使っていた。[4] パーム油の需要は、１９９０年から２０１５年の間に5倍に急増し、２０５０年までにさらに3倍に増加すると予想されていた。ユニリーバは世界最大の買い手だった。

野放図なパーム油製品の増加は環境破壊を招く。原料のアブラヤシを植えるために、原生林を伐採して泥炭の水を抜き、火をつけるが、その際、大量の二酸化炭素を大気中に放出する。[5] パーム油の最大の生産国であるインドネシアは、２０１５年時点で、中国、アメリカ、ロシアに次いで、世界第4位の二酸化炭素排出国であった。[6] 森林伐採に伴って、現地の水質が悪化し、大気が汚染され、世界有数の生物多様性をもつ生態系が破壊される恐れもある。[7] スマトラ・オランウータンは絶滅の危機に瀕していた。[8] こうレポートされている。「広大な地球の一帯が燃えている。さながら地獄の様相だ。空は黄土色に変わり、視界が30メートルしかきかない都市もある。子どもたちは軍艦で避難する準備をしている。すでに窒息死した者もいる。膨大な種が煙に飲まれていく。21世紀最大の環境破壊であるのは間違いない」[9]

ユニリーバのビルに侵入したグリーンピースの活動家が標的にしたのは、洗浄料の「ダヴ」だった。ユニリーバ最大のパーソナルケア・ブランドでよく目立ち、当時爆発的に伸びていたからだ。活動家がとくに怒っていたのは、ユニリーバが4年前に設立された「持続可能なパーム油のための円卓会議」――持続可能なパーム油生産を目的とする、NGOとパーム油の需要家である企業の団体――で主要な役割を果たしながら、サステナブルなパーム油がまだ「一滴」も手に入らないことだった。ユニリーバの大掛かりな「エセ環境保護（グリーンウォッシュ）」運動を活動家は糾弾したのだ。[10]

グリーンピースの活動と、それを撮影したビデオがソーシャルメディア上で拡散され200万回視聴されたことで、ユニリーバも対応せざるをえなくなった。1カ月も経たないうちに、当時のCEOのパトリック・セスコーは、2020年までにユニリーバで使用するパーム油を全量サステナブルなものにするとの方針を打ち出した。[11]

この発表を受けて、グリーンピースからの攻撃は収まった。少なくともしばらくの間は。だが、本質的な問題が吹き出した。サステナブルへの転換はユニリーバの有力商品のコストを17%押し上げることになるが、そのコストをどう賄うのかロードマップをもっている者は社内に一人もいない。そもそも口紅（や食品）にパーム油が入っていることなど、消費者は思い出したくもないのだ。

助けは意外なところから現れた。2009年1月、セスコーはCEOの座をポール・ポルマンに譲った。経営トップが外部から起用されるのは、123年のユニリーバの歴史で初めてのことだ。ポールはオランダ人で、イギリスとオランダに上場された企業から転じたが、キャリアの最初の26年は、ユニリーバの最大のライバルであるプロクター&ギャンブル（P&G）に在籍していた。同社を去って3年後、やはりユニリーバの主要なライバルのネスレで最高財務責任者（CFO）に就任したが、2007年にCEOの座を逃していた。ポールがユニリーバのCEOに就任したのは、同社がライバルに引き離されているとの認識が広がっていた時期であり、その実力を内外に示す必要があった。

ユニリーバは2000年代初頭まではP&Gやネスレと肩を並べていたが、ポールがCEOに指名される前の5年間は、P&Gとネスレが急成長する一方、ユニリーバの売り上げは伸び悩んでいた。2008年時点の株価は、ライバル2社の半値を下回っていた。[12]この背景には、P&Gとネスレにはオムツやペットフードなど利益率の高い商品がいくつもあったのに対し、ユニリーバは存在感がなく、マーガリンなどの利益率が低い商品が重荷になっている、という事実があった。だが、それだけでなくユニリーバの組織には、P&Gやネスレで特徴的な中軸を担うものや成長の原動力がない、と投資家は見ていた。ユニリーバは「消費財産業の落ちこぼれ」と評された。

ユニリーバの取締役会がポールを次期CEOに選んだのは、まさに外部の人間であり、利益を出した実績があるからだ、というのがマスコミの見立てだった。[13]元同僚は、ポールを「タフで分析的」で、なおかつ「タフで断固としたスタイル」をとる、と評していた。

だが、ポールは一見するより、はるかに複雑な男だった。最初のシグナルが発せられたのは、ユニリーバのCEO初日だ。ユニリーバは収益予想の公表を取りやめると宣言し、ウォールストリート・ジャーナル紙にこう語った。「ずいぶん前に発見したことだが、世界中の消費者と顧客の生活を向上するため、正しいことを長期にわたってやり続ければ、業績はついてくる」[14]。株価は1日で6%下落し、時価総額の22億ドル近くが吹き飛んだ。だが、ポールはぶれなかった。「就任初日にはクビにできないから」思いきったことをやったのだと、のちに冗談めかして語っている。サステナビリティ担当のニースがサステナブルなパーム油の問題をぶつけると、ポールはこう即答した。「それはやらなければいけない。だが、単独ではできない。この問題を社会全体の問題にしよう」

これは業界の自主規制の大前提だ。ある業界のすべての企業が何かをする必要がある、または何かをやめる必要があるが、単独ではできない場合、業界が一丸となって取り組めば解決できる可能性がある。パーム油のケースでは、世界中の主要な消費財メーカー――その多くは数千億ドルの価値のブランドを抱えるメーカーであるが、どこでも熱帯雨林を破壊する犯人としてNGOから糾弾される可能性があった。ペプシは世界有数のパーム油の買い手だ。[15]チョコレートのM&Msで有名なマーズも同様だ。燃えさかる森から逃げ出した瀕死のオランウータンの写真と自社製品が結びつけられたキャンペーンを放置しておける企業はなかった。

サステナブルなパーム油の使用を決断した企業は、まず購入可能なサステナブルな油を探すという手ごわい問題に直面したが、課題はそればかりではなかった。コスト負担の大幅な増加で、自社が不利になるリスクを冒すことにもなる。だが、業界全体で足並みを揃えることができれば、サステナブルなパーム油の購入は、「競争以前」のテーブルに置く賭け金になる。つまり、すべての企業が、ブランドを毀損するリスクを減らすために引き受ける事業コストになる。業界のすべての企業がサステナブルなパーム油の購入に合意すれば、すべての企業のコストが上がるが、ブランドは守られ、競争上不利になる企業はなくなるのだ。

こうした自主的な協調合意は、もちろん、本質的に危うさを秘めている。[16]個々の企業は正しいことをすると約束はしても、やり通すことができず、短期的には約束を守らなかった企業が有利になり、守った企業は騙されたと怒ることになる。自主規制の歴史の研究者に、世界的な大問題を解決するには、業界全体の協力が中心的役割を果たすかもしれないと話したところ、笑って相手にしてもらえなかった。この研究者によれば、企業は単に政府の規制の脅威をかわすために自主規制を隠れ蓑にしている、自主規制は根本的な変化を起こすのではなく中小企業や新規参入者を不利にするものであり、政府の規制が及ばない場合は効果的ではないという。[17]

だが、絶望的なときには絶望的な手段が要る。多くの国では、政府が腐敗し、規制が遵守されることは滅多にない。そして、私たちが直面している問題の多くはグローバルであり、グローバルでの解決が必要だが、効力のあるグローバルな規制当局は少ない。とはいえ、時期や場所によっては、業界の自主的な協力がきわめてうまくいった例がある。シカゴ初のクリーンアップ作戦を見てみよう。

歴史に学ぶ——白い都市の黒い煙

19世紀の主要な工業都市では、大気汚染がひどかった。大気浄化を目指して業界の自主規制の先駆けともいえる活動が行われた。うまくいったものもあるし、いかなかったものもある。たとえばシカゴでは、産業界のエリートが市のクリーンアップ作戦に乗り出し、当初はめざましい成功を収めた。[18]

１８９０年2月24日、アメリカ議会は、のちに「世界コロンブス万国博覧会」と呼ばれることになる「ワールドフェア」の開催都市にシカゴを選んだ。[19] ニューヨークの富豪たちは、開催都市にニューヨークが選ばれれば、1500万ドル（現在の価値で約4億ドル）を拠出する約束をしていた。これに対しシカゴのエリート——マーシャル・フィールド、フィリップ・アーマー、グスタフ・スウィフト、サイラス・マコーミックらは、ニューヨークと同額を提示したうえ、24時間でさらに数百万ドルを集めて開催都市の座を勝ち取った。[20]

運営組織は、博覧会の開催でシカゴの国際的な知名度が高まることを願って、シカゴの外れから7マイル離れた沼地のジャクソン・パークに精巧な「ホワイト・シティ」を建設する計画を策定した。国内の著名な建築家を起用し、ボザール様式のネオクラシカルな建物一群を設計させた。建物には化粧石膏を施し、白亜の輝きを放つことになっていた。

19世紀末、シカゴで開催された「世界コロンブス万国博覧会」

博覧会の開催日が近づくにつれて、熱心な支援者の多くが、真新しい建物がどんよりとした分厚いスモッグで覆われることを心配し始めた。当時の工業都市はどこもそうだが、シカゴの大気汚染被害は深刻だった。ある歴史家はこう記している。

> 100年後の現在、1890年初めのシカゴが漆黒の煤煙に覆われ、いかに汚れていたかを想像するのはむずかしい。……建物の煙突から黒い煤煙を吐き出す様子は、火山の噴火を想起させるほどひどい時もあった。黒煙が重すぎて大気中を漂わず、地上に落下することも多く、通りには煤と蒸気と灰が固まり、堅い土手ができていた。

企業家たちは、煤が目立たないように色つきのシャツとダークスーツを着なくてはいけないとこぼした。店や工場は、商品が煤で汚れないように、夏の暑い盛りでも、窓やドアをピタッと閉めておかなければならなかった。1892年、シカゴの大手乾物商のJ・V・フェアウエルは、煤煙による年間の被害額（商品の取り替え費用）を1万7000ドルと推計している（現在の価格で約43万ドル）。後年のある推計では、シカゴ市の煤煙による年間被害額は1500万ドル以上（現在の価格で約4億5000万ドル）になったとしている。もちろん、どちらの推計にも、煤煙がもたらした健康被害のコストは含まれていない。

シカゴは1881年、アメリカで初めて汚染防止条例を可決したが、きちんと運用がなされていなかった。市の公衆衛生局は人員不足で、条例違反を調査する調査官はわずかしかおらず、検察当局にも摘発する余裕はなかった。事件化しても、違反者が地元の政治家に圧力をかけて裁判官を買収し、不起訴になることが多かった。

これに対し、万博の開催都市に決まった2年後の1892年1月、シカゴの有力な実業家たちが、93年5月の開幕を控え、「煙害の除去」を目的に「煙害防止協会」を結成した。[21] 一人を除いて発起人全員が万博の理事に名を連ね、多くは開催資金の原資となる株式や地方債に多額の投資をしていた。

協会は、「公共精神」を示す手段として煙害防止に取り組むよう企業に強くはたらきかけた。煙の発生を防ぐ装置を設置し、効率的に動かすのはむずかしかったので、協会が費用を負担して5人のエンジニアを雇い、技術を公開し、汚染業者を直接支援した。エンジニアは7月までに400件以上の詳細な報告書をまとめ、市内の有力者に配布し、汚染を管理する方法について具体的に助言した。報告書を受け取った企業の約40%は、助言されたことを実行し、「事実上、煙害を防止した」。20%の企業は、助言に従ったが煙害を改善することができず、残りの40%は助言に従うことを拒否した。

協会は次に法律に訴えた。市の全面的な協力のもと、またも協会が費用を負担して検事のルドルフ・マッツを起用した。協会のエンジニアの助言に従わない経営者を訴えるのが彼の役目だった。マッツは厳格な対応をとり、325人を提訴した。半数以上のケースで、経営者は煙害防止の措置をとることに同意し、提訴は取り下げられた。一方、防止措置をとるのではなく50ドルの罰金を支払ったケースが155件あったが、マッツが再度提訴することも多かった。たとえば、あるタグボートの所有者の場合、煤煙を発生しない石炭はコストが高すぎると切り替えを拒否し、７００ドルの罰金を支払っている。シカゴのダウンタウンの大気汚染は、１８９２年12月末までにほぼ収束した。３００〜３２５件の訴訟が取り下げられ、機関車の煤煙は75％削減され、タグボードの所有者の90〜95％が煙の少ない石炭に切り替えた。

だが、翌春、１８９３年恐慌がシカゴを襲い、深刻な不況が何年も続くことになる。全米の鉄道会社の4分の1が破綻し、一部の都市では工場労働者の失業率が20〜25％にのぼった。煙害防止協会は陪審員裁判に訴えたが、いくつかの大型案件では、原告が排出量削減の努力を放棄しているのはあきらかだったにもかかわらず、陪審員が起訴することを拒んだ。公式記録からその理由を正確に読み取ることはできないが、協会のメンバーが市当局を牛耳って「私腹を肥やそうと」していた可能性がある。公的支援がなければ大義も果たせないとして、協会は１８９３年、正式に解散した。

結局、万博は大成功をおさめ、野外イベントとしては過去最多となる75万人以上の入場者を集めた。万博会場の白く輝く建物群と、薄汚いシカゴ中心部とのコントラストも手伝って、19世紀の最後の10年には都市改良運動が盛り上がる。これは都市をホワイト・シティのように清潔で衛生的にすることができるというアイデアに触発された活動だが、シカゴが大気汚染の問題に本腰を入れるのは１９６０年代になってからのことである。

世界規模の協力体制をつくる

ここまではいい。ホワイト・シティの事例には勇気づけられる。だが、これは比較的小規模で関係の密なコミュニティの話であり、協力すべき圧倒的な理由があった。パーム油のように世界的な規模で、プレーヤーも分散している状況で協力することができるのだろうか。その答えは単純ではない。パーム油については、5年前には共有財サービスの協力としてはすばらしい成功例だと、私も多くの業界関係者も考えていた。だが、今となっては、そう断定するには早すぎたことがわかる。

ユニリーバは問題の社会化には成功した。ライバル社の大半がサステナブル・オイルへの切り替えに同意し、ユニリーバは目標を1年前倒しして2019年までに全量をサステナブル・オイルに切り替えることにした。だが、パーム油の原料であるアブラヤシを植えること自体が、熱帯雨林伐採の主因であることは変わらない。この問題を解決するには、投資家、地域社会、そして地元政府とパートナーシップを組むしかない。業界の自主規制の努力で、こうしたパートナーシップが成功する確率は上がっているが、状況はいまだ流動的だ。

このセクションではまず、こうした力学がどのようにはたらいたかを見ていく。現在進行形の多くの世界的な取り組みに関して、チャンスと脅威がよくわかるからだ。次に、牛肉と大豆に関する活動の成功に目を向け、地域の規制当局との連携がいかに大切かを取り上げる。海洋汚染、漁業資源の乱獲、汚職・腐敗、ほぼすべての業界での劣悪な労働条件など、多岐にわたる問題について世界的に自主規制による取り組みが行われている。資本主義を創り直すには、この取り組みを成功させる決定的要因を深く理解しなければならない。

ポールはパーム油の問題を社会問題にするにあたり、世界最大の業界団体の一つ、消費財フォーラム（CGF）のメンバーに連絡をとった。同フォーラムには現在、70カ国の400を超える消費財メーカーと小売業者が参加している。加盟企業の売り上げの合計は3兆8700億ドル以上、雇用者数は1000万人近くにのぼる。[22]

2010年初頭、加盟企業のCEO数名との一連の会合のなかで、ポールは森林伐採をやめることをフォーラムの主要議題にすべきだと訴え始めた。この訴えを後押ししたのが、グリーンピースによるネスレへの強烈な批判だ。2010年3月、グリーンピースは、退屈そうなオフィスワーカーがキットカットだと思って齧ったら、じつはそれがオランウータンの指で口から血を流すという、グロテスクなビデオを発表した（動画はユーチューブで閲覧できるが、気持ちいいものではない）[23]。メディアの関心が一気に高まったことで、ネスレだけでなく多くの消費財メーカーは動かざるをえなくなった。この問題に対処するためネスレに起用されたNGOの理事のスコット・ポイントンは、ネスレの本社を訪れたとき、受付から「私どもはオランウータンを殺したいと思っていません。そんな会社ではありません」とぴしゃりと言われたという。[24]

ギャビンとポールは、メンバー企業を世界自然保護基金のジェイソン・クレイに引き合わせた。サステナビリティを実現するカギは、少数の大企業による競争以前の協力にある、というのがクレイの持論だ。世界的に取引量が多い一次産品のすべてで、最低でも世界の生産量の25%を購入している企業が100社ある、とクレイは指摘した。これらの企業が、自分たちが購入する産品をサステナブルな栽培法に切り替えるよう要求すれば、業界全体もサステナブルな方向へ動かざるをえない。そして、100社に行動変容を促すほうが、世界の消費者の25%にサステナブルな商品を購入するよう説得するよりずっと簡単だ。

ギャビンには、とくに記憶に残る会議がある。ユニリーバ本社で開かれた少人数の会議で、ネスレ、テスコ、P&G、ウォルマート、コカ・コーラ、ペプシなど世界的な大手消費財メーカー15社のCEOが顔を揃えていた。当時、世界第3位の小売企業テスコのCEOテリー・リーヒー曰く「カーボンレンズを通して」サステナビリティにフォーカスしようと提案して満場一致で承認された「魔法の瞬間」だった。出席者の何人かは、個人のミッションとして、森林伐採の問題を周りに訴えることを引き受けた。

その後の数カ月、フォーラムの他のメンバーを巻き込もうと苦戦した。とてつもなくむずかしいプロセスだったと伝え聞いている。反トラスト法に抵触しないよう、会議の議事録と作成した文書はすべて、反トラスト法専門の弁護士の精査を受けなければならなかった。それでも、運営委員会がリーヒーの案をもとにまとめさせた具体的な提案について、なんとか合意に漕ぎ着けることができた。フォーラムの会議は熱がこもっていた。ポールをはじめ、テスコ、コカ・コーラ、ウォルマートのCEOらが提案に全面的な支持を表明し、出席していた他のCEOに参加するよう熱心に訴えた。2010年11月、国連の第16回気候変動会議で、コカ・コーラのCEOのムフタール・ケントが、フォーラムの参加企業は、世界の森林伐採の主因になっている大豆、紙・段ボール、牛肉、パーム油の4品目について、20年までに森林伐採をネットでゼロにするとの公約を発表した[25]。ポールらは、西側の大手消費財メーカーと大手小売企業ほぼすべてに、サステナブルなパーム油しか売買しないとコミットさせることに成功した。サステナブルなパーム油とは、森林を減少させず、規制を遵守した労働環境のもとで栽培されたアブラヤシから採取される油のことだ。

とはいえ、これは第一歩に過ぎなかった。自主規制が安定するのは、合意したすべての当事者が、協力することが集団としての利益に適うと考えている場合だけだ。だが、これは必要条件であって十分条件ではない。協力を長続きさせるには、参加者が簡単に「フリーライド」できない仕組みになっていなければならない。フリーライドとは、たとえば、サステナブルなパーム油を使うと口では言いながら、実際は使わないケースだ。これを許さないためには、合意を守らない企業を見つけ出し、違反した場合は制裁や罰金を科す仕組みが必要だ。

ポールらは、消費財メーカー自体に注目するのではなく、まずは信頼できるサステナブルな供給網を整備することにした。そのうえで、消費財メーカーがこれらのサプライヤーから仕入れるか否かを観察するほうが簡単だ。最初のステップとして、世界的なパーム油取引の大半を取り扱う3社に注目した。パーム油の売買に加え、インドネシアで最大のアブラヤシ栽培を手掛けるゴールデン・アグリ・リソーシズ（GAR）。シンガポールを拠点に、世界のパーム油取引のほぼ半分を握り、売上高300億ドルの農産物大手のウィルマー。世界最大の穀物商社で、売上高

1000億ドル以上のアメリカの非公開企業カーギルだ。この3社に森林伐採停止を約束してもらえれば、パーム油のサプライヤーの大多数をサステナブルに転換させることができ、サステナブル認証も定着するはずだ、とポールらは考えた。

GARは1997年に森林破壊ゼロ・ポリシーを採用していたが、許可なく森林伐採を続け、泥炭地の火入れで大量の二酸化炭素を排出していた。2009年末、ユニリーバは、自社のビジネスへの大きな懸念があったにもかかわらず、森林破壊をやめなければGARとの取引を打ち切ると発表した。[26] パーム油業界に衝撃が走り、インドネシアでは暴動とデモが起きた。だが、2010年、ネスレが加勢してGARに圧力をかけ、ほどなくクラフトとP&Gも加わった。GARはグリーンピースに対峙することとなり、緊迫した交渉が1年にわたって続いた（「アラブとイスラエル」よりも険悪だったとの評もある）。2011年2月、GARは保護価値の高い（HCV）森林と泥炭地の保護と高炭素貯蔵林の伐採停止を約束した。これを受けて、ユニリーバら4社はGARとの取引を再開した。GARがインドネシアのパーム油メーカーとして初めて森林保全ポリシーを採用した理由を、同社のサステナビリティ担当のアグス・プルノモはこう説明している。

私どもの主要な市場、最上の顧客がそれを望んだからです。天国に行きたいからそうしたわけではありません。もちろん、誰だって天国には行きたいとは思いますが、方針転換したのは、買い手がそれを望んだからです。どの企業も同じですが、顧客を完全に満足させなければならないのです。

同じ時期、CGFのメンバーは、ウィルマーとカーギルにも接近して調達方針の変更を迫り、長年、ウィルマーを標的にしてきたNGOの活動を補完する形になった。奇しくも2013年6月、違法な野焼きによってインドネシアで発生した黒煙が、ウィルマーの本社のあるシンガポールを覆い尽くす事態が発生した。過去最悪の大気汚染で、車には灰が積もり、住民は屋内避難を余儀なくされた。マスコミの注目が高まるなか、ウィルマーのCEOのクオク・クーンは、ポールとパーム油関連活動の大手NGOのフォレスト・ヒーローズ、フォレスト・トラストのメンバーと直接対話することになった。活動家の一人はこう振り返る。「彼は、シンガポールや中国の大気汚染にいかに頭を痛めているか滔々と話した。ただ前に進むための経済的な根拠を求めていた」。2013年12月、ウィルマーは画期的な「森林伐採ゼロ、泥炭地ゼロ、搾取ゼロ」方針[27]に署名した。2014年7月には、パーム油取引で世界3位のカーギルが、森林伐採をゼロにし、パーム油について社会的責任を果たすという新たな方針を発表した[28]。

こうした方針の実践が、次のハードルになる。第一の争点は、いわゆる「サステナブル」なパーム油を厳密にどう定義するかだ。たとえば、前年に保護価値の高い森林で栽培されたアブラヤシを原料とするパーム油がサステナブルでないと定義するのは、比較的簡単だ。だが、保護価値の高い森林とはどういうもので、それは誰が決めるのか。二次林なら森林伐採に含まれないのか。あるプランテーションがサステナブルだと判断される労働環境とはどのようなものなのか。

一つの選択肢として、持続可能なパーム油の認証スキームを開発・運用する目的で２００４年に設立された、複数のステークホルダーのパートナーシップ、「持続可能なパーム油のための円卓会議」（ＲＳＰＯ）の基準を活用する方法がある。「当初は非常に厳しかった」とＣＥＯのダレル・ウエバーは説明する。

サプライチェーン、複数の環境ＮＧＯ、社会ＮＧＯを含む７つのステークホルダー・グループは、基本的に互いを信頼していませんでした。口角泡を飛ばして議論を重ねました。最初の基準案をまとめるのに１年以上かかりました。交渉のテーブルを蹴る者、不満をぶちまける者がいて、何度も決裂しかけました。しかし、最終日までにはなんとか信頼を築くことができました。時間が経つにつれて、他のステークホルダーの言い分が、よく理解できるようになってきたのです。

ＲＳＰＯは２００５年、世界初となる持続可能なパーム油生産のためのガイドラインを発表した。ガイドラインは８つの原則と５年ごとに見直されることになる43の「基準」を定め、各国に合わせて運用された。アブラヤシの栽培業者は、自己負担で監査を受け、５年ごとに認証を審査され、認証後は、毎年監視される。[29] ＲＳＰＯ認証のパーム油製品を保有するすべての組織は、サプライチェーンの認証を求められ、ＲＳＰＯの認証マークを使うことができる。認証は引き続き自主的なものだったが、違反した場合はいつでも取り消される。

だが、ＲＳＰＯの基準は比較的甘く、事態の進行に追いついていないとの批判があった。２０１５年、監視の機能不全に関し包括的な報告書が公表された。ＲＳＰＯの基準違反を隠蔽する杜撰な審査、原生林の土地の権利の不確定、搾取労働、認証機関とプランテーション企業の癒着による利益相反などが挙げられた。[30] これに対し個々の生産者は、先進国の買い手からの圧力もあって、より厳格な基準を使うことに同意した。先進国の買い手もまた、基準を引き上げるようＲＳＰＯに圧力をかけ続けた。産業界の参加者は、このプロセスについて、ＲＳＰＯ基準の最低要件である「床」を常に動かしながら、同時に「天井」すなわち最善の知識に基づいたサステナブルの定義を常に押し上げようとするものだと評している。

サステナブルなパーム油の第三者認証機関という基礎が築かれたことで、大手消費財メーカーがコミットメントを遵守しているか、この分野の技術が継続的に改善しているかを判断しやすくなった。一企業のサプライチェーン全般の監視も容易になり、パーム油から搾油工場、アブラヤシ農園まで追跡できるようになった。たとえばウィルマーは、定期的にドローンを飛ばして、農園が持続可能な方法で管理されているかをチェックしている。持続可能な方法に転換するための経済合理性がしっかりしていて、正しいことをしていなければ、たちまち多くのＮＧＯに糾弾されることから、消費財フォーラムの行動でパーム油関連の森林伐採は大幅に減るだろうと多くの人が考えた。私も、ユニリーバでサステナビリティ担当責任者をギャビン・ニースから引き継いだジェフ・シーブライトもそう思っていた。

だが、２００１年から12年にかけて、パーム油の最大の生産国であるインドネシアの森林伐採率は2倍以上になった。[31] 2012年から15年まではわずかに低下したが、16年には大幅に上昇している。2018年には再び低下したが、インドネシアはいまだに毎年数百平方マイルの森林を失っている。[32] 2010年から18年までに消失した面積は5000平方マイル近くにのぼる。二酸化炭素排出量は480トンに相当し、その27%は一次熱帯林からのものだ。[33] 世界のサステナブルなパーム油の割合は2015年以降動いていないが、いまやフォーラムの会員企業の多くが2020年のコミットメントを果たせないのはあきらかだ。[34] 業界横断的な協力で、先進国企業の多くがサステナブルなパーム油を活用するという約束は果たせたが、根本的な問題は解決できていないのだ。

こうした結果を招いた要因はいくつかあるようだ。第一に、見通しの甘さがある。大口需要家である先進国の大企業や大手サプライヤーには、サステナブルなパーム油へ切り替えることにはしっかりした経済合理性があったが、原料のアブラヤシの40%近くを生産し、森林伐採と火入れを実際に行っている小規模農家に対する説得が新たなカベになった。[35] 2ヘクタールの熱帯雨林を伐採してアブラヤシを植えれば、一家の生活は安泰で、子どもを大学に進学させることもできた。さらに、小規模農家をより持続可能なものにする支援策は、失敗もあり、必ずしも成功とは言い難かった。

典型的な小規模農家の一ヘクタールあたりの収量は2トンに満たず、最高6～7トンのプランテーションに大きく見劣りする。そのため小規模農家の効率向上が、この問題の一つの解決策になるが、それはそう簡単なことではない。茶葉の生産転換では各地域に世話役がいて、多くの農家の研修を助けてくれたが、ここにはそうしたものがない。そうしたなかで、何十万という農家に、新しい栽培法や収穫法を教えなければならない。資金援助も必要だ。まず高品質の種と設備が必要で、その後はアブラヤシが成長して搾油できるようになるまで支えなければならない。カーギルは、小規模農家の生産性向上が「前に進む唯一の道」と判断し、先行投資が大きな実りをもたらすと主張したが、インドネシアのボルネオ島のカリマンタンで試験的に資金支援と教育を始めたGARは、そこまで楽観的ではなかった。この試行期間中、サステナブルな栽培方法を守れない農家もあれば、GARより高値を提示した独立系の搾油業者に収穫したアブラヤシを売却した農家もあった。[36]

もう一つの大きなカベが、法律や政治環境だ。世界のパーム油の90％以上を生産するのがインドネシアとマレーシアで、パーム油は両国の経済を支える屋台骨だ。インドネシアでは２０１４年時点で、農業がＧＤＰの13％を占め、[37] 就業者は人口の34％強にのぼり、[38] 農村の家計所得の３分の２を約３００万人の農民にもたらしている。パーム油の生産額は農産品の第２位で、輸出額では農産品トップだった。[39] マレーシアでは、農業がＧＤＰの７・７％を占めている。[40] 両国の政治家の多くは、地域の経済発展と持続可能性は対立するものだと見ていた。

悪いことにインドネシアの法律では、企業の方針がどうであれ、土地の利用認可を受けた企業が、認可を受けた土地すべてを開発することが義務づけられていた。しかも、各省庁がばらばらの地図を使っていた。担当大臣のクントロ・マングクスブロトがこう説明する。

インドネシアでは重要省庁がそれぞれ地図をもっています。インドネシアは広大で、各省庁にはそれぞれミッションがあるので、省庁ごとに地図が違うのも理に適っていることです。しかし、国全体の開発となると、一つの地図が不可欠です。国民、政治家、政府が受け入れられる包括的な地図です。たとえば森林面積が大きいので、この島の森林面積はどのぐらいか、森林の境界はどこか、といったものです。

唯一の公式地図を使うことで、企業と現地住民の紛争の原因になっていた許認可権の重複が解消される。2010年、インドネシア政府は土地情報の統合データベースを策定する「ワン・マップ」イニシアティブを発表した。このプロジェクトは、世界銀行の支援を受けているが、まだ完成には至っていない[41]。

もう一つの大きな問題は、インドネシアの森林を伐採するだけで単純に儲かる、ということだ。世界のパーム油の買い手としてインド企業、中国企業が台頭しているが、サステナブルな油にはほとんど関心を示さない。さらに、インドネシアの行政当局の一部は、森林伐採の削減目標にコミットしているが、パーム油業界は地元政治家や国会議員の有力な支援者だ[42]。土地利用と割当の許認可権を握る森林省では汚職が蔓延し、退職する役人は「老後」のために搾油工場を買うことが多い。インドネシアでは利益誘導のネットワークがはびこり、違法な森林伐採の収入が政治を動かす潤滑油になっている。CGFがこうした問題にどう対処すべきか、糸口をつかむのは簡単ではない。経験豊富なNGO関係者の一人は、私にこう語った。「空から違法な伐採を見つけたところで、搾油工場に電話し、どうしろとは言えません。その森に行って、その土地を守っている武装した男たちに向かって、これから6年、搾油所はこの土地で生産されたパーム油は買うことはないなどと言えないのです。違法な伐採者に出くわしたときは、ニコッと笑ってやり過ごすしかないんですよ」

インドネシアで伐採される木の70%以上は違法伐採だ。[43] 有力な生産者グループがサステナブルになることにメリットを見い出させず、サステナブルでなくても喜んで買ってくれる顧客がいて、政府が法律を施行しようとしないとすれば、森林伐採を止めることはきわめてむずかしいだろう。

だからと言って、パーム油では自主規制がうまくいっていないというわけではない。これまでのところ、森林伐採は止まっていない。だが、今後、歯止めをかけられる可能性は大幅に高まっている。政府と投資家を巻き込む方法を見つけられれば。すべての当事者が協力したくなるインセンティブを見つけなければならない。たとえば、自国企業にサステナブルな油の使用を求めるようインドや中国の消費者にはたらきかけたり、違法な森林伐採を罰する法律の施行を現地政府にはたらきかけたりするなどして、小規模農家にとってサステナブルな生産方法が経済的にうまみのあるものにする必要がある。

経済的な論理はしっかりしていて、長年の活動を通して、問題を根本的に解決するための経験値も上がっている。だが、協力を推し進められる誰かが必要だ。大豆や肉牛生産に関連したアマゾンの森林伐採を食い止める運動が、10年にわたって展開されている。その苦闘の歴史を見ると、成功のカギは公的部門との連携にあるように思える。

大豆の物語もおなじみのきっかけから始まる。2006年、環境保護団体のグリーンピースが、「アマゾンを食い尽くす」と題したレポートを発表し、大手穀物商社アーチャー・ダニエルズ・ミッドランド（ADM）、バンジ、カーギルが、大豆生産への資金供与を通じてアマゾンの熱帯雨林破壊に積極的に関与していると告発した。[44] 7フィートのチキンの着ぐるみを着たデモ隊を動員して、マクドナルドに押しかけ、ブラジル産大豆を輸入している先進国企業は世界最大の熱帯雨林を破壊し、地球温暖化に拍車をかけていると糾弾した（大豆の95％は動物飼料に使用されている）。

グリーンピースは4月6日にレポートを公表し（そしてチキンを放ち）、フード業界全体に

サプライチェーンからアマゾン産大豆を排除するよう要求した。３カ月後の7月25日、ＡＤＭ、バンジ、カーギル、マクドナルドに、ブラジルの大豆生産の92％を管理する二つの業界団体を加えたグループは、２００６年7月以降、アマゾンの森林を伐採した土地で生産された大豆は買わないとする「大豆モラトリアム」共同宣言を発表した。

大豆モラトリアムでは、大豆卸売業者、生産者、ＮＧＯ、購入企業、ブラジル政府で構成するソヤ・ワーキング・グループが、合意が遵守されているかどうかを監視する。ワーキング・グループは、業界と一部のＮＧＯ、政府が共同で開発した衛星監視システムを使って、アマゾンの大豆生産の98％を占める76の自治体を監視した。[45] 合意を破った農家は、モラトリアムの参加企業に販売することができず、資金の調達先を見つけることもできない。この合意は2年ごとに更新され、２０１６年に無期限に、あるいは必要がなくなるまで延長されることになった。[46] 合意から10年後、ブラジル・アマゾンの大豆生産は2倍近くに増えたが、[47] 新たに伐採された土地での生産分は、新規生産の１％にも満たない。[48] 単位あたり収量も大幅に増加している。[49]

２００９年、グリーンピースは、「アマゾンの虐殺」と題するレポートを発表し、アマゾンの原生林を破壊している畜産業を糾弾した。[50] 世界の農地の60％近くが牛肉の生産に使用され、アマゾンの森林破壊の80％は畜産業によるものだ。[51] ブラジルのパラ州の連邦検察庁は、違法に森林を伐採した畜産業者を訴え、こうした業者から仕入れている小売業者も訴えると警告した。これに対し、アディダス、ナイキ、ティンバーランドをはじめ、ブラジルのなめし革を使っている靴メーカーは、アマゾンの森林破壊を引き起こさない方法で生産されていると確認がとれるまで、契約をキャンセルすると発表した。ブラジルのスーパーマーケット協会は、販売する牛肉を、森林破壊と無関係なものにするよう呼びかけた。

これを受けて、ブラジルの加工肉の四大メーカーのシェアは大幅に低下した。[52] 四大メーカーは、新たに熱帯雨林を破壊した土地で育てられた肉牛の購入を禁止する「畜牛協定」で合意した。[53] 2010年に消費財フォーラムの参加企業が森林破壊ゼロの牛肉のみを購入することをコミットするなど、消費者の圧力が続いたことが、モラトリアムの継続を後押しした。

ここでも、ブラジル政府の積極的支援が大きな追い風になった。ブラジル・アマゾンは、正式には所有地の80%を森林として永久保存することを土地所有者に義務づけるフォレスト・コードによって保護されている。この協定が発効したのは1965年だが、2010年代まではほとんど運用されていなかった。大豆と牛肉のモラトリアムと、日次ベースで森林伐採を追跡できる最新技術の登場で状況は変わった。「畜牛協定」はめざましい成功を収めた。屠畜業者の全取引のうちブラジル地方環境認証機関の認証を受けた割合は、協定締結前はわずか2%だったが、2013年には96%にまで高まった。[54] この間、世界のほぼすべての地域で森林破壊のペースが加速していたが、二つの協定によってアマゾンの森林破壊のペースは大幅に減速した。[55]

どちらのケースでも、決定的に重要だったのが政府支援である。最近選出されたボルソナロ大統領が前任者の政策を破棄して以降、森林破壊が進んでいることからも、それはあきらかだ。[56] とはいえ、どちらのケースでも、政府の支援は触媒であって、民間セクターの行動があればこそ効果を発揮する。産業界のコミットメントが、法律を施行する政治的正当性を政府に与え、技術的ノウハウと継続的支援を提供した。

この経験は、今後の自主規制による取り組みの雛型になるのではないだろうか。業界全体の協力によって、サステナブルな産品の需要を確保する。大手企業が投資を行い、サステナブルな生産法に転換するための技術的ノウハウと高度なオペレーションを習得する。ただ最終的には、政府支援が大きな推進力になる。

たとえば、アパレル産業と電子産業における民間セクター規制の効果を調べた研究がある。5年かけて700以上のインタビューを行い、120の工場を訪問し、広範な定量的データが集められた[57]。結論として、民間セクターのコンプライアンス・プログラムの成果は多くあるものの、グローバルなサプライチェーンの労働問題を全面的に解決できる見込みはない、とされている。

世界的ブランドや労働問題NGOが、同じく10年以上協調行動をとっても、民間のコンプライアンス・プログラムは、労働基準の継続的な改善という約束は果たせないようだ……コンプライアンスの取り組みで、労働条件はある程度改善しているが……改善は頭打ちになっている。(健康や安全など)基本的な改善が達成された分野はあるが、(組合の自由や超過勤務など)他の分野では改善がみられない。さらに、長期的に見ると、コンプライアンスの加入や離脱を繰り返す工場が多いという意味で、実行された改善がいつまで継続するかは保証のかぎりではない。

パーム油と繊維産業では、豊富な資金による幅広い自主規制が大きな成果を上げているが、当初の目標は達成できていない。どちらのケースでも、完全に持続可能なサプライチェーンの実現に向けて、産業界はパートナーとして地方規制当局に目を向け始めている。

パーム油の場合、消費財フォーラムの参加企業は、NGOやインドネシア、マレーシアの地方自治体や政治家など、幅広いステークホルダーと定期的に面談し、打開策を探っている。一つの可能性として、専門的には「管轄アプローチ」といわれる方法に移行し、地元政治家、地元NGO、地域社会と協力体制を築き、地域全体でサステナブルなパーム油生産に転換するための経済合理性を見い出すことが考えられる。繊維産業でも、早期に成果が期待できる方法として、同様の方法が検討されている。インドネシアのアパレル産業の研究では、自主規制機関が州と緊密に連携し、地元の組合が州の行動を促した場合、自主規制で賃金を大幅に引き上げられる可能性が大きいことが示唆されている。[58] ブラジルの砂糖産業の研究では、民間の監査機関が地元規制当局の活動を補完する形で、劣悪な条件での企業のアウトソーシングを禁止し、労働基準の大幅な改善を企業に求めたことがあきらかになっている。[59]

何が違いをもたらすのか

自主規制でうまくいく組織もあれば、うまくいかない組織もある。何が違いをもたらすのか。原子力発電運転協会（ＩＮＰＯ）の歴史を紐解くと、この問いへの一つの答えが見えてくる。[60]

ＩＮＰＯは１９７９年、スリーマイル島の原子力発電所の原子炉融解事故を受けて設立された。この事故は国民に衝撃を与え、原子力業界を震撼させた。電力会社の原子力発電所の多くは、再びこうした事故が起きれば、生き残れないとの見方が強まった。[61]

歴史的に原子力産業を規制するのは、アメリカの政府機関である原子力規制委員会（ＮＲＣ）である。スリーマイル島の事故を受けて、ＮＲＣは業界の安全性を高めようとしたが、基本的にＮＲＣは技術重視の機関である。だが、事故調査のために立ち上げられた独立委員会によれば、事故の最大の原因は技術的な問題ではなく、独善性や意思疎通の欠如など、組織および管理上の問題だった。原子力発電の作業員の多くは、化石燃料発電に関わって働いてきた経験があり、問題にぶつかるまで化石燃料発電と同じように運転し続ければいい、問題が起こればメンテナンスや技術の担当者が駆けつけて修理してくれるだろうと考えていた。マネジャーや作業員の多くは、原子力エネルギーが重大事故を引き起こす可能性があるとの認識が欠けていたようだ。個々の発電所は安全に稼働するノウハウを蓄積しても、その情報が他の電力会社とは共有されていなかった。このギャップを埋めるべく、アメリカで原子力発電所を稼働させている55の電力会社が、民間の自主規制機関として設立したのがＩＮＰＯだ。

ＩＮＰＯには、原子力に詳しい海軍出身者が多数加わった。海軍は原子力事故を一度も起こしたことがなく、一にも二にも安全を最優先する文化で名高い。海軍出身者（すべて男性）が、電力業界向けに安全基準と手順を策定し、研修や現地調査など積極的なプログラムを通して、それらの導入を後押しした。毎年、各発電所の検査を実施し、膨大な項目にわたって評価が行われた。その後、ＩＮＰＯの職員が訪れ、重要な指標について他の発電所との比較を示し、平均以上に改善するための具体策を提案する。年に一度の業界の会合では、居並ぶすべての電力会社のＣＥＯに調査結果を発表し、評価の低い発電所の経営者に対し、問題解決を迫る。経営者が非協力であれば、取締役会とコンタクトをとると脅しをかけることもする。

１９８０年から90年にかけて、原子力発電所の緊急停止の平均発生回数は４分の１以下に減り、ＩＮＰＯはアメリカの原子力発電の安全性を大幅に向上させたとする評判が高まった。同協会は現在も業界の拠出金をもとに運営されている。

前に述べたように、エリノア・オストロムは先進的な研究で、業界全体の協力による成功事例を数多くあきらかにした。メイン州のロブスター漁に関する研究はとくに有名だ。メイン州では１９２０年代から30年代にかけて、ロブスターの個体数が激減したことを受け、州は捕獲できるサイズと数を定めた上限規制を導入した。地元の漁師は自主的な組織をつくって、この規制を守った。しっぽに刻み目をつけて繁殖期のメスは海に戻すことで合意し、漁場の割り当てを決め、規制違反を防ぐ仕組みをつくった。ロブスターの個体数は、20世紀後半には持続可能な水準にまで戻り、現在は大幅に増加している。[62]

シカゴの事例と合わせて、これらの二つの事例から、自主規制を成功させるために必要な四つの条件が見えてくる。第一に、協力を継続させるには、すべての当事者の利益に適っていなければならず、しかも当事者全員がはっきりとそう受け止める必要がある。協力するとすぐにメリットが得られる場合や、協力しないときのコストが重い場合は、協力してもらいやすい。スリーマイル島の事故の後、原子力発電事業者が積極的に協力体制をつくったのは、一カ所でも発電所で事故が起きれば、原子力発電事業そのものが廃止される恐れがあったからだ。[63] そのため事業者には協力体制をしく強い動機があった。これはロブスター漁のケースも同じで、乱獲が続けば漁そのものができなくなるのは確実だった。だが、漁獲量を減らせば急速に個体数は回復することになる。世界の漁師の半数近くがサステナブルな漁をしているのは、ほとんどの漁場が、漁獲高を管理することで早期に回復した実績があるからだ。漁師たちはさほど長く待つことなく、自分たちが自制した成果を目にすることができる。[64] 一方、シカゴのケースでは、煙害防止協会の資金の大半を拠出したのは、ホワイト・シティの成功に大きな金銭的利害がかかっている男たちであり、最も打撃が大きく、行動変容で得るものが少ないタグボートの所有者の協力が長続きしなかったのもうなずける。

関係者全員が同じ業界に長くとどまっている場合、もっと専門的な言い方をするなら、参入も退出も容易でない場合も、協力体制をとりやすい。原子力事業とロブスター漁が、このケースにあてはまるのもあきらかだ。原子力発電所の寿命は60年で、動かすことができない。ロブスターの漁師は借金をして船や器具類を購入するが、漁ができなくなれば、そうした資産の価値はほぼゼロになる。

だが、これらの二つの条件は必要条件に過ぎず、全員が協力する体制をつくるには、裏切ったり、ただ乗りしたりしても誰ひとり得にならないようにすることが必要だ。国際商業会議所などの自主団体が成功する要因の一つは、明確なメリットがただちに得られ、合意を破る誘因が小さいことにある。そうでなければ、役割を果たさない、いい加減な参加者をすぐに把握できないかぎり、協力は長続きしない。原子力事業のケースでは、ＩＮＰＯの年1回の検査が、各発電所に最新技術を伝えるだけでなく、すべての発電所がそれを活用してベストのパフォーマンスを発揮することを確実にする。ロブスター漁のケースは、実態がつかみにくいが、漁師のコミュニティは小さいので、誤魔化している人を追跡しやすい。

最後に第四の条件として、ルールに従わない参加者を容易に罰する仕組みが必要だ。この点、原子力関係者は見事に対応している。有名な事案だが、フィラデルフィア電力のピーチ・ボトム発電所で事故が発生したとき、ＩＮＰＯは同社の取締役会に対し、同発電所の運転実績が何年も平均を下回っている点を強調する書簡を送った。取締役会は、ＣＥＯを含めた幹部を更迭し、ただちに問題解決に動いた。カリフォルニアのランチョ・セコで起きた別の事故では、ＩＮＰＯは何年も経営陣と連携して、立て直しに取り組んだが埒が明かず、いくつもの安全基準違反があるとして政府の規制委員会に訴えた。規制委員会は独自に検査を行い、廃炉を決定した。

ロブスターのケースでは、他の漁師の持ち場に網を仕掛けた密漁者には、段階的に厳しい罰則が科される。密漁者の仕掛けには、過去に捕まったことを示すタグが付けられる。密漁が続いた場合、ブイから仕掛けに延びるロープを切って、仕掛けを回収できなくする。それでも密漁を続ける者には、ボートに傷をつけたり、自宅に押しかけ脅しをかけたりする。

注目すべきなのは、シカゴの協力体制が最終的に壊れたのは、煙害を出し続けた違反者を罰することができなくなってしまったからだということだ。世論が味方で、裁判所が違反者を起訴しているうちは、シカゴの産業界の大多数は合意を守っていた。だが、世論が反対に回り、裁判で起訴されなくなると、合意は崩れた。

地域での協力

地方政府と連携するうえで、さまざまな企業の共同歩調が力強い第一歩になる、という考え方はもちろん目新しいものではない。少なくとも100年前から、時の先端企業は、地元の規制当局や地域社会と協力して、コミュニティ全体に恩恵をもたらす公共財を生み出してきた。

たとえば、ある種の指標ではアメリカで最も成功した都市にあげられるミネアポリス・セントポールでは、古くからとくに教育の分野で産業界が地元政府と連携してきた。同市は東海岸からも西海岸からも遠く離れ、天候は全米最悪ともいわれるが、フォーチュン500企業19社が本拠にしている。ユナイテッド・ヘルス・グループ、3M、ターゲット、ベストバイ、ゼネラル・ミルズをはじめ、全米最大の非上場会社のカーギルも名を連ねる。地理的に孤立していて気候にも恵まれないことから、これらの企業の経営者には、この地域を働きやすく住みやすい魅力的な都市にするという共通の利害があった。また、古くから共通のアイデンティティを形成し、私的な会合の場を整備してきたことも協力体制を維持するうえで役立った[65]。

カーギル財団の理事長のロビン・ジョンソンはこう語る。「物理的な気候と立地[66]、両海岸のコミュニティと接点がないこと、スカンジナビア半島やドイツ出身の移民が多く高い労働倫理をもっていることが、協力してコミュニティをつくろうという原動力になったのではないか。われわれのためにやってくれる人がいるわけではない。みなが協力して事にあたる必要があったのです」

ゼネラル・ミルズの元CEO、ケンダール・パウエルは、こう付け加える。

かなり遡ると、カーギルのカーギル家とマクミラン家、フィルズベリーのジョージ・フィルズベリー、ゼネラル・ミルズのキャドウォルダー・ウォッシュバーン、デイトン・ハドソン（後のターゲット）のデイトン家がこの地に暮らし、かなり年配になるまで会社経営に携わりました。そのため、地域社会で何か問題が持ち上がると、ミネアポリス・クラブのような組織が、6人の経営者を招集し、産業界として問題にどう対応するか決めやすかったのです。今では、こうした組織のトップの出身地はさまざまですが、その仕組みと伝統に、地域社会の一員であるという元の意識が根づいていて、いまだに地元の有力者から頼りにされているのです。[67]

こうした協力の実例の一つがミネソタ早期学習財団だ。創設は2003年で、ミネアポリス連邦準備銀行の調査部門責任者のアート・ロルニックが発表したレポートがきっかけとなった。レポートでは、ミネソタの幼稚園の入園予定者のうち、感情、認知、社会面で就学準備ができている幼児は半数に満たないとされていた。[68] カーギルのCEOのジョージ・スタンレーが地元の産業界に呼びかけ資金を拠出し、問題解決に乗り出すことになった。2008年末の景気後退までに

2400万ドルを集め、エコラブ、ターゲット、ゼネラル・ミルズのCEOを説得して、理事会メンバーが直接、四半期に一度集まる会合が5年にわたって開催された。

財団では集めた資金を使って三つの補完的イニシアティブを検証した。資格を満たした親に対し年間最大1万3000ドルの奨学金を給付し、ミネアポリス・セントポール地区の良質の早期幼児教育プログラムにどれでも参加できるようにした。「親の気づき」いう名のランキング制度を立ち上げて質の高い早期幼児教育プログラムを特定し、家庭訪問を通じて各家庭を支援した。この活動はめざましい成果を上げた。奨学金を受け取った幼児のグループは、対照群に比べて成績が大幅にアップした。これを受けて、州政府、連邦政府がミネソタ州における早期幼児教育プログラムを大幅に拡充することが決まった。

エコラブのCEOのチャーリー・ウィーバーは当時を振り返り、のちの政治行動の基礎ともなったイノベーションと社会実験への投資を民間セクターが支援し、資金を負担した方法をこう説明する。

最大の勝因は、2400万ドルの資金を集められたことです。この資金がなければ、奨学金を支給し、評価システムを確立して、親に良質な早期教育施設を選択する機会を与えることができず、そのアイデアが吟味されることもなく、そうした施設が運営されることもなかったでしょう。資金がなければ、ただ早期の教育が大切だというレポートをまとめるだけで、それ以上の影響を与えることはなかったでしょう。最も重要なのは、幅広い支援を得るため行政に持ち込む前に、アイデアの正しさを証明できたことです。

ミネアポリス・セントポールは、この種の協力体制を築くのに有利な点がある、という市長が何人かいる。たとえば、他の都市に比べて民族的、人種的なばらつきが少ない、といった点だ。だが、地域をベースに官民が協力して環境破壊の防止や経済成長による格差縮小に取り組んでいる都市は数百、あるいは数千単位で存在する。こうした活動で成果を上げるには、最低でもその地域の企業のトップの協力が欠かせない。企業の自主規制が、とくに国家の権限と役割に対する深い認識と結びつくとき、資本主義を再構築するうえで重要なツールになる。

投資家は強制力を行使できる存在

投資家間の協力もカギになる。世界の投資資本の3分の1以上——約19兆ドルを握っているのが、世界の上位100の機関投資家だ。この3分の2は年金基金で、残り3分の1は政府系ファンド（ソブリン・ウエルス・ファンド）である。[69] 世界の資産運用会社の上位15社で、投資資本の約半分近くを運用している。代表格がブラックロック、ヴァンガード・グループ、ステート・ストリートで、現在の運用残高はそれぞれ7兆ドル弱、約4・5兆ドル、約2・5兆ドルである。[70] 金融の回路の見直しの章で見たとおり、この資金の大半はパッシブ運用されている。たとえばアメリカでは、全株式の65~70%がインデックスないし準インデックスで運用されている。[71] こうした投資は、システム全体のリスクに完全にさらされている。資産保有者は、加速する環境破壊や格差拡大が経済全体に及ぼすリスクを分散することができない。これらの投資の運用成績を向上する最善の方法は、経済全体のパフォーマンスを向上することである。

本来、こうした機関投資家には巨大な力があり、経済全体をよりサステナブルな方向に動かすことができる。協力する方法を見つければいい。資産運用会社15社、100の機関投資家が一体になって、ポートフォリオに組み入れているすべての企業に、あるいは特定産業のすべての企業に、化石燃料の利用や森林伐採をやめること、人材を尊重する王道の労働戦略をとることを要求すれば、より公正で持続可能な社会の構築に向け大きな一歩を踏み出すことになるだろう。GPIFの水野弘道は、日本の株式の7%を所有しているという事実に基づいて、日本で大きな変化を主導することができた。世界の資本の過半を握る機関投資家が変化を求めたら、どうなるだろうか。もちろん、それほど簡単なことではない。たとえば、投資家の権限を行使して地球温暖化を防止する活動の現状について見てみよう。

2017年に発足した「Climate Action 100+（CA100+）」は、あるレポーターの言葉を借りれば、温室効果ガスの排出量の多い大企業100社に対して「破局的な金融リスクの削減」を求めるものだ[72]。この活動には、世界の運用資産の半分近くを運用する300以上の機関投資家が参加している[73]。目標は三つある。第一に、投資対象のすべての企業に、自社の気候変動リスクを評価し、そのプランを監視する幅広いプロセスを導入させる。第二に、これらのリスクの開示をすべての企業に求める。第三に、世界の平均気温の上昇を2度未満に抑えるパリ協定の目標に合わせて、バリューチェーン全体での温室効果ガスの速やかな排出量削減を各企業に求める。[74]

ＣＡ１００＋に参加することの経済合理性ははっきりしている。参加する機関投資家は、自分たちの投資の長期的価値にとって、気候変動は明確で現に存在するリスクであり、分散できないと考えている。水野のように、受益者に対する自分たちのフィデューシャリー・デューティは、地球温暖化を解決するためにあらゆる手段を尽くすことであると考えている投資家は少なくない。だが、だからといって、グループの足並みを簡単に揃えられるわけではない。

実際の活動は、公開書簡、企業の経営陣との公式・非公式の対話、「株主決議」の提起の組み合わせである。投資家は行動計画を提出し、企業の年次総会で全株主に議決を求める。個々の企業に対して、個々の投資家は行動の足並みを揃える責任があり、投資家が連帯して企業に変革を迫る。

たとえば、２０１８年12月、運用資産総額が11兆ドル超の機関投資家グループが、フィナンシャル・タイムズ紙に公開書簡を掲載した。一部を引用しよう。

われわれは、発電、送電、売電事業者を含めて電力事業者に対し、将来のゼロ炭素社会に向けた計画の策定を求める。具体的には、パリ協定の目標に合わせた形での設備投資計画と両立した移行計画の策定に着手するよう求める。遅くとも２０３０年までに、ＥＵおよびＯＥＣＤ諸国の電力事業者による石炭利用を迅速に廃止するための明確なタイムラインとコミットメントを表明し、近い将来の化石燃料インフラの償却の管理方法を定めるよう期待する。[75]

6カ月後、CA100+に参加する機関投資家は、シェルに対して温室効果ガスの排出量を抑制する短期目標を公表するよう求め、BPに対しては、製品の炭素強度、新規投資の気候変動への影響を評価する手法、二酸化炭素排出量の削減目標を設定し、計測する計画を開示するよう求めた。決議では、目標達成への進捗状況と、役員報酬がどの程度目標達成と連動しているかの説明も義務づける。[76] 株主決議に、世界を変えるだけの力があるように思えないかもしれないが、こうした決議は、投資家の優先順位と信条を伝え、企業に圧力をかけるうえで大きな力をもてる可能性がある。どの企業の経営陣も、投資家が束になれば自分たちを交代させられることを嫌というほど知っている。

だが、このような形で企業と対話を重ねるにはコストがかかる。そのためCA100+は、典型的なフリーライド問題にぶつかった。どの投資家にも、面倒な仕事は他の投資家にすべて押しつけたくなるという現実的なリスクがある。どの投資家が真剣に取り組んでいるかはわかりやすいが、コミットすると唱えながら傍観者を決めこむ投資家を罰する確実な方法はない。現時点では、活動をリードする機関投資家が、参加者のモラルに訴えつつ、参加しないとグループ内での恥になると訴える両面作戦で活動への全員参加を促しているように見える。彼らが成功すれば、CA100+は重要な氷山の頂上に立っていることが証明される。

私は、第一章で紹介したブラックロックのCEOのラリー・フィンクの手紙と、企業に新たな存在意義・目的を掲げることを求めるビジネス・ラウンドテーブルの声明を、彼らの仲間がこうした戦略にどれほど意欲的かを試すものとして読んだ。世界の100の機関投資家は――あるいは世界の大手資産運用会社15社のグループは、協力を支えるいくつかの条件を満たすだろうと見ている。グループは比較的小さいが、協力によって大きな成果が得られる可能性があり、グループメンバーが自分たちの所有する企業に実際に圧力をかけているかどうかを監視するのはしごく簡単なはずだ。ただ乗りする投資家を罰する方法を見つけられれば、うまくいくだろうし、全員参加を促すには、グループ内の社会的圧力で十分なのではないだろうか。この点に関しては、まだまだ改善の余地は多いと聞いている。互いに顔を見合わせて、「お先にどうぞ」と譲り合っている状況だという。

こうした状況に苛立たないのかと学生に聞かれることがある。世界最大の機関投資家に、こうした類いの集団権を行使してほしいと、私たちは本気で望んでいるのだろうか。この問いには簡単に答えられる。機関投資家は、すでに巨大な力を行使しており、それがポートフォリオに組み入れた企業を底辺（労働基準や環境基準の緩和に向けての）競争へと追い詰めている。今度は、底辺ではなく頂上への競争に向け号砲を鳴らす、熟慮した決断がきわめて重要になってくる。資本主義を再構築するうえで中核となるのが金融セクターだ。世界に対して集団的な責任を負い、積極的に影響を及ぼすセクターに創り変えることが不可欠だ。

要約しよう。世界の産業界を動員し、集団的な共有価値の創造を後押しするうえで、自主規制は強力な手段になりうる。原子力産業、アパレル産業、パーム油、畜牛、大豆などの各産業、あるいはミネアポリス・セントポールなどの都市では、産業界が一丸となって公共財の創造（あるいは公共悪〔負の外部性〕の停止）に取り組めば、社会は良くなるとの認識が広がっている。こうした協力は、政府の活動領域と関わり合うようになっている。業界レベルの協力の実現がきわめて重要なのは、それによって政府の介入を求める声が強まるからだ。パーム油、大豆、牛肉、アパレル、IT業界では、業界リーダーが積極的に政府の規制を求めている。正しい行動をとるという約束を守っている企業には、約束を守らない競争相手に対して罰則を求める強いインセンティブがある。

この論理を次の段階に引き上げることはできるだろうか。今の社会の仕組みでは、市場の力をバランスさせられないことが問題だとすれば、仕組みを見直し、強化する手助けが民間セクターにできるだろうか。この問いについては、次の章で取り上げよう。

第七章

豊かさと自由の源泉を守る

市場、政治、資本主義の未来

万が一、人間が天使だというなら、政府など必要ないだろう。またもし、天使が人間を統治するというのなら、外部からであれ内部からであれ政府に対する抑制は必要ないだろう。しかし、人間が人間の上に立って統制する政府を組織するにあたっては、大きな難点がある。まず政府が被治者を統制できなければならないし、次に政府が政府自身を統制するようにさせなければならないのである。

――ジェイムズ・マディソン『フェデラリスト』第10篇、第51篇結局のところ、資本主義を再構築するうえでの中心的課題は、企業のパワーを制限することでしか対応できない。だが、どんな犠牲を払っても株主価値の最大化を全面的に肯定するとともに、政府の価値を認めない姿勢を保ってきたため、多くの国では、市場を牽制するための仕組みがきちんと整っていない。メディアは常に攻撃にさらされ、デモクラシーという概念自体が時代遅れのものになりつつある。[1] さらに、前に述べたように、私たちが直面している問題の多くはグローバルな解決策を必要としているが、グローバルな包摂的（インクルーシブ）な制度とはどのようなものかは、いまだ明確になっていない。国の仕組みが重圧にさらされ、グローバルな制度がいまだ弱いなかで、巨大なパワーが民間セクターに集中している。こうした状況で何ができるだろうか。

企業も社会も全体として繁栄するためのカギは、自由市場と自由政治は対立するものではなく補完するものだと理解することにある。自由市場が存続するには、民主的で透明な政府と、開かれた包摂的な社会の仕組み、すなわち法の支配、真実の尊重、活発で自由なメディアが必要だ。同じように、自由な政府は自由な市場を必要とする。真に自由で公正な市場によって成長と機会がもたらされなければ、社会はその正統性を維持することがむずかしく、実効性のある民主政治の根幹をなす少数派の権利を守ることもできないだろう。

共有価値の創造を促し、金融の回路を見直し、協力の新たなあり方を見つけることによって資本主義を創り変えることができれば大きな変化が起きるだろうが、それだけでは、公正かつ持続可能な社会を築くことはできない。欠けているのはきちんと機能する政府の行動だが、市場か政府か、という二者択一の問題ではない。本当の意味で自由で公正な市場は、政府なしでは存続できない。選択肢があるとすれば、「包摂」の政治か、「排除」の政治かである。強い社会と自由なメディアによって支えられた、透明性が高く、民主的で期待どおり機能する、市場にフレンドリーな政府か、ごく少数の利害をごく少数が代弁し統治する政府か、そのどちらを選ぶのか。自由な市場には自由な政治が必要である。今こそ、民間セクターが積極的な役割を果たして、自由な政治を支えるべき時である。

環境破壊も格差拡大も、政府の行動なしには解決することのできない社会全体に関わる問題である。気候変動を止めるには世界のエネルギー供給の脱炭素化が必要であり、そのためには世界の建物を大幅に改修し、都市化のあり方を見直し、世界の輸送ネットワークを創り変え、農業のやり方を全面的に変えなければならない。これらは重大な公共財の問題であり、どれほど精緻な自主規制が整えられても解決することはできない。企業に行動を促す経済的インセンティブを与える、あるいは、すべての当事者が正しいことをせざるをえない規制を行う政府の存在が必要だ。企業はみずからの利益のために、この動きをリードしなければならない。良き政府と自由な政治がなければ、自由な市場は存続できないのである。

エネルギー需要は、今後50年で倍増すると予測されている。[2] 地球温暖化に歯止めをかけるには、今後新設されるすべての発電所をカーボン・フリーにしなければならない。また世界の化石燃料のインフラを廃止するか、脱炭素化を進めなければならない。炭素税であれ単純な規制であれ、どんな形をとるにせよ、これは政府だけが成し遂げられることだ。企業は現にアマゾンの森林破壊のスピードを鈍化させているが、政府の支援があればこそ、である。ブラジル政府が方針を変えたことで、いまや森林破壊のスピードは急加速している。[3] ホワイト・シティを建設した実業家がシカゴの煙害を抑えられたのは、煙を排出する業者に対し法的制裁を科すと脅すことができたからだ。政治的支持を失い、陪審員が起訴を拒否するようになると、再び煤煙が広がった。[4]

格差の問題も、複雑に絡み合った社会全体に関わる解決のむずかしい問題であり、政府の全面的な関与がなければ解決することはできない。現代経済を勝ち抜いていくために必要な教育や医療をすべての子どもに与えることは最低限必要だが、それを効果的に提供できるのは政府だけである。さらに、真の機会の平等を求めるなら、これだけでは足りない。子どもが社会に出て成功するかどうかを決める要因のうち教育は約20％に過ぎず、家庭環境が約60％を占め、とくに家計所得が重要だといわれる。[5] 十分な栄養や世話を受けられず、仕事に追われる親に宿題もみてもらえない子どもは、成功する見込みが低い。[6] 不平等を拡大している、こうした構造問題に取り組み、所得分布の底辺の層の所得を引き上げられるのは政府しかない。

１９４６年から80年にかけて、アメリカの税引前の国民所得は2倍近くに増加した。この間、人口の下位半分の所得は2倍強に増えたが、上位10％の所得の伸びはそれをやや下回った。[7] １９８０年から２０１４年にかけて、税引前の国民所得は61％増加した。[8] だが、下位半分の所得の伸びが1％にとどまる一方、上位10％の所得は１２１％増加し、上位１％の所得は3倍以上に増加している。ＣＥＯの平均報酬は、１９７８年には一般社員の約30倍だったが、２０１７年には３１２倍になっている。[9] 現在、公立学校の生徒の半分以上が学校給食を無料ないし低額で食べられるが、これは従来、貧困の度合いを示すものとして用いられてきたものだ。[10]

賃金を上げないかぎり、本当の意味での機会を与えることはできない。それがいかに間違いであっても、単純に賃上げの余裕がないと思い込んでいる企業が少なくない。覚えているだろうか。ウォルマートが時間あたり最低賃金を約2・5ドル引き上げるために約30億ドル費用が増加すると発表した日、同社の株価は10％下落した。[11] さらに時給を50％引き上げて15ドルにすると、数十億ドルのコスト増になる。２０１８年のウォルマートの営業利益は約２００億ドルだった。多額に思えるかもしれないが、売上高の約４％に過ぎない。売上高や生産性が上がらないのに労働コストが数十億ドル増加するなら、すぐに株の投げ売りを招くだろう。[12] 平均以上の賃金の支払いを可能にしているコストコやメルカドナのような労働慣行を取り入れることができれば、ウォルマートも賃上げできたことだろう。

だが、こうした変革はかなり破壊的であり、すべての競争相手が同じことをせざるをえなくなるまで、従業員に高い賃金を支払うことなどできないとの考えを曲げない企業は少なくない。

そもそも、格差を拡大させている要因は多岐にわたり、それらに対応することなく、単純に教育費を増やしたり、一方的に賃金を引き上げたりするだけで格差が大幅に縮小するとは思えない。野放図なグローバリゼーション、労働組合の組織率低下、富裕層に有利な形での税制改正、多くの産業の寡占化、インフラ投資の不足。これらはすべて、政治行動を通してはじめて解決できる問題である。

もちろん、企業が主体になって既存の制度を強化すること、あるいは包摂的な新たな組織を創設することができる、という考え方は、一見、遠い理想論のように思える。政府というアイデアそのものが、長年、攻撃の対象になってきた。たとえば、ロナルド・レーガン大統領が、大統領就任演説で、「現在の危機において、政府は解決策ではなく、政府自体が問題なのだ」[13]と語ったことはよく知られている。「税制改革のためのアメリカ人」の創設者で著名なグローヴァー・ノルキストは、インタビューでこう皮肉っている。「政府を廃止したいわけではない。風呂場に引きずっていって、バスタブに沈められるくらいの大きさに縮めたいだけだ」[14]

政府への信頼、そして、政府が社会問題を解決できるうえで頼りになる、という考え方は、過去最低レベルに落ち込んでいる。[15]だが、こうした認識は、政府を貶める計画的なキャンペーンによるものであり、政府が公正で持続的な社会の構築に役割を果たせない、あるいは果たしてこなかったからではない。

１９８０年代から90年代のアメリカを特徴づける、「いかなるコストを払っても自由市場を守る価値がある」という考え方が時代の主流となった背景には、民間セクターからの資金拠出によって支えられた思想的、文化的な運動がある。国際的な学者団体、モンペルラン協会では、フリードリヒ・ハイエクやミルトン・フリードマンらをはじめ、保守的な学者が何年か定期的に集まり、超自由市場を支える堅固な思想基盤を築いたが、その資金の大半は産業界が拠出したものだった。[16]

第二次世界大戦後、数十年にわたり、産業界がスポンサーになって、ルードビッヒ・フォン・ミーゼスやフリードリヒ・ハイエクらの新自由主義の思想を紹介するラジオ番組や雑誌がつくられた。たとえば、サンオイルの社長のハワード・ピューが資金を負担し、ジェイムズ・フィールドのラジオ番組「フリーダム・ストーリー」や、ビリー・グラハムのクリスチャニティ・トゥデイ誌がつくられた。こうしたプラットフォームが、自由市場を称揚するハイエクの思想をより幅広い社会やモラルの問題と結びつけ、保守派の活動を支えるネットワークが形成された。また、自由市場や反政府の考え方を政治家やジャーナリストに浸透させる目的で、アメリカン・エンタプライズ公共政策研究所（AEI）などのリバタリアンのシンクタンクにも資金が提供された。

自由市場を信奉する産業界の有力者は、学界への影響力行使にも尽力した。出資した実業家の名前を冠したジョン・M・オーリン財団は、1960年から2005年にかけて数億ドル支出して法律と経済学を融合させた法学の分野を世に広め、初期のプログラムと奨学金の費用を引き受けた。法律や経済学は中立に見えるが、「これには自由市場と限定的な政府の方向に向かわせる思想的推進力があり」、大学学部長の反発を招くことなく保守派に奨学金を支給する手段になった、と財団理事は説明している。ハーバード・ロースクールやコロンビア・ロースクールなどの有力校は、他校に影響力を及ぼす狙いもあり、多額の資金援助を得て、新たな法・経済学プログラムを開講した。

非公開の多国籍コングロマリット、コーク・インダストリーズを所有するチャールズとデビッドのコーク兄弟はアメリカでも指折りの大富豪で、長年にわたり、アメリカ政府の規模と権限の縮小を目指す運動を事実上、主導した。デビッドが亡くなり、現在、その大役はチャールズ一人の肩にかかっている。コーク兄弟は1980年代から90年代を通して、さまざまな団体に資金を提供して環境規制や排出量取引制度、医療保険制度改革などに反対運動を展開した。2003年以降は年2回、寄付者を集めて「セミナー」を開催し、富裕な企業幹部に対し、超自由市場のアイデアやそれを実現するための政治戦略について講義を行っている。2010年時点で、定期的にセミナーに出席する富裕層は200名を超えていた。このネットワークは、減税や事業規制の妨害や撤廃、公教育や社会福祉予算の削減、公的・民間の労働組合の弱体化、選挙登録簡易化の禁止、選挙期間や時間の短縮の実現を目指している。今でも盛んに活動しており、アイデアの創出、研究、高等教育の改革を目的とする投資に定期的に資金を提供している。だが、最も力を入れてきたのが、多目的の連合組織「繁栄のためのアメリカ人」の創設である。連合のメンバーは、広告、ロビー活動、草の根のデモに投資を行っている。2015年時点で、予算は1億5000万ドル、500人のスタッフを抱える。2015年には、右派の新しい政治組織の76%が、コーク・ネットワークと関連があり、超党派の資金源の82%がコーク関連のコンソーシアムだった。[17]

このように政府は百害あって一利なし、つまり官僚は働かず、税金は高く、規制でがんじがらめである、といった考え方の一部は、50年以上にわたるキャンペーンによって形成されたものである。こうした認識は、今を生きる私たちの時代に意図的につくられたものであって、公正で持続可能な社会を構築するうえで政府が果たすことができ、実際果たしてきた役割を認めようとはしない。政府に対する批判は二つある。専制に傾きがちで、とくに自由市場を放棄し国家管理や中央計画に代えようとすること、そして、絶望的に動きが鈍く、効率が悪いことである。確かに専制的で、破綻した政府もある。だが、常にすべての政府がそうだったわけではないし、今現在もそうであるわけではないし、今後もそうであるとは限らない。

私たちが必要とする政府をつくる——全体像

経済成長と社会の幸福を支えるうえで、どのような政治体制が最善かについては、当然ながら議論が分かれている。１９８０年代から90年代の政治思想では、先進国でも途上国でも、経済的繁栄と政治的自由を促進する自由市場の役割が重視された。グローバルな経済発展を主導したのは、成長を促進する自由市場のパワーを極端に重視した世界観である「ワシントン・コンセンサス」だった。そのコンセンサスのもとで世界銀行や国際通貨基金（ＩＭＦ）などの有力機関は、途上国に対し、広範な規制緩和と民営化の推進、国内市場の開放と世界貿易への参加、発展の原動力として自由な資本流入の認可を迫った。これらはいずれも、現地の政治体制や社会体制の健全性にとくに目配りしたものではなかった。

それが間違っていたのは、いまやはっきりしている。

ワシントン・コンセンサスを実践した国の多くが、期待されたほど成功していないことは実証されている。とくにソビエト連邦崩壊後のロシアでは、急激に市場を自由化した結果、経済が落ち込み、その後、極端な縁故資本主義（クローニー・キャピタリズム）が蔓延した。一方、アジアの虎と呼ばれた台湾、シンガポール、韓国は、独自の市場開発と政府の介入が組み合わさることで経済的に成功した。2000年に、旧植民地諸国の一人あたり所得の格差の約4分の3が、政治および社会体制の違いで説明できるとする研究論文が発表されると、これに刺激されて次々と研究が行われた。[18] この研究論文は、歴史家や政治科学者が常々唱えてきたことを確認するものだった。すなわち、経済成長や社会的幸福は、自由市場の存在によって大いに促進される場合が多いが、それらはさまざまな補完的制度に決定的に依存している、ということだ。

体制が基礎とすべき重要な柱については、驚くほど一貫したコンセンサスが形成されている。学界では現在、ドイツ、チリ、韓国、アメリカなどの「包摂的」な仕組みに基づいた「開放的」な体制と、ロシア、ベネズエラ、アンゴラ、北朝鮮、トルクメニスタンなどの「収奪的」な仕組みに基づいた「閉鎖的」な体制に分けている。

包摂的な仕組みと収奪的な仕組みの区別を最初に強調したのは、ダロン・アセモグルとジェイムズ・ロビンソンの共著『国家はなぜ衰退するのか』である。包摂的な経済の仕組みとは、市場の効率的な機能を支えるもの、包摂的な政治的仕組みは、国民が政治プロセスに参加し、政府を監視できるものと定義されている。これに対し、収奪的な体制では、政治と経済の権限がエリートに集中する。

収奪的な体制は専制政治である。収奪的な社会では、政治力と経済力が一握りのエリートに集中する。法の支配は気まぐれにしか行使されず、メディアは国家のツールに過ぎず、少数派の権利は常に虐げられ、投票権は——あったとしても、組織的に操作され管理されている。収奪的な仕組みのなかで、自由市場が栄えることはない。エリート集団が法を支配し、法を利用して自分自身や仲間に都合のいい仕組みをつくっていくので、縁故資本主義がはびこることになる。組織化された社会の原初形態は、収奪的なものだった。古代エジプトや中世ヨーロッパでは、軍隊を掌握するごく少数が政治力をもっていた。[19] 経済的な余剰をすべてわが物にすることで資金を確保し、政治的、経済的な支配体制を維持することができた。[20]

包摂的なレジーム（体制）はオープンで、民主的で、行為には説明責任が求められる。誰でも——親が偉くなくとも——政治活動や経済活動に参加することができる。特徴的な仕組みが二つある。一つは参加型政府であり、二つ目は自由市場である。前述のように、両者は補完的であり、存続するために互いを必要としている。どちらも脆弱である。政府はたえず権力と富、管理を拡大しようとする。市場も同じように、制約を課すルールを弱体化させようとする。常に規制の緩和・撤廃、税率の引き下げ、権限の拡大を狙っている。政府と市場は互いを必要としている。そして、両者が均衡のとれた状態であるためには、ほかにも必要な自由社会の仕組みがある。具体的には、公平な法の支配、労働者の発言権、マイノリティの権利保護、自由で機能する報道、そして活発でオープンで実効性のある民主制、といったものである。

包摂的な体制は、どこで生まれたのだろうか。自由市場と自由な政治制度が最初に大きく花開いたのはヨーロッパである。新興商人階級が収奪的な支配者を政権共有に追い込んだケースもあれば、包摂的な政治が経済成長を刺激し、貿易を拡大する可能性に着目し、軍事的脅威に直面した政府がみずからの繁栄を築き上げる手段として権限の共有にいたったケースもある。[21] たとえば、中世のヴェニスでは、共同出資会社の前身ともいえる「コレガンツァ」と呼ばれる契約形態をとることで、富裕な金融家が、長距離航海に出かける貿易商人に資本を供給できた。困難がつきものの航海から得られる利益は分配され、社会的地位ではなく実績をもとに選ばれた貿易商人にも巨万の富を築ける可能性があった。当時は、このように経済活動への参加が、政治活動への道も開いた。力をつけた商人は、血族支配を排除し、議会を創設

包摂的か収奪的か——経済制度・政治制度の事例

	経済制度	政治制度
包摂的	所有権の保護 機能する教育・職業訓練制度 参入費用の低い開放的な市場 バランスがとれ、公正な雇用者ー被雇用者関係 消費者保護 環境規制 独占禁止法	民主的なプルーラリズム 投票権 政府に対するチェックとバランス 言論の自由およびその他の個人の権利 公平な司法制度 少数派の権利の保護
収奪的	弱い所有権の保護 クローニー（縁故）資本主義 競争排除的な独占の広がり 強制または搾取労働 外部性の無視	君主政治／寡頭政治／単独政党による支配 エリート制または貴族制 表現の自由の抑圧 利権政治 影響力があるが不透明な利益集団

（出所）Daron Acemoglu and James A. Robinson, *Why Nations Fail:The Origins of Power, Prosperity, and Poverty*(New York: Crown Books, 2012).

して、当時ヴェニスを支配していたドージェ（元首）の力を抑え込んだ。この結果、ヴェニスは10世紀から13世紀まで栄えた。だがそれも、14世紀初頭に排他的な富裕な商人のグループがコレガンツァと議会へのアクセスを制限する「セラータ（閉鎖）」の導入に成功するまでのことだ。これにより、これらの富豪一族がその後200年にわたってヴェニスの政治と経済を支配するようになるが、それはヴェニスの長期衰退の始まりとなった。[22]

17世紀、18世紀のイギリスにおける包摂的な体制の登場も、もう一つの重要な転換点だといえる。イギリスでは、1642年から49年の市民戦争と1688年から89年の名誉革命で、貿易で財を成した中・上流の多数のブルジョワジーが、民主的改革の導入に重要な役割を果たした。[23] 市民戦争では王を処刑し、国を議会の支配下においた。王政は1660年に復活したもの

政府と市場のバランスをとる

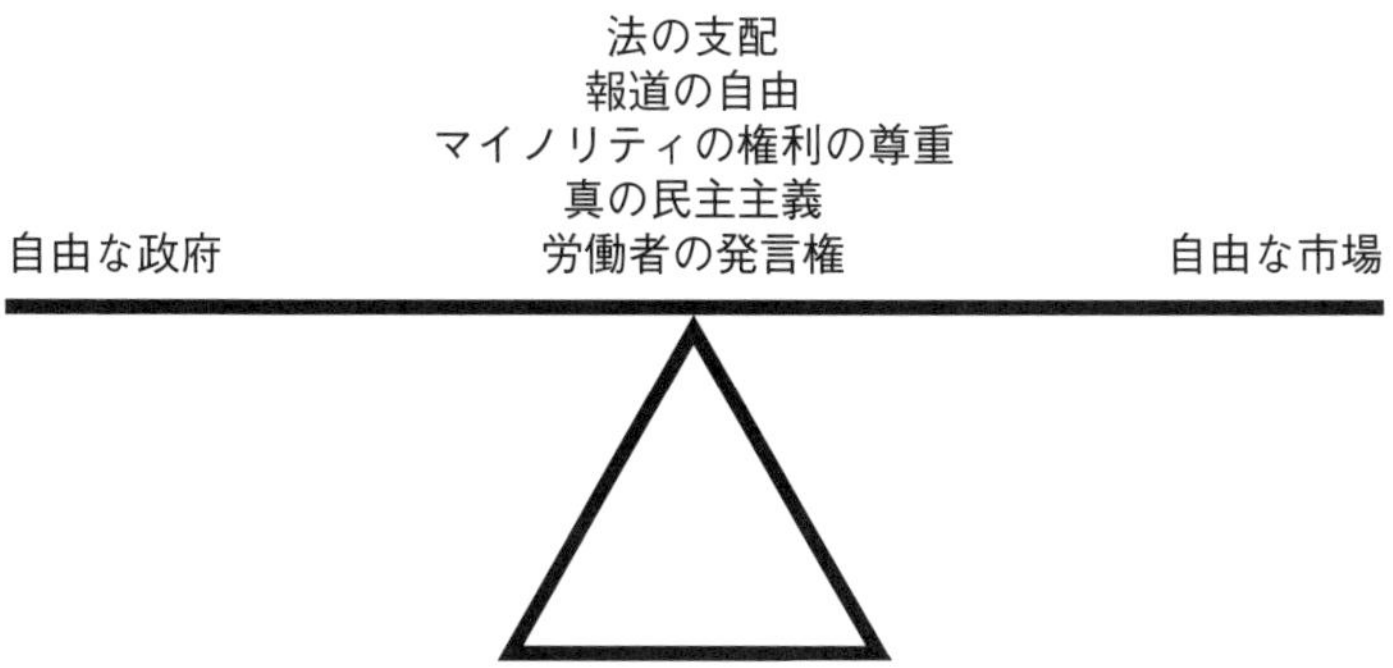

の、その権限は大幅に縮小された。名誉革命以後は、商人と貴族が同盟を結んで、王権をさらに制限し、選挙と言論の自由を守ることが憲法上で保証された。アメリカの独立戦争（１７７５〜83年）もフランス革命（１７８９〜99年）も、同様に、台頭する商人階級と旧来の王政との戦いと解釈することができる。どちらのケースでも、こうした政治革命の後には、貴族と王による経済支配を断ち切り、ほぼすべての人に開かれた経済競争が実現することで商業革命が起きた。

アメリカの歴史は、包摂的な体制の威力を示す古典的な例だといえる。独立戦争以後、アメリカでは政治権力への未曾有のチェック・アンド・バランス体制と、市民の基本的権利、自由選挙体制が確立された。こうした体制に支えられた政治的・経済的な可動性（動きやすさ）によって、一般の（白人）男性は誰でも原則として経済力を手にすることができた。これは18世紀としては画期的なことである。この可動性が土台となり、19世紀のアメリカ経済の大いなるダイナミズムが生まれることになる。（白人男性であれば）知性と勤勉さがあれば何でもできるという信仰と、安い土地が手に入りやすかったこと、代々続くエリート支配層が不在であったことがあいまって、アメリカでは異例ともいえる高水準の社会的移動が実現した。

19世紀から20世紀にかけて、こうした制度的なレジームが強化されていった。それを後押ししたのが、参政権の拡大、公教育への投資、活発で自由なメディア、幅広い労働保障、社会福祉、消費者保護、反トラスト法などの制度の発展である。その結果も手伝い、アメリカは歴史的にみても、経済がとりわけ革新的でダイナミックなだけでなく、先進国有数の高福祉国になった。

実効性の高い包摂的な制度のもとでの機能的な政府は、自由市場と自由な社会を維持するうえで貴重なパートナーになる。たとえばアメリカ国防総省はコンピューター産業の顧客第一号であり、連邦政府が資金をつけたプログラムの知見をもとにコンピューター産業はスタートした。巨額の研究開発投資から、iPhone、iPad、インターネット、GPS、タッチスクリーン・ディスプレー、そしてたいていの通信技術を支える革新的な技術が生まれている。連邦政府予算で運営される農業学校は、最高の農法を各地に普及する役割を果たし、アメリカの農業の生産性を世界一に押し上げた。政府資金で建てられた道路、港湾、橋梁が経済を支えている。[24]

政府の規制によって、幅広い環境問題が解決されてきた。たとえば1973年、化学者のフランク・シェアウッド・ローランドとマリオ・モリーナは、エアロゾルや冷媒として使われているクロロフルオロカーボン分子（フロン類）が成層圏まで安定的に到達し、太陽の紫外線から地球上の生命を保護しているオゾン層を破壊する原因になることを発見した。高容量の紫外線を浴びると皮膚癌になりやすく、動物や植物のダメージも大きい。ローランドとモリーナは、フロン類をできるだけ早期に禁止すべきだと進言した。[25]

この提言は、フロン業界の強い抵抗に遭った。当時、業界全体の売上高は最低でも80億ドルで、就業者は60万人以上にのぼった。デュポンの取締役会長は、オゾン枯渇理論を「SFの話で……ばかばかしく……まったくナンセンス[26]」とこき下ろしたという。フロン類の生産で最大手のデュポンは、フロンから撤退する費用はアメリカだけで1350億ドルを超え、「業界が総崩れになる[27]」との推計を公表した。

だが、12年後、南極上空のオゾン層の穴が予想以上に大きいことを3人の科学者が発見する。

ある推計では、フロンの問題に取り組まなければ、2030年までに皮膚癌による死亡者が60万人増え、さらに800万人が白内障になる。植物や動物にも深刻なダメージが及ぶとされた。反対は続いたが、この脅威に対処すべく、1年後には、オゾン層を破壊する物質の特定と、それらの生産・消費・貿易を規制する国際協定のモントリオール議定書が採択された。この議定書はめざましい成果を上げている。フロンの代替品を比較的簡単に見つけられることを証明し、南極上空のオゾンホールは、2030年には1980年の状態に戻ると見込まれている。また、温室効果ガス排出量は5・5%削減されている。[28]

アメリカでは、1990年の大気浄化法の成立が同様に効果を発揮した。たとえば、酸性雨のコントロール・プログラム――二酸化硫黄排出許可証取引制度のコストは最大で年間20億ドルだが、死亡率の低下という形で、その便益は年間500億ドルから1000億ドルにのぼっている。[29]

政府の規制によって食品や水の安全が確保され、労働虐待が常態化しない仕組みができている。国の年金制度や高齢者向けの公的医療保険のおかげで、大勢の高齢者の生活や医療の不安が緩和されている。もちろん、どんな規制もどんな政府も完璧ではありえず、政府の規制監督が困難な場合もある。だが、それは制度の性格と切っても切れないものだ。政治プロセスでの妥協と、民間の利益よりも公共の利益を重視する姿勢から、政府は常に民間セクターよりも「非効率」だとみなされる。だが効率は、評価基準として適切ではない。政府がクリーンで、対応が速く、透明性があり、民主的かどうかが、適切な判断基準になる。

強力で包摂的な制度を備えた社会の経済成長は持続性があり、包摂的な社会は、収奪的な社会よりも圧倒的に繁栄している。包摂的な制度は、個人の幸せを大きく左右する要因でもある。包摂的な社会では、幸福度が高く、寿命も長い。所得格差が少なく、社会的・経済的な可動性が大きく、社会的な自由度も大きい[30]。貧しい国では一人あたりGDPが人生の満足度を決める強い要因になるが、一人あたり年間GDPが1万5000ドルを超えると、個人の幸福は所得ではなく、包摂的な政治制度との相関性が高くなる。

要するに、民主的な政府と自由な社会を支える制度が、経済成長と個人の幸福の最大の源泉なのである。私たちが現在直面している問題の背景には、グローバルな問題に対処するのであれば正常に機能するグローバルな制度が必要だが、世界中で包摂的な制度が持続的な攻撃にさらされている、という現実がある。

現在ある包摂的な制度を強化し、必要な新しい制度を構築するために、産業界は積極的なパートナーになる必要がある。特定の政策を支持するとか、特定の政治的価値観を推進するかどうかといった問題ではない。これは社会の基礎を支えるかどうかの問題なのだ。産業界は体系的に考えることを学ぶ必要がある。「この政策が自身にとって有利かどうか」ではなく、「豊かさと自由の源泉である制度をどう守るか」と問う必要があるのだ。

（ミネアポリス・セントポールの例で見たように）すでに地域社会と深く関わり、地元政府と連携してどの社会にも必要な公共財を構築している企業は少なくない。国レベルでもグローバルなレベルでも取り組みは拡大すべきであり、三つの主要課題に的を絞るべきである。第一は、マイノリティの権利と包摂である。産業界はすべての社会で、人種や性別、民族に関係なく、誰もがその社会の完全な一員になる機会がもてるよう努めなければならない。第二に、主要な環境の外部性に価格をつけるか、規制する必要がある。自由市場が魔法のように機能するのは、あらゆるものに適正な価格がつけられているときだけだ。企業がペナルティなしに化石燃料を燃やし、海洋を汚染し、廃棄物を投棄できるかぎり、地球温暖化を加速し続け、生態系を破壊することになる。すべての企業に「適切」に振る舞うことを求める法制化を、産業界は求めるべきだ。最後に、おそらく最も重要な点として、民主制と市民社会を存続させ、強化するために、産業界はあらゆる手を尽くすべきである。

マイノリティの権利を擁護する

マイノリティの権利の尊重は、包摂的社会を支える柱の一つであり、健全な仕組みがあることを示す目安でもある。公正で持続可能な社会を築くためには、所有権や政治的権利だけでなく、市民権や法のもとの平等を守らなければならない。公正、安全、教育、健康といった公共財の提供に関して、グループによって差別があるような社会は、包摂的にはなれない。産業界の力はきわめて強く、差別反対の姿勢を誇示し始めている。性的マイノリティ（ＬＧＢＴＱ）の権利保護の戦いの例を見れば、どのように実践されているかがわかる。

アメリカでは、過去20年でＬＧＢＴＱの人々に対する見方が大きく変わった。「同性愛を受け入れるべき」とする見方は、民主・共和両党の多数派を含めて人口の70％にのぼり、１９９４年の46％から上昇している。[31] さらに同性婚を支持する割合は61％で、２００２年の38％から上昇している。トランスジェンダーが市民権をもつべき、と考える人はわずかに過半数を上回っている。[32]

この面で差別撤廃が大幅に進んだのは、ＬＧＢＴＱの人々自身の勇気と粘り強さによるところが大きいが、巨大グローバル企業が早くからゲイの権利を保護し、運動を支援したこともあった。ＡＴ＆Ｔは１９７５年に、従業員に対する性別に基づく差別を禁じる方針を導入しており、ＩＢＭは84年にグローバルな非差別方針に性的指向を加えている。[33] １９９２年、ロータス・ディベロップメント・コーポレーションは、上場企業として初めてゲイの従業員に福利厚生を付与した。[34] ＩＢＭはその４年後、同性婚のカップルも医療保険の対象に含め、ウォルマートは２０１３年、従業員のすべての同棲者に全社的な医療保険を提供するようになった。フォーチュン５００の企業のうち、非差別方針に性的自己同一性の保護を含める企業は、２００２年は３％に過ぎなかったが、現在は85％にのぼっている。[35] 医療保険の対象にトランスジェンダーを含める割合は、２００２年はゼロだったが、現在は62％である。[36] 大企業のＬＧＢＴに対する差別撤廃を評価する「企業平等指数」が初めて導入された２００２年、満点の評価は３１９社中で13社しかなかった。現在は評価基準が厳しくなっているにもかかわらず、７８１社中３６６社が満点評価だ。アメリカではフォーチュンのランキングで上位20社に入る大企業のうち14社が満点だ。

だが、この戦いはまだ勝利したとはいえない。アメリカには16歳以上のＬＧＢＴＱの労働者が推計で810万人いるが、その約半数は、性的指向や性的自己同一性による雇用差別から法的に守られていないし、LGBTQに対するヘイトクライムも大幅に減っていない。[37] 最近では、LGBTQに対する差別の合法化を意図した法案を可決した都市や州もある。たとえば、2015年3月、当時のインディアナ州知事のマイク・ペンスは、宗教的自由回復法（RFRA）に署名した。この法律が署名されたのは同性婚への反対を表明した団体が出席した私的会合で、この法律は個人の性的指向に対する差別を、宗教を使って正当化するものだと非難された。

インディアナ州やそれ以外の州の企業経営者の多くが、この法律をひっくり返そうと公に動いた。法律が可決される直前、インディアナ州を本拠とするテクノロジー企業、クリア・ソフトウエア、セールスフォース、クラウドワン、セールスビューのCEOは、ペンス知事に対して拒否権を発動するよう書簡を送った。

われわれは、テクノロジー企業のリーダーとして、個人レベルでこの法律に反対するだけでなく、RFRAがテクノロジー・セクターにおける最高の人材の採用と保持に打撃を与えると危惧している。テクノロジーのプロフェッショナルは、その性格上、きわめて進歩的であり、RFRAのような後ろ向きの法律は、生活や仕事の場としてインディアナ州の魅力を失わせるものである。[38]

アップルのCEOのティム・クックは、法案署名を受けて、「深く失望している」とツイートした（クックは、フォーチュン500のCEOとして初めてゲイであることを告白した）。イェルプのCEOのジェレミー・ストップルマンは次のように発言している。

企業による従業員に対する差別、あるいは消費者全般に対する差別を奨励するような州において、イェルプが事業を展開し、維持し、拡大することは考えられない……これらの法律は悪しき先例をつくり、その法律を施行した州の経済全般の健全性を損ない、その州で事業を行っている企業に打撃を与える。そして、最も重要な点として消費者を犠牲にするものである。[39]

アンセム、イーライリリー、カミンズ、エミス・コミュニケーションズ、ロシュ・ダイアグノスティクス、インディアナ大学ヘルス、ダウ・アグロサイエンシズなどインディアナ州でかなりの事業を展開する企業は、地元の共和党の有力者に「性的指向や性的自己同一性に基づく差別」を防止する法案を成立させるようはたらきかけた。家庭向けウェブサイトのアンジーズ・リストは、インディアナ州での事業拡大を発表したばかりだったが、CEOのビル・オステールは、4000万ドルの事業拡大の延期を発表し、1000人もの新規雇用が危うくなった。

1週間後、修正された法案が成立し、LGBTQ差別を擁護するために法律を使えないことが明記された。[40] 1カ月後、アーカンソー州知事も修正「宗教の自由法」に署名した。原案はLGBTQ差別を正当化しており、知事は拒否権を発動すべき、とウォルマートのCEOから公に迫られてのことだった。

ノースカロライナ州が2016年3月、一般に「HB2」や「バスルーム法案」の名で知られる「公共施設のプライバシー&セキュリティ法」を可決した際にも、同じような反応が起きた。同法は、これまで企業のLGBTQ個人に対するサービス拒否を違法とし、トランスジェンダーの人々に性自己同一性に対応した公衆トイレの使用を許可してきた市条例を無効にするものだ。この州法のもとでは、トランスジェンダーの人たちは、出生証明書に記載された性別に対応した公衆トイレを使用しなければならない。

法案成立の当日、アメリカン航空、レッドハット、フェイスブック、アップル、グーグルらが、HB2に反対する声明を発表した。数日後には、100人以上のCEOや企業幹部が、HB2に懸念を表明する書簡に署名した。前年にCNNのインタビューで、インディアナ州の法律に反対するのは「基本的な人間の品性の問題」と語っていたペイパルの共同創業者のマックス・レヴチンは、元の条例を前提にノースカロライナ最大の都市シャーロットで計画していた、事業拠点の新設を白紙撤回した。これにより400人の新規雇用が犠牲になった。1週間後には、ドイツ銀行がノースカロライナ州ケアリーで250人の新規雇用の計画中止を発表した。1年後、ノースカロライナ州は部分的に修正したHB2を可決した。

このように積極的に公的な立場をあきらかにするのは、必ずしも簡単ではないし安上がりでもない。ウォルマートの従業員や顧客は、LGBTQの権利の問題をめぐって深く分断された。アンジーズ・リストのCEOのオステールは多方面から攻撃を受けた。地元の保守団体のトップは

「彼がやったことは、経済テロと言ってもいい」と断じている。「100万人の母親」のブログは、同社を「乱暴で凡庸で単純」だとレッテルを貼り、ボイコットを呼びかけた。ペイパルのCEOのダン・シュルマンは、こう振り返る。「さまざまな人たちから［声を上げたことに］多くの称賛をもらったのは確かですが、私たちの決断を気に入らない人たちも多くいました。何度も脅迫、個人的な脅迫を受けました」

ミレニアル世代の従業員が差別の問題に熱心で、明確な差別反対を雇用主に求めているため、世界の主要企業にとって差別にどう対処するかは死活問題になる。だが、性別であれ人種であれ民族であれ、差別に反対することは、多くの企業リーダーにとって核をなす道徳的価値観の問題であるのも確かだ。

2017年8月14日、アメリカの製薬大手メルクのCEO、ケン・フレイジャーは、トランプ大統領の製造業評議会のメンバーを辞任すると発表した。バージニア州シャーロッツビルで、白人至上主義者が扇動したデモで若い女性が死亡する事件が起きたが、大統領が「責任は双方にある」としたことを受けたものだ。フレイジャーが発表した声明の一部を引用しよう。

私たちの国の強さは多様性に由来し、それに寄与するのは、信仰、人種、性的指向、政治信条の異なる男女です。アメリカのリーダーは、憎悪や偏見、集団至上主義を明確に拒否することによってわれわれの基本的価値観を尊重すべきです。これらは、万人は生まれながらに平等であるとするアメリカの理想とは相容れないものです。メルクのCEOとして、また個人の良心の問題として、不寛容と過激思想には断固反対する責任があると感じています。

アフリカ系アメリカ人で、奴隷として生まれた祖父をもつフレイジャーは、この出来事について1年後のインタビューでこう答えている。「ここで立ち上がらなければ起きた出来事や発言を暗黙のうちに認めたことになると考えました。言葉は結果を伴い、行動も結果を伴うものだと思います。私自身の良心の問題として、黙って見過ごすわけにはいかなかったのです[41]」

大手製薬会社のCEOというフレイジャーの立場を考えれば、この決断はリスクがないわけではなかった。トランプ大統領はかねて薬価引き下げを公約に掲げて積極的なキャンペーンを展開したが、フレイジャーは大統領製造業評議会を辞任したのだから、バカ高い薬価を引き下げる時間ができるだろう！」。だが、1週間以内に、評議会のすべてのメンバーが辞任してしまった。全員がトランプ大統領から個人攻撃を受けた。

これらは小さな行動に見えるかもしれない。だが、企業の最高幹部の一部に強い信念に基づいて大物政治家に盾突く意思があることを示している。人種や性別、民族に関わる問題について、アメリカ政治がより包摂的なスタンスに向かうとすれば、民間セクターがこうした問題に積極的に取り組む意思がカギを握るのではないだろうか。

グローバルな取り組みへ：民間セクターと気候変動対策

産業界はどこの政府に対しても気候変動に取り組むよう迫り、政策を最新の科学に基づいたものにし、破局回避を助けてくれる市場フレンドリーな政策をとるよう強く主張すべきである。炭素税やカーボン・キャップなどの適切な規制によって、世界経済は最小コストで脱炭素化を進められるだけでなく、数十億ドルもの新たな市場機会を開拓できるだろう。脱炭素化はコストがかかる。だが、気候変動を放置すればさらに巨額のコストがかかるだろう。現在の推計では、気候変動がアメリカ経済にもたらすコストは今世紀末時点で最大GDPの10％に達し、世界の食料供給を不安定化させると示唆されている。[42] IPCC（気候変動に関する政府間パネル）の推計では、温室効果ガスの排出量を、気温上昇が2度を超えない確率が66％の水準になるように抑え込むコストは、2100年時点で世界のGDPの3〜11％にのぼる。[43] だが、地球温暖化を放置した場合のコストは、農業生産の喪失、健康のリスク、都市の洪水など、2100年時点で一人あたりGDPの23〜74％にのぼる。[44] 気候変動を食い止めなければ、将来世代に有無を言わさず被害を押し付けることにもなる。世界の産業界は、グローバルな包摂的社会の構築にコミットしたように、子どもたちに健全な地球を残すことにコミットすべきである。

民間セクターでは、すでにこの方向に動き出した企業が少なくない。ブリティッシュ・コロンビア州では、州の気候変動税の導入に民間セクターの後押しが重要な役割を果たした。アメリカでは、地域温室効果ガス・イニシアティブ（ＲＧＧＩ）、北東・中部大西洋炭素排出量取引システムの導入や、２０４５年までに１００％脱炭素化を達成するカリフォルニア州の制度設計と法案成立に民間セクターが中心的な役割を果たした。

２０１９年４月、ユタ州の共和党知事ゲーリー・ハーバートは、地域再生エネルギー法に署名した。同法はユタ州の電力事業者であるロッキー・マウンテン・パワーに対し、州内の各地域に供給する電力を１００％再生エネルギーで賄うよう求めるもので、州全域の町や市が再生エネルギーに移行する道を開いた。産業界と、再生エネルギーへの移行を進めたい都市、それに電力会社の三者間の3年越しの静かな交渉の末に、法案は成立した。

この動きのなかで、政治的支援の取り付けに尽力した産業界の功労者の一人がブリン・ケアリーだ。ケアリーは２００４年、パークシティの1台しか止められない駐車場で、スキー用具のレンタルと配達を手掛けるスキー・バトラー社を興した。起業後ほどなく、気候変動は自分の事業のみならず、州の経済を脅かすものだと気がついた。何より、自分の大好きなスキーもできなくなるかもしれない。ユタ州は目下、アメリカで温暖化のスピードが速い上位5州の一つである。過去48年で平均気温は華氏3度以上上昇し、積雪量が著しく減り、スキー産業だけでなく、州の水源が脅かされている。[45] ２０１２年、ケアリーはパークシティ市内のすべての建物の屋根に太陽光発電パネルを設置するイニシアティブを支援するよう数カ月かけて企業関係者を説得して回った。だが、色よい返事はもらえず、最終的に政治に動いてもらうしかないと考えた。２０１５年、従業員と地元の活動家、その他の住民あわせて「数十人」を引き連れて、市議会に出席した。翌年、市議会は2032年までに電力を100%再生エネルギーにする決議を採択した。[46] 2016年7月にはユタ州の州都のソルトレークシティが同様の決議を採択し、17年にはユタ州のほかのいくつかの自治体が続いた。

だが、ユタ州では、再生エネルギーへの切り替えを希望する都市には、選択肢が二つしかなかった。自前の発電所を一からつくるか、ロッキー・マウンテン・パワーから購入するか。州の規制下にある同社は独占企業で、石炭火力を使っていることで評判が悪かった。2015年時点で、ソルトレークシティは、連邦政府の大気質基準に違反した状態が10年以上続いていたが、主因は石炭火力発電に依存していることにあった。市長に選出されてまもないジャッキー・ビスクプスキは、ソルトレークシティが再生エネルギー利用にコミットできるように、ロッキー・マウンテンが投資資金の負担に合意する意向だと示唆した。

その後の2年間、ソルトレーク市長と、環境関連企業や再生エネルギーの利用にコミットした他の市長が加わり、電力会社と水面下で交渉して実現可能な法案を設計した。再生エネルギーの経済性の急速な変化が追い風になった。2018年12月、ロッキー・マウンテン・パワーの親会社のパシフィコーポは、所有する22カ所の石炭火力発電所のうち13カ所は代替エネルギー発電よりもコストが高く、停止すれば数百万ドル節減できるとするレポートを発表した。[47] だが、同社のユタの発電所は1カ所もこのリストに入っていなかった。同社は発電所の建設費にあてた借入金を完済しておらず、発電所を閉鎖する場合の補償を要求した。このツケは、再生エネルギーに切り替える事業者が石炭発電に伴う債務の返済を続けることで決着した。ビスクプスキは、決着に至った複雑な交渉を振り返って、こう語る。「もうお手上げだと思った瞬間は、もちろんありました。だが、そうなると、全員をテーブルに連れ戻さなくてはいけない。これは長い旅の道のりであり、コミットメントなのだ、ということを思い出させるんです。ここにいる人たちは、空気をきれいにしたくて集まっているんだと」[48]

１００％クリーンな再生エネルギーにコミットしているアメリカの企業や市、郡は、２００以上にのぼる。[49] アメリカ国内の地域のコミットメントを追跡するＮＰＯの「アメリカの誓い」によると、こうしたコミットメントの効果で、２０２５年時点の温室効果ガスの排出量は、05年に比べて最大17％減少すると推計している。さらに、「効果が高く、実現が間近で、地域主体ですぐさま実行可能な」戦略で、さらなる削減努力をすれば、排出量の減少幅は21％になるとしている。[50] アメリカ経済全体で、幅広い主体が１００％再生エネルギーという目標に取り組めば、２０２５年時点の排出量は05年時点の24％以上減少する可能性がある。これだけ減少すれば、アメリカの「パリ協定遵守も射程内に入る」。レポートはこう締めくくられている。「脱炭素化は、実体経済を担う主体のボトムアップの努力によって推進できるが……徹底的な協働と対話が必要である」

２０１７年、トランプ大統領がアメリカのパリ協定からの離脱を宣言し、[51] 気候変動対策をとらないごく一握りの国としてシリアとニカラグアに加わったとき、アップルやギャップ、グーグル、ヒューレット・パッカード、リーバイ・ストラウスなどアメリカ企業30社のＣＥＯが公開書簡を送って、大統領に再考を促した。テスラのＣＥＯのイーロン・マスクと、ディズニーの

CEOのボブ・アイガーは、パリ協定離脱に抗議して大統領諮問委員会の委員を辞任した。

さらに意欲的な協働の取り組み「われわれはパリ協定にとどまる」(We are still in)には、全米50州の3500の代表、中小企業から大企業、自治体首長、大学学長、宗教指導者、部族長、文化機関が参加している。地域レベルで行動を喚起して、アメリカがパリ協定を遵守することにコミットしている。本書の執筆時点で2000社が協定に署名しており、いずれも正式に国家政府や地域社会と連携し、温室効果ガスの排出量削減に取り組むことをコミットしている。参加機関は、2018年12月、COP24(第24回国連気候変動枠組条約締約国会議)における気候変動の国際交渉にも参加し、「影の代表」として各国政府や代表団と会合を行い、パリ協定の実施ルールを固める会議に代表参加した。

気候変動の国際交渉に携わっている同僚によると、こうした民間セクターの支援は、国際的な気候条約の存続させるためにきわめて重要だが、状況はいまだに絶望的だという。民間セクターは、あらゆる機会をとらえて、すべての政府に、気候変動への取り組みをまず要請すべきだ。

民主制を支える

「包摂性」を重視する考え方を支持し、適切な環境政策を強力に推進することは重要な課題である。だが、産業界が直面している最も重要な課題は、私たちの社会の仕組みがこれ以上破壊されるのを防ぐことだ。政治制度はいたるところで脅威にさらされている。ゲリマンダー(選挙において特定の政党や候補に有利になるように選挙区を区割りすること）を背景に極端な法制化と激しい党派争いが増えている。政治家は逆転不可能なルールを決め、報道の自由を攻撃する。司法の独立性はないがしろにされている。政治に巨額のマネーが流れ込み、必ずしも現実を反映しているわけではないにせよ、政治家は買収できるというイメージが出来上がっている。政治制度が真の意味で自由で公正であるなら、すべての人の声が聞かれなければならないが、潜在的な有権者は怒りを強め、ますます皮肉になっている。

産業界にとっては由々しき展開である。前に述べたように、強力で民主的に管理された政府に取って代わるのが自由市場至上主義であるわけではない。民主的に管理された政府に代わるのは収奪であり、ごく少数によるごく少数のためのルールである。収奪的なエリートは、自由市場を好むわけではない。自分たちに有利になるようにルールを書き換え、イノベーションを阻害し、反対意見を抑えようとする。インフラストラクチャーを整備せず、道路や研究開発、病院、学校への投資を怠る。民主主義が滅びれば、結局のところ、自由も自由市場もそれがもたらす繁栄も死に絶える。

産業界は、ゲームのルールが民主的に決められるよう要求しなければならない。具体的には、人々が投票しやすくなる対策を積極的に支援すべきだ。アメリカの投票率は世界でも最低レベルである。２０１４年の中間選挙の投票率は33％に過ぎず、先進民主国の国政選挙の投票率としては（アンドラを除き）、１９４５年以来最低を記録した。[54] 産業界はまた選挙権を抑圧する動きには抵抗すべきである。たとえば２０１８年11月、重犯罪者の選挙権の回復を目指すフロリダの住民投票は65％近い支持を集め成立した。だが、２０１９年５月、フロリダ州議会は、重犯罪者が選挙権を回復できるのは、裁判で命じられた罰金を全額支払った場合のみとして、住民投票の意図を事実上無効にする法案を可決した。これは越えてはならない一線を踏み越えるものだ。こうした措置には、産業界は声を上げ、積極的に抵抗すべきだ。

それはつまり、政治にかかるカネを減らそうとする人たちと協力すべき、ということになる。アメリカでは、ロビー活動の費用が２０００年から10年の10年間で15億７０００万ドルから35億２０００万ドルと倍以上に増え、その後は年間32億５０００万ドル前後で安定している。[55] 大統領選挙のロビー活動費は２００８年には３億３８００万ドルだったが、10年のシチズン・ユナイテッド対ＦＥＣ裁判での最高裁判所による判決（訳注：組合、営利団体、非営利団体に対して本選の60日以内、予備選の30日以内のテレビ・コマーシャルを禁止する判決が下された）後の16年には14億ドルに急増している。[56] この費用には、アメリカ企業の非課税の慈善基金による政治目的の寄付金は含まれていないが、その額は２０１４年時点で16億ドルにのぼると推計されている。[57] 政治資金の伸びの大半は企業ではなく富裕層によるものとみられるが、多額の企業の資金が政治に流れ込んでいる事実は疑いようがない。[58] このように湯水のごとく政治に資金を投入することは、個々の企業には有利になるかもしれないが、民間セクターに対して腐敗の責めを負わせることになり、民主的なプロセスへの信頼を大いに損ないかねない。この流れには抵抗しなければならない。

どのくらい抵抗が起きているだろうか。私の感覚では——その動向を熱心に追ってはいるが、あまり大したことはなさそうだ。「投票しよう」（Time to Vote）キャンペーンは、全米300社の支持を集めている。ウォルマート、タイソン・フーズ、ペイパルは、選挙日を有給休暇にする、選挙日に会議を入れない、郵送投票や期日前投票を支援するなど、投票率の向上に取り組んでいる。[59] 参加企業の一つであるパタゴニアのグローバル・コミュニケーションおよび広報担当責任者のコーレイ・ケンナは、CNBCにこう語っている。「このキャンペーンは超党派によるもので、政治的なものではありません……候補者や政策を支援するのではなく、民主制を支援しているのです」[60]。ペイパルの初期の従業員でリンクトインの共同創業者の一人、リード・ホフマンが率いる企業家グループは、投票率向上と新たな候補者を政界に送り込むための活動に多額の資金を投じている。[61]

これらは心強い兆候だが、すでにある包摂的な制度を下支えし、必要な新たな仕組みをつくるために求められる集団行動には程遠い。私が企業関係者と仕事をするとき、ほぼ全員が俄に真剣になるのが、この話題を振り向けたときだ。同じようなことが過去にもあったのかを知りたがる。産業界はこれまで、より包摂性の高い政治制度を再構築できたことがあったのだろうか。じつは、あったのだ。

包摂的な政治システムを構築する

包摂的な社会を築くうえで、産業界が重要な役割を果たしたことは何度かある。以下では、三つの事例を簡単に取り上げる。第一次、第二次世界大戦直後のドイツ、19世紀末のデンマーク、1960年代のモーリシャスである。ドイツでは、産業界が果たして存続できるかどうか深刻な疑念を抱かせる危機的な状況に直面したことがあった。だが、産業界は、従業員と協働する新たな方法を確立し、共に、ドイツを世界でも最も繁栄し成功した社会へと変革した。デンマークでは、追い詰められた支配階級のエリートが尽力し、労働者、企業、政府が一体となって、ヨーロッパの貧しい小国を、豊かで公正で、しかも市場フレンドリーな国へと転換する状況を生み出した。ドイツとデンマークが成功したのは、ヨーロッパの伝統があったからだとか、基本的に均質な社会だからだと言われる向きのために、モーリシャスの歴史を取り上げよう。モーリシャスは人種による分断が激しかったが、豊かな多文化共生社会へと変貌し、強い自由市場を構築して、今ではアフリカで最も成功した国の一つに数えられるまでになった。いずれのケースでも、先見性のある企業リーダーが勇気と想像力をはたらかせ、万人のための社会を構築するという新しい試みに挑戦することができた。振り返ってみると、彼らの決断は当然のことであり、簡単だったとすら思えるが、当時はとても、そうとは思えなかった。

ドイツ、企業と労働者の協力体制を築く

ドイツでは第一次世界大戦の敗戦に伴う政治的、経済的な混乱が、ヴィルヘルム二世の退位とドイツ帝国の崩壊につながった。ソ連の仕組みをモデルにした「委員会」が政治支配力を獲得

し、いくつかの社会主義政党が急速に存在感を増していった。大規模な収用と経済破綻という真の脅威が迫っていると考えた有力企業家グループは、安定を取り戻すため労働組合に接近した。

この企てでとりわけ重要な役割を果たしたのが、ドイツの大富豪のフーゴ・シュティンネスだ。シュティンネスは石炭、鉄鉱石、鉄鋼、運輸、新聞、銀行など莫大な権益を保有し、当時のウォーレン・バフェットとも評される。[62]ほかの民間企業幹部と共に、穏健な労働組合幹部に接近し、新しい経済秩序の提案を行った。1918年11月、労使双方はシュティンネス＝レギーン協定を結んだ。この協定では、一日8時間労働、労働組合の承認、労働委員会の設置権、産業別の団体交渉の導入が定められた。[63]シュティンネスは、雇用主を代表する全国組織の礎も築いた。1918年に始まった大手企業間の協議は翌19年にまとまり、ドイツ産業帝国協会（RdI）のもとに統一された。RdIは地域別ではなく産業別の組織で、大企業の利益優先になりがちな仕組みだった。シュティンネスらはこの新しい協会を活用して、シュティンネス＝レギーン協定の影響力を広範な企業に及ぼすことができた。[64]

1933年から45年にかけては、ファシズム、経済的・政治的混乱、第二次世界大戦の惨禍のなかで、ナチスが雇用主協会、労働組合双方を解体し、こうした協定は破綻した。ドイツの有力な実業家はナチスを嫌いながらも新政権と協調することを選び、短期間で多くの利益を刈り取ったが、その過程に黙従したことで結局は国の、またみずからの富も破壊してしまう。第二次世界大戦後のドイツ、そしてドイツ産業界は荒廃していた。ドイツの死者は700万人以上、人口の8％強にのぼった。住宅ストックの20％は破壊された。鉱工業生産と農業生産は、戦前の3分の

1に過ぎなかった。[65]

過激派による社会不安が広がるのを恐れた大物実業家たちは、再び労働者と結集することにした。最大の雇用主協会として台頭したドイツ産業連合（ＢＤＩ）が主に経済政策を提案する一方、ドイツ雇用主協会連合（ＢＤＡ）は労働関係の管理を目的に組織された。ドイツ貿易組合連合（ＤＧＢ）は、傘下の貿易組合を代表する組織である。これら三つの組織は連携して伝統的な労使関係と、大戦間に確立された集団交渉力の復活を目指した。三つの組織はいまだ健在である。[66]

戦後復興の最重要課題の一つが、職業訓練制度の復活と標準化である。第二次世界大戦前は、産業別でも地域別でも制度は標準化されていなかった。制度で認証されるスキルはばらばらで、研修の種類も質にも大きなばらつきがあった。大戦後、大手メーカー数社が主導し、ＢＤＩとＢＤＡが出資する国の調整機関が、技能を整理し、研修教材を見直し、認証試験を統括するようになった。同じ職種の見習いは、全員が同じ研修を受け、認証を受ける。技術進歩に合わせて継続的な研修を義務づける仕組みが取り入れられた。見習いプログラムの数は大幅に増え、1950年代にはこの制度を正式に認める法案が成立した。[67]

雇用主協会と労働組合は、年一回の交渉で賃金と労働条件を決めることで合意した。こうした年間合意は法的拘束力があり、現時点ではドイツの全就労者の約57％をカバーしている。ドイツの雇用主のほとんどは、研修への投資や子育て支援を実施し、従業員が運営する委員会のために場所や設備、時間を提供している。最小規模を除くドイツの上場企業は、従業員代表を経営に参画させる仕組みをとることが求められている。これは「共同決定」として知られるようになった。

ドイツはいまや世界有数の格差が小さい経済大国である。2017年の一人あたりGDPは、アイルランド、ノルウェー、スウェーデン、アメリカに次いで高い。[68] 貧しい家庭の子どもが裕福な家庭の子どもと同等の所得を獲得する機会がどの程度あるかを示す所得階層間の移動性は、スカンジナビア諸国よりは低いが、アメリカやイギリス、フランス、日本、中国を上回っている。平均賃金水準が世界最高レベルである一方、失業率は世界最低レベル（本書執筆時点で5％弱）にとどまっている。

このように賃金が高いにもかかわらず、ドイツ企業は輸出で大成功している。2017年の輸出額は1兆3000億ドルで、GDPのほぼ半分に相当する[69]（同年のアメリカの輸出額は1兆4000億ドルでGDPの12％、中国の輸出額は2兆3000億ドルでGDPの19・76％に過ぎない）。

指標によっては、世界一イノベーティブな経済にランクされている。[70] ドイツのGDPの25％近くは製造業によるものだ（比較のためにアメリカを見ると、製造業はGDPの約15％を占めるに過ぎない）。世界銀行による物流パフォーマンス指数では、ドイツの物流パフォーマンスとインフラが2016年に世界1位になっている。[71]

世界の主要企業100社のうちドイツ企業は8社だが、ドイツは世界的に成功した中堅・中小企業が多いことも誇りにしている。世界の「隠れたチャンピオン」企業、約2700社のうち、業界3位以内でヨーロッパ大陸初、かつ売上高50億ユーロ未満のほぼ半数がドイツ企業だ。ある推計では、こうした比較的小規模な企業が１５０万人の新規雇用を生み出し、年率10％で成長し、従業員一人あたりの特許申請件数が大企業の5倍多いという。これら企業のほとんどが、２００８年から09年の世界的金融危機を乗り切った。[72]

こうした成功は、職業訓練制度によるところが大きい。ドイツの現在の職業訓練システムは、世界で最も洗練されている。学生は数百の職種から選択し、2年から4年間、見習いとして学ぶ。この間、教室での座学と現場での実習がある。学校で過ごす時間も含めて、研修生には時間給が支払われる。どの企業の研修も、職業別の標準的なプログラムが実施される。このプログラムは、連邦政府が雇用主、教育者、組合代表と共同で開発したもので、従業員に標準化された資格を付与し、従業員はこの資格をもって企業間を移動できる。[73]

私たちが現在直面している苦境にとってこうしたドイツの事例がもつ、大きな意味合いが二つある。一つはどこに最善の利益があるのか企業は必ずしも認識しているわけではない、ということだ。ドイツは二度の大戦で大きな被害を受けたことから、産業界は労働者と協調せざるをえなかった。現代アメリカの経営陣は労働者と必死に戦っているところだが、ドイツの場合は、労使協調を重要な柱として社会の仕組みを構築し、とくに成功した公平な社会が創られた。これは、目的主導型の企業が触媒として重要な役割を果たし、新しい働き方を発見できる、という見方を裏づけているようにみえる。１９９０年代のナイキがサプライチェーンとの関係を見直すメリットをわかっていなかったように、多くの企業は自分たちの成功がいかに社会システムや政治システムに負うところが大きいかがわかっていないようだ。二つ目の意味合いは、もっと単純なものだ。民間セクターが社会の仕組みの再構築に中心的な役割を果たすとすれば、国民的な議論で前向きな政治的役割を担う強力な雇用主の協会が必要になる。

幸い、ドイツのBDIやBDAと同じように、国レベルや世界レベルで話し合いのできる産業界の協会がいくつかある。イギリスでは英産業連盟が傘下の19万社を代表している。アメリカ商工会議所には300万社以上が加盟し、2017年には単独組織としては最多の議会のロビー活動費を支出している。[74] ビジネス・ラウンドテーブルも行動の中心になって動くことができる。

歴史的には、アメリカ商工会議所もビジネス・ラウンドテーブルも、加盟企業の利益に直結しない政治姿勢をとったことはない。ビジネス・ラウンドテーブルの新しい声明も、アメリカの民主主義の健全性に対する責任には一切言及していないが、一般企業団体としてははじめて気候変動の脅威を認めている。アメリカ商工会議所も最近、気候変動が現実であり、アメリカは「技術とイノベーションを活用し」「産業のパワーをテコに」この問題に取り組むべきだとする正式な立場を表明した。[75]

企業リーダーは、地球温暖化に取り組むのだと主張しなければならない。それは積極的に科学を支えることである。現在、アメリカ人の70%以上は地球温暖化が「個人的に重要」だと答えているが、30%はいまだに地球温暖化が起きている事実や人間に責任があるという考えを否定している。そして、この少数派が政治的にきわめて強い力をもっているのだ。[76] この問題に取り組むには、精緻に設計され、企業が受け入れやすい温室効果ガス排出量のグローバルな規制を強力に推進する必要がある。ビジネス・ラウンドテーブルや商工会議所がこの変革を主導できないとすれば、その役割を引き受けられる代替組織の構築がきわめて重要になるだろう。

グローバルでは、「世界をリードする1000社」が参加する世界経済フォーラム（WEF）が、「官民協力のグローバルなプラットフォーム」を謳っている。WEFは共有価値の創造を目的としたプロジェクトに深く関与するとともに、官民共同の幅広い改革で主導的役割を果たしている。たとえば「グローバル・バッテリー・アライアンス」は、「社会的責任をもち、環境的に持続可能で、革新的なバッテリーのバリューチェーンに向けた行動を喚起し加速する」ことを目指すグローバルな共同プラットフォームだ。[77] グローバルなフードシステムの強化について複数のステークホルダーの対話を促進するプロジェクトや、「トランスフォーメーショナル・リーダーズ・ネットワーク」では、150人超のリーダーや専門家が、宗教や業種を越えて、知識やベストプラクティス、経験を交換している。[78] 私の見立てでは、WEFはまだ政治行動に発展するような姿勢を明確にしておらず、むしろ、現在直面している問題を生み出した構造的要因の検証ができていないことで強い批判を受けている。[79] ただ、今日の産業界の有力リーダーたちがそうすることが重要だと決断すれば、その方向に動けるだけのメンバーと能力は揃っている。

国際商工会議所（ICC）は、存在感はそれほど大きくないが、さらに重要な役割を果たす可能性がある。ICCは世界最大の企業団体で、100カ国以上の4500万社が参加している。最重要ミッションは、国際ビジネスを遂行するための貿易ルールの立案と施行で、主に世界貿易機関（WTO）、国連、G20などのグローバル機関との交渉において企業の利益を代弁する。

ＩＣＣはサプライチェーンのトレーサビリティの改善を目指した興味深い活動に資金を拠出しており、「ＳＤＧｓ（持続可能な開発目標）の実現で企業セクターを完全に巻き込む」ことの重要性に正式にコミットしている。[80] 私の知るかぎり、たとえばサステナブル基準を世界の貿易慣行に適用すべきと主張するなど、あきらかに政治行動に見える方向には少なくとも公的には舵を切っていない。だが、ＩＣＣの人脈と世界的な広がりをもってすれば、基本的には、より持続可能なグローバルな体制を築くうえで中心的な役割を果たすことができるだろう。

民間セクターがシステムの変革に主導的な役割を果たすことなど、土台無理な話だろうと斜に構えるのは簡単だ。実際、ドイツの経験の一つの解釈として、産業界の姿勢を変えるには、もう一度、世界大戦が必要だという説もある。幸い、必ずしもそうではないことを、デンマークの経験は教えてくれている。

デンマーク：国の弱さへの企業の対応

アメリカ民主党左派のバーニー・サンダースがデンマークを持ち上げることに、多くの企業リーダーはあきれ顔だ。だが、社会主義が生産手段の国有化を意味するのであれば、デンマークは社会主義国家ではない。デンマーク経済はきわめて企業寄りのシステムであり、企業と労働者、政府が緊密に連携して経済成長を支えている。この構造のなかで頂点に立つのは民間セクターだ。

19世紀後半、デンマークはトラウマのなかにあった。１８６４年、プロイセンとオーストリアとの第二次シュレースヴィヒ戦争に敗れ、12世紀以降、なんらかの形でデンマークが管理してきたシュレースヴィヒ公国＝ホルシュタイン公国の領土をプロイセンとオーストリアに引き渡した。これ以降、デンマークは負け続け、もはや大国の地位を望むべくもない貧しい小国になってしまった。

１８９０年代のデンマーク議会は、大農家と大物実業家が安易に手を結んだデンマーク右翼党と、労働者階級の社会民主党に分かれていた。議会の分裂を踏まえ、デンマーク王は、内閣をデンマーク右翼党のメンバーで固めることで保守体制を維持した。１８９０年、社会民主党が大幅に議席を伸ばし、少数派に転落することを（正しく）恐れたデンマーク右翼党は、影響力を維持するための別のメカニズムを模索し始めた。

たった一人の企業リーダーの創造力が、この危機の瞬間を体制変革の成功へと導くことになる。議員の一人で鉄道王でもあるニールス・アンダーソンには合意をまとめる類いまれな能力があった。１８９６年、彼が主導してデンマーク雇用主連盟（ＤＡ）を結成する。１９０１年の議会選挙で（アンダーソンの予想どおり）社会民主党が躍進すると、過半数与党が不在の議会で公共政策に影響を与える手段として、また、産業界の声を結集して産業平和を実現する手段として、アンダーソンはＤＡのアイデアを同僚議員に売り込んだ。

ＤＡは社会民主党が提案した税負担によるユニバーサルな労災保険制度を却下し、政府、雇用主、労働幹部から成る委員会方式に替えることに成功する。労災保険は税金で賄うのではなく、雇用主が自身の民間保険を選択する。[81] この成功で、デンマークの産業界——そしてデンマーク政府では、企業寄りの政策転換を実現するために、DAが重要な媒体になりうるとの見方が広がった。

だが、アンダーソンの最大の功績は、労働運動の強化（!）によって、DAが労働争議を阻止できることを世に示したことだ。1897年、金属産業でストライキが相次いだ。DAのメンバーは、ストライキやロックアウトの期間中はほかのDAのメンバーが雇用する労働者を雇用しないことを申し合わせ、結束して組合と対峙すると同時に、大多数の企業をDAに加入させることに成功した。次に、DAはみずからを雇用主と労働者の仲介役と主張し、労働者には一層の組織化を積極的にはたらきかける一方、組合にはDAに加入していない企業のために働くことを拒否するよう要請した。DAの交渉でストライキは終結した。1898年にはデンマーク労働組合総連合（LO）がDAの助力と支援を受けて設立されることになる。

2年後、鉄鋼業界で「大ロックアウト」と呼ばれる大規模な労働争議が勃発し、3カ月にわたって続いた。DAとLOは共同で交渉に臨み「9月の妥協」で、全国的な集団交渉システムを確立した。1907年、政府はDAに業界の紛争に介入する権限を与え、雇用主の協力組織の最高峰としてDAの役割を強化し、労使交渉において中心的な役割を与えた。

その後の50年で、労働者、企業、政府の協力は次第に定着し、1960年代には保守派が、「福祉国家の拡充に向けて勇断を下す」責任がある、と大見得を切るまでになった。だが、1970年代から80年代は、不況と高失業率で、デンマークは財政難に陥り、政府は福祉手当をカットし、物価スライド賃上げを凍結し始める。これに対し労使双方は一連の合意をまとめ、雇用主は研修投資を増額することになる。１９９０年代、ＤＡが主体となって、失業した若者に研修プログラムを受けさせ、職に結びつける「積極的労働市場政策」（ＡＬＭＰｓ）を立案する。政策を円滑に実行に移すため、ＤＡとＬＯは連携してＡＬＭＰｓに対する労働者の支持を取り付け、会員企業に参加を呼びかけ、政府と個々の企業間の対話を促した。

デンマークはいまや世界でも指折りの成功した社会だ。明文化された最低賃金法があるわけではないが、２０１５年の平均最低賃金は16・35ドルで、世界でも一、二を争う高さだ。[82] 一人あたりＧＤＰは、カナダ、イギリス、フランスを上回る。ＯＥＣＤ加盟国で所得格差が最も小さく、上位10％の所得は下位10％の５・２倍に過ぎない。[83] 年間に５週間から６週間の休暇をとり、最長１年間の有給の育児休暇がある。[84]

デンマークの政策立案は共同作業であり、政府、雇用主、労働組合が一体となって進められるが、これには１００年の歴史がある。この方式によって、（企業に有利な）緩い労働規制と（労働者に有利な）強い福祉国家というユニークな組み合わせが可能になった。こうした仕組みのもとで、企業は労働者を簡単に解雇できるが、政府が福祉と研修プログラムを通して幅広い再雇用の支援をしている。労働者の80％前後がなんらかの形の集団交渉協定の対象になっている。失業保険で給与の90％が２年間支払われ、政府、組合、企業が一体となったきめ細かい政策で、ほぼすべての従業員は有償の研修を受け、新たなスキルを身につけることができる。この組み合わせによって、デンマーク経済は独特の柔軟性をもち、独特の公平性を保っている。今では産業界も、この組み合せを大切にしている。

たとえば２０１７年、デンマーク政府は「創造的破壊協議会」を招集し、加速するデジタル・テクノロジーの経済への影響にどう対処すべきかについて提言を取りまとめた。協議会の会長は首相が務め、８人の閣僚のほか、企業経営者や労働組織、専門家、起業家など、広く社会を代表する30人が名を連ねた。提言の内容は多岐にわたり、四つの分野にまたがっている。教育・研修、新たな労働市場制度、グローバリゼーション、そして「生産的かつ責任ある企業」だ。この最後の分野には、デジタル・プラットフォームとその従業員の間で交わされた初の正式な合意が含まれている。この合意で、プラットフォームの利用者に対して年金と休暇の権利が与えられることになった点は特筆すべきだ。

こうしたデンマークの経験から三つの教訓が引き出せる。第一に、包摂的な制度が繁栄をもたらす力をもっていることを思い出させてくれる。デンマークはたいした天然資源のない小国だが、その社会的、政治的な仕組みによって世界有数の豊かな国になった。第二に、市場と国家の補完関係の重要性だ。デンマークは、自由市場のパワーを最大限引き出すと同時に、政府の役割を活かして、経済的機会と社会の幸福を追求している。実際、国の医療保険と政府支援の多岐にわたる職業訓練によって離職に伴うリスクが軽減されるため、自由市場のパワーと柔軟性が大幅に向上し、従業員が転職し、別の会社に移ることがかなり容易になっている。

第三の教訓は最も重要だ。デンマークのケースを見ると、民主的プロセスを抑圧することなく、政策立案において産業界がどのようにして中心的な役割を果たすことができるのかがはっきりわかる。産業界は対話においては積極的に声を上げるが、プロセスや着地点をコントロールしようとはしない。最優先すべきは、国家の健全性であって目先の財務上の利益ではない。そして、１００年以上にわたって、このコミットメントがデンマークの成功を下支えしてきたのだ。

モーリシャス：まったくありそうにもない成功物語

モーリシャスに最初に入植したのはオランダ人だ。最初の奴隷を輸入し、黒檀の木で覆われた島を丸裸にし、ドードー鳥を絶滅させた。１７２１年にフランス人が入植すると、さらに奴隷の輸入が増え、大規模なサトウキビ畑の開拓が始まる。１８１４年にはイギリスが統治権を握ったが、インド航路の寄港地として利用するにとどまり、引き続きフランス人の実業家が幅をきかせた。奴隷制は１８３５年に廃止され、地元の地主は年季奉公労働者の輸入に頼った。１８３４年から１９１０年の間に、インド国籍のヒンドゥー教徒やムスリムが島にやって来て、島の人口約36万９０００人の70％近くがインド系になった。

インド系モーリシャス人には政治力がまったくなかった。イギリスが、選挙で選ばれたごく少数の議員と、政府が選出した別のグループで構成される立法議会を通じて統治した。参政権は人口の約２％の裕福な土地所有者に限られ、インド系住民が初めて選出されるのは１９２６年になってからのことである。

１９３７年、砂糖の価格下落をきっかけに暴動が起こり、暴動に参加した４人が死亡した。翌年のゼネストはイギリスが強制排除に乗り出した。サトウキビ農園を経営するフランス系住民と、そこで働くインド系住民との緊張は高まったままで、これ以上の発展は望み薄に思われた。ノーベル賞経済学者[85]のジェイムズ・ミードは1962年、「モーリシャス：マルサス経済学の事例研究」と題した論文を発表し、モーリシャスは、「効果的な産児制限を迅速に導入しなければ、最終的に破局に至る」と示唆した。

危機は1967年8月に訪れた。イギリスはモーリシャスの独立を認める代わりにオープンな選挙を主張した。激戦になった。主にインド系住民から成るモーリシャス労働党（MLP）が、フランス系住民のサトウキビ農園主と大多数のクレオール（サトウキビ農園の労働力として連れてこられた奴隷の子孫でフランス語を話す住民）の緩やかな連合であるモーリシャス社会民主党（PDSD）と対峙した。[86]

結局、MLPとその仲間が55％の票を獲得し、62議席中39議席を占めた。昔からのエリート層の落胆は大きかった。フランス系の著名な起業家は、のちにこう回顧している。「67年の選挙の夜、（PDSDのリーダーの）ゲタン・ドュバルは泣いた。私は怖かった。モーリシャスを誰が助けてくれるのだろうかと思った」。5カ月後、正式な独立のわずか6週間前に、首都ポートルイスでクレオールとムスリムの激しい抗争が起き、29人が死亡、数百人が負傷した。治安を回復するためイギリス軍の介入を求めるしかなかった。600軒の住宅が燃やされ、2000人以上が逮捕された。[87]

独立したモーリシャスの初代首相にはMLP党首のシウサガル・ラングーラムが就任したが、

国は崩壊の危機に瀕していた。同様の状況に直面したほかの国の場合、ケニアは一党支配の新政府をつくった。タンザニアはマイノリティが所有する企業を国有化した。ウガンダはごく少数のエリートを国外に追放した。ラングーラムは、まったく違うことをやった。ＰＤＳＤに歩み寄り、国家統一の連立政権の樹立を提案したのだ。

これはリスクのある決断だった。国は二分されていて、経済は弱く、それを支える企業セクターはラングーラムの動機を深く疑っている。ヒンドゥー教徒の有力知識人をはじめとする左派の多くは、大農園の国有化を望んでいた。政府と企業が連携した歴史がなく――ラングーラムが所属するＭＬＰ党の党員の多くは筋金入りのマルクス主義者で、経済を支配する「資本主義者」との和解などできるはずがないと疑っていた。ラングーラムが最も信頼する閣僚の一人で農業相のサットカム・ボーレルは、記者に対して連立政権は支持するが、条件が一つあると語った。

私は社会主義者であり、私にとって階級闘争は続いている。資本家と労働者は対立している。……だが、私にとっても、ほかの人間にとっても、国益が最優先だ。今、国として最優先すべきは、失業と飢餓と貧困の撲滅だ。私の条件は、大手サトウキビ農園主、モーリシャス砂糖生産連盟グループが、賃金委員会の導入後に解雇された失業者を雇用し、別のプロジェクトを立ち上げると正式に保証することだ。万人のためになるなら、私は連立を支持する。

サトウキビ農園主たちは協力することを決断した。2年にわたる交渉の末、ＰＤＳＤはＭＬＰ

と連立を組むことで合意した。これは本当の意味での政権共有の合意であり、PDSDの有力議員がいくつかの最重要閣僚ポストに就いた。農園主が経済の多様化に協力し、開発メリットの分配を支援するのであれば、今の地位を保証しようとラングーラムは約束した。モーリシャス発展のためにあらゆる支援をすること、そして高賃金を維持することに農園主は同意した。

農園主がMLPに協力するようになったのはなぜなのか、正確にはわからない。これまでのところ、答えの手がかりらしきものを摑めたに過ぎない。モーリシャスは小さな島国であり、エリート層が同じ教育を受け、社会的な結びつきが強いことから、フランス系住民がモーリシャスの国益を最優先することができたのではないか。ラングーラムはロンドン大学医学部卒業の知識人で、モーリシャスの政治に長く関わってきた。MLPとPDSDの最初の交渉にあたった有力なフランス系住民で、起業家として成功しているクロード・ノエルと個人的に親しかったともいわれる。おそらくフランス系住民は、格別、視野が広いのだろう。モーリシャス人自身は、デンマーク人と似たような言葉を使って、「モーリシャス流」の極意は対話と妥協にあると語っている。

協力できた要因は何であれ、合意はすこぶるうまくいった。有力なフランス系住民は海外の観光客誘致に積極的な投資を始めた。開発地域の人々からは実行不可能と拒否されていた輸出加工区（EPZs）開発の陣頭指揮も執った。[88] EPZからの輸出は、1971年から75年にかけて年率30％以上で増加し、サトウキビに依存していたモーリシャス経済の多様化に大きく寄与した。

エリート層と貧困層、フランス系とヒンドゥー教徒間の緊張は今日まで続いている。ただ、基本的に体制は円滑に機能しており、対立はその内部にとどまっている。選挙は自由かつ公正で、一貫して権限の委譲につながっている。1982年にはモーリシャス・マルクス主義党、「モーリシャス闘争運動」に政権が渡ったこともある。司法は独立していて、自由な報道が活発に行われている。今でも日刊紙は、インディア・タイムズ、チャイニーズ・デイリー・ニュース、インディペンデント・デイリー、ル・デフィ・クオティディン、レクスプレス、ル・モーリシャン、ル・ソシアリステなど少なくとも9紙が発行されている。

こうした体制と、そのベースに緊密な協力があるからこそ、モーリシャスの経済と社会が独特の強みをもつようになったと広く認識されている。モーリシャスは、世界銀行の「ビジネスのしやすさ指標」で25位、「世界の経済の自由度」で8位にランクされている。[89] 実質GDPは1970年から2009年の間に年率5%以上で成長した。2018年の一人あたりGDPは9697ドルで[90]、ポーランド、トルコ、コスタリカはすぐ目前だ。格差の指標であるジニ係数は、1962年の0・50から2008年は0・38に下がった（2013年時点で、アメリカは0・41、ドイツは0・314、デンマークは0・285である）[91]。男女格差も改善し、貧困率は40%から11%に低下している。最近のOECDの「社会制度とジェンダー指標」では102カ国中11位、人材開発指数では65位で、メキシコ、ブラジル、中国より上位である。[92]

モーリシャスの経験から何が学べるだろうか。喧伝されているように、ヨーロッパ以外でも、地域社会が人種的に同一でなくとも、産業界が包摂的な制度の構築を助けられることがあきらかになった。また、経済的な利益と、何が正しいかという共通認識の微妙な相互作用も映し出している。ドイツ、デンマーク、モーリシャスでは、多数派エリート層が、強烈な自衛本能から、自分たちの意に染まず、可能であれば激しく抵抗したはずの制度変革に関わる取り決めに合意した。いずれのケースでも、これらの取り決めはきわめてうまくいった。そして、運命共同体のような感覚が生まれ、このやり方が正しい、このやり方しかない、こうした行動をとるべきなのは明白だ、との見方が増えていった。

みずからの利益と、何が正しいかという共通認識との相互作用は、多くの企業が資本主義の再構築を進めるうえでの最初の四つのピース――共有価値、目的主導、金融回路の見直し、自主規制――を深掘りする推進力であり、五つめのピースである包摂的な社会の構築を次第に支えることになるはずだ。共有価値を追い求める目的主導型企業は、収益確保の道筋を示しながら、同時に汚染や不平等を解消する新たなビジネスモデルを発見する。真正面から正しいことに取り組む企業をつくり、世界に変化を起こすことにコミットすると、世界に、そして従業員に訴えかける。すると、そのコミットメントを達成するには、政府が必要であることに気づく。情熱をもって世の中に変化を起こそうとしている世界中の企業は、共有価値だけでは不十分で、自主規制は不安定で、投資家の動きは鈍いことに気づいている。国の安寧と国民の幸福に配慮する、機能的で透明性がある政府の全面的な協力がなければ、多くの環境問題は解決できず、格差の解消もおぼつかないことに気づいている。変革を主導しようという目的主導型企業の努力は火口《ほくち》であって、そこから世界的な政治改革の火が燃え上がる可能性がある。今の状況は、1945年のドイツ、1895年のデンマーク、1967年のモーリシャスと同じで、かなり切迫している。

1971年、のちに最高裁長官になるルイス・パウエルは、「パウエル・メモ」として広く流布する覚書のなかで、アメリカの経済システムは幅広い攻撃にさらされている、と主張した。当時は、この檄文に説得力があったように思えた。政府は人気があり強力で、若い世代は盛んに資本主義を批判していた。この攻撃に対し、政治闘争のための動員が必要だとパウエルは主張した。「産業界は以下のような教訓を学ばねばならない……政治力が必要である。こうした政治力は熱心に養わなければならない。そして必要なときには、アメリカ企業に特徴的な恥じらいや躊躇を捨て、積極的かつ果断に、その政治力を行使しなければならない」。さらにパウエルは、成功の秘訣は組織化にあると強調した。「強さは組織化にある。すなわち、慎重かつ長期にわたる計画立案と実行、超長期にわたる行動の一貫性、協力することによってのみ手に入る資金の規模、協調行動と全国組織によってのみ手に入る政治力だ」

企業リーダーはこの呼びかけに応え、そうすることで自由市場の支持を広げた。その代償として政府は格差の爆発的な拡大を容認し、それが今日、ポピュリストの怪物をのさばらせる事態になっている。今こそ新しいアプローチが必要だ。パウエルが推奨したように、組織化され、長期にフォーカスされるべきものだが、目指すゴールはまったく違う。

私は現役のCEOやCEO経験者と話す機会が頻繁にある。共和党員、保守派もいれば、さまざまな派閥の民主党員もいる。概して立派な価値観をもち、誰もが世界の現状を深く憂慮している。現行のシステムの存続が危ういことを理解している。だが、それについて何かするのは自分の仕事ではないと思っている人がほとんどだ。それは間違いだ。長期の災厄を回避し、産業界が繁栄できる世界をつくるには、社会の仕組みの再構築がカギを握る。公正で持続可能な社会を築くうえでも決定的に重要だ。今こそ行動に移すべきだ。それがどんな形になるかはわからないが、なるほどと思える試みはすでに行われている。「リーダーシップ・ナウ」がそれで、主宰者はダニエラ・バロウ＝エアレスだ。

２０１６年の大統領選の後、ダニエラ・バロウ＝エアレスは、仕事や社会でつながりのある人たち数十人に取り囲まれた。[93] エンジニアリングを学び、戦略コンサルティングを手掛け、ハーバードでＭＢＡを取得したダニエラは、起業家として申し分のない経歴をもつ。スタート時には7人だった戦略アドバイザリー企業のダルベルグを、世界各地に25拠点をもつまでに育て上げた（「戦略コンサルティング企業を起業するには若すぎたけれど、とにかく始めた」とのちに語っている）。だが、選挙後に彼女がとくに注目を集めたのは、その前の5年間、国務省のアドバイザーとして政権内部でアメリカの対外援助のあり方の見直しと、持続可能な開発目標（ＳＤＧｓ）の合意遵守に尽力していたからだ。この経験は刺激的ではあったが、彼女はアメリカの政治制度に底知れぬ不安を抱き、それを気にかけている企業人がほとんどいないことが心配になった。本人の言葉を引こう。

政府に入って数カ月もしないうちに、システムが機能していないことに気づきました。ホワイトハウスや国務省の立派な会議室で重要な政策やアイデアを議論しても、話し合ったことを実行に移す手段がほとんどなく、たいていのアイデアは議会を通過できず、通過できたとしても官僚の壁に阻まれます。システムが古すぎて、変化を主導できないのです。それに議会には何かしようという動機がありません。特定の政党や候補者を有利にする選挙区の区割り（ゲリマンダリング）が加速し、選挙資金の調達で始まったある種の操作があるからです。オバマ政権で議会が通過させたのは、医療保険に関わる法案の重要なピースたった一つしかありません。

2016年の大統領選挙で覚醒した彼女は、何ができるかをビジネススクール時代の友人グループに語り始めた。

トランプが勝ったことで、政府がなぜ機能しないのか、それによるリスクはなんなのか、突然関心が生まれました。恐れと関心をとらえ、それを利用して、政府の機能を回復させるために人々に参加してもらう瞬間に私たちはいるのだと感じました。トランプだけの問題でもないし、民主党対共和党という話ではないのはわかっていました。人々は自問していました。「多くの異なる組織に寄付しているのか？　候補者を支援しているのだろうか？　行進を続けるのか？　インパクトを与えるにはどうすればいいのか？」

2017年の大統領就任式翌日に行われたワシントンの女性大行進の翌日、ダニエラと志を同じくするハーバード・ビジネススクールのクラスメートは、政治リーダーと非営利団体のリーダー双方の意見を聞く一日会議を主催した。それから6カ月、民主主義の専門家と話し合い、分析を行い、彼らのネットワークで新しい政治ベンチャーのアイデアが実現できるかを検証した。そして2017年半ば、「政治制度改革を目的とした長期プロジェクトに巻き込むための最もインパクトのある方法を特定する」べく、会員制組織を立ち上げた。こうして誰もが少額で参加できる新組織「リーダーシップ・ナウ」が離陸した。組織の拡大に伴い、ダニエラは戦略コンサルティングのダルベルグを辞めて、CEOに専念することにした。

「リーダーシップ・ナウ」の目標は、アメリカの民主主義への新たなコミットメントを促す触媒としての役割を果たし、主に企業人である会員に対し、そのコミットメントの達成を支援することだ。会員には、学習し、対話し、政治改革に投資する時間と資源が与えられる。講演会を主催し、シリーズで夕食会を開き、新人政治家の養成や政治支出の最新データなど多岐にわたる話題について簡単な報告を行う。民主主義に影響を与えている資金とプレーヤーを特徴づける「民主主義市場マップ」や、改革のために戦っていて、会員の支援先になりそうな組織のリスト「民主主義投資ポートフォリオ」を作成している。価値観を共有する政治家候補を特定し、会員に推薦する。2018年の中間選挙では、推薦した19人の候補のうち13人が当選した。半数以上が女性でビジネスの経験があり、全員が政治改革にコミットしている。年次総会では、会員が顔を合わせて戦略を議論し、政治家や政治の専門家の話に耳を傾けるが、単純に互いが知り合う機会でもある。すでに会員や社会改革に熱心に取り組む候補者からの寄付が大幅に増えている。すべては、長期的な視野で手を携え、政治改革を効果的に訴える、結束力のあるコミュニティを築くためだ。

これはひとえに責任と民主主義への新たなコミットメントをめぐる問題です。組織の会員になる人材をただリクルートしているわけではありません。民主主義を立て直す一翼を担う覚悟を示す人、そして、それには10年かそれ以上かかる大仕事だと認識している人を選抜しているのです。

現在の有料会員は150人、ボストン、ヒューストン、ニューヨーク、ロサンゼルス、サンフランシスコ、ワシントンDCの6都市で活動している。超党派を謳い、会員は本格的に政治改革に関わり、グループの目標に従うことに真摯にコミットしている。目標とは、ゲリマンダリングに終止符を打ち、投票権を確保し、選挙資金改革を推進することによって、民主主義を守り、刷新することである。そして、「事実と科学が重要」や「多様性は財産である」といった理念や、国や地球の長期的な健全性に的を絞ることの重要性を尊重する。

世界各国で民間セクターが、包摂的な社会の仕組みを支えるためにさらに力を入れられる方法は何通りもあるはずだ。じつは、私のメールの受信ボックスは、これと同列の準備段階の計画や思慮深い実践的な試みに関するニュースでいっぱいだ。「リーダーシップ・ナウ」のような組織が続々と出てきてくれることが、私の願いだ。

第八章

変化という雪崩のなかの小石

世界を変えるための自分なりの道を見つける

悪い時に希望をもつのは、ばかみたいにロマンチックなだけではない。……人類の歴史は、残酷なだけの歴史ではなく、同情、犠牲、勇気、やさしさの歴史でもある。この複雑な歴史のなかで何に注目するかで人生は決まる。最悪のことしか見ないなら、何かすることはできなくなる。人々が立派に振る舞った時や場所を思い出すなら——そういう時は多いものだが——行動するエネルギーが湧いてきて、この世界という独楽を違う方向に向ける可能性が手に入る。そして、どれほどささやかでも行動するのだとすれば、壮大な理想の未来を待つ必要はない。未来は現在の無限の連続だ。世の中の諸悪に抗いつつ、今、人間としてまっとうに生きること、それ自体が見事な勝利だ。

——ハワード・ジン『アメリカ同時代史』

これは一人の人間にとって小さな一歩だが、人類にとっては大きな飛躍だ。

――ニール・アームストロング

再構築された資本主義は、どんなものになっているだろうか。もちろん、それはわからない。ただ、夢のまた夢にしか思えないのは覚悟のうえで、今から20年後の世界がどう変わっているかを描いてみたい。

再構築された資本主義の世界で、ビジネスに携わっている人は、高い理念をもつ企業で働いている。そうした企業は、共有価値が根づき、充実した仕事があり、収益を確保することは不可欠だが、どんな犠牲を払っても儲けるのではなく、価値の創造を最優先課題にすることを当然としている。短期の業績と公共の利益、そして事業の長期的な可能性をバランスさせる必要性を誰もが理解している。気候変動の現実を否定する企業、従業員を粗末に扱う企業、汚職や抑圧的な政治体制を進んで支えるような企業は、仲間から敬遠され、投資家から罰せられる。

業界全体での柔軟な協力の合意は、すべての組織が共通の基準を守ることになるため、誰もが頂点を目指して競争する強力なインセンティブがある。消費者は、抜け道を通る企業からは買おうとはしない。従業員予備軍は、入社を考えている企業の環境基準や社会基準のランキングを当たり前のこととしてチェックする。いくつか重要な課題解決で高い評価を得ている企業には、すぐれた人材が集まってくる。従業員同士が新しい仕組みを開発し、それを通して力強い集団の声を社内だけでなく業界全体に発することができる。こうした声は、社会と自由市場の長期的な健全性に大きく寄与するものとして歓迎される。

企業は可能なかぎり政府と連携し、開かれたフォーラムで柔軟性のある政策――経済成長を最大化しながら、汚染をコントロールし、かつ社会全般とその仕組みの健全性を強化する政策を設計する。企業は制度改革の一翼を担い、税負担、腐敗撲滅、いつでもどこでもアクセス可能な完全な民主主義を支えている。

民主政治への参加が復活している。学校は「市民」を最重要テーマの一つとみなし、投票率は大幅に上昇している。公共の場での話し合いは互いを尊重し、事実に基づき、活き活きとしている。政府は、環境汚染について、可能なかぎり市場ベースの政策で、そうできない場合は直接規制でコントロールしている。また政府は、強靭な社会を維持し、市場を真の意味で自由で公平なものにする公共財に投資する。こうしたインセンティブに反応し、多くの雇用を創出し、環境負荷を最小限に抑え、持続可能で公平な社会を支えるために必要な製品やサービスを提供する企業が増えていくと、気候変動のスピードは鈍化し、格差は縮小しながらも、底堅い経済成長が続く。

産業界が脱炭素エネルギーへの移行をコミットメントして、予想を大幅に上回る進展がみられる。OECD諸国は2050年までに脱炭素化を完了する見込みで、アフリカ、中国、インド、ブラジルで新設される発電所は圧倒的に脱炭素型が多い。農業の慣行も変化している。変革に伴うコストは公平に負担すべきとの強力なコミットメントに基づき、最も大きな打撃を受ける人たちの再教育や転居に多額の資金が投じられている。こうした投資を背景に、繁栄が広がり、権威主義的なポピュリズムの魅力は減退している。

世界の平和と安全は誰もが参加できる自由市場にかかっている、との共通認識から、教育に多額の投資が行われている。また強力な社会的支援という意味合いで起業家精神を刺激し、新規事業を開発することを目的に官民パートナーシップが盛んになっている。公的投資、民間投資の重点対象は、一日8ドル未満で暮らす85％の人たちと、生物圏を破壊することなく生活水準を向上するなかで生まれる困難だが刺激的で収益性の高い機会に移っている。[1]

ここまで読んできた読者は、私が「目的・社会的意義」（パーパス）のフレーバーの粉末ジュースを飲みすぎて、おかしくなってしまったと思うかもしれない。だが、資本主義を再構築すると腹をくくれば、できないことはない。現行の体制下でうまくいっている人たちほど、今後の変化の速さに気づくのが遅れるだろう。1960年代初め、南アフリカの心理学者が学生のグループに国内政治の展望を予想してもらったところ、アフリカ系学生の約65％、インド系学生の80％がアパルトヘイトの終焉を予想したが、同じ予想をした白人学生は4％しかいなかった。[2]

何もかもうまくいかない可能性は大いにあるだろう。だが、プロローグを思い出していただきたいが、私は希望をもっている。すべてを良い方向に転換する可能性も大いにあるとも思う。公正で持続可能な社会を築くために、そして、そうするなかでかなりの経済成長を実現するために、頭脳と技術と資源は揃っている。

人間はこれよりはるかにむずかしいことを成し遂げてきた。1800年当時、人口の85%は極度の貧困のうちに暮らしていた。2018年時点でこの割合は9%に過ぎない。[3] 1800年当時、子どもの40%以上は5歳の誕生日を迎える前に亡くなっていた。現在、これほど幼くして亡くなるのは26人に1人に過ぎない。[4] 私の父は1935年生まれだ。父が生きている間に、世界の人口は23億人から77億人に3倍以上も増えた。だが、同じ期間に世界のGDPは15倍になり、一人あたりGDPは約3000ドルから1万5000ドル弱に増えた。[5] これは、地球上のすべての男性、女性、子どもが、人として幸せに過ごすために基本的に必要なもの――十分な食料、まっとうな住居、身体の安全――を手に入れるのに十分な金額だ。

私たちは、先祖が想像した以上に平和で包摂的な世界に生きている。1800年当時、ほぼどこでも奴隷制は合法で、女性には参政権がなかった。現在、強制労働が合法なのは3カ国のみで、選挙制度が備わっていれば女性は投票することができる。1800年には民主政治はほとんど存在していなかった。今では、人口の半数以上が民主政治のもとに暮らしている。ほぼすべての子どもがなんらかの形の初等教育を受けていて、世界の人口の86%は読み書きができる。若い世代ほど気候変動が差し迫った脅威であると考えている。異人種間結婚や同性婚、女性の権利も積極的に支持しそうだ。そして、親世代ほどポピュリスト・リーダーを支持するとは思えない。[6]

冷戦時代も、私たちは自爆したわけではなかった。天然痘を撲滅し、月に行った。インターネットやＡＩ、携帯電話も開発した。ペトリ皿で心臓をつくり、太陽光発電のモジュールの平均価格を１００分の１に引き下げた。[7]

12兆ドルの機会

何より重要なのは、世界を救うことには、しっかりした経済合理性があるということだ。国連の持続可能な開発目標（ＳＤＧｓ）を達成することは、12兆ドルの機会を得ることに相当する。[8] 再生エネルギーはいまや１兆５０００億ドルの事業規模[9]で、２０１７年には世界の発電量の26・5％を賄い、新規発電容量の70％を占めている。[10] このような数字は、再生エネルギーが雇用創出マシーンであることを示す。アメリカの再生エネルギー・セクターの雇用者数は３００万人以上で、化石燃料セクターの3倍以上だ。[11] エネルギーの利用効率の向上で、多くの企業が生まれ、多くの雇用を創出し、世界のエネルギー需要を最大50％減らすことができる。[12]

牛肉から豚肉や鶏肉などの「ホワイトミート」に切り替えれば、健康コストを年間1兆ドル引き下げ、温室効果ガス排出量を大幅に削減し、新たな農地を探すプレッシャーを大幅に緩和することができる。[13] プラントベースの食品ビジネスは、いまや45億ドル[14]で、２０３０年には８５０億ドルにまだ拡大する可能性がある。[15] オランダ、ドイツ、イギリスの小麦の単位面積あたりの収穫量は、ロシア、スペイン、ルーマニアの4倍以上である。[16] アフリカの収穫量はもっと低い。食料生産を4倍にするのはおそらく非現実的な目標だが、2倍にすることは、気候変動の影響を加味しても十分可能であることが、いくつもの試験的プロジェクトで示唆されている。[17] 害虫やサプライチェーン内での腐敗、消費者の廃棄などで、世界で生産された食料の3分の1は失われている。この4分の1を防止するだけでも、年間10億人近い人口を食べさせることができ、2500億ドル弱のコストを節減し、世界の温室効果ガスの排出量を大幅に削減することができる。[18]

これらは大きな数字だが、それは、膨大な経済的機会が存在するという意味でだ。数百のプロジェクトを立ち上げれば、何百万人もの新規雇用を創出することができる。私たちがやるべきことは、資本主義の再構築である。あなたがやるべきことは、それを助けることである。

変化という雪崩のなかの小石

「私に何ができるでしょうか?」。よくこう聞かれるが、これが最も重要な疑問に違いない。このとき陥りやすい罠が、世界を変えられるのはヒーロー（やヒロイン!）だけだ、と考えてしまうことだ。公民権運動について語るときは、マーチン・ルーサー・キングやローザ・パークスについて話す。ニューディールについて語るときは、フランクリン・D・ルーズベルト大統領について話す。私たちが地球温暖化をどう解決し、格差をどうやって大幅に縮小し、社会の仕組みをどう変えたかについて50年後の歴史家が記すとき、何に注目するだろうか。二、三の主要な出来事を取り上げるのではないか。冬にアメリカ東海岸を三つのスーパーストームが襲い、地球温暖化対策が完全に政党を超えた優先課題になったこと。あるいは夏にアフリカ全土で作物ができず、数百万人がヨーロッパを目指し、地球上の全員に自給自足のための手立てが必要になったこと。労働問題については、連合を主導してグローバルな労働協定の交渉に尽力したCEOの物語を語るかもしれない。あるいは米中首脳が膝を交えて話し合い、世界の富裕税を実行可能なものにしたこと。または気候変動の解決を政治的に不可避なものとした社会運動のリーダーについて語られるかもしれない。

だが、こうした焦点のあて方は、私たちの頭の中にある固定観念と現代のコミュニケーションの性格を反映したものであって、実際に変化がどう起きるかを伝えるものではない。騒々しく雑多で複雑な現実世界を理解するために、私たちは物語を使う。そして物語には主人公が必要だ。主人公は、私たちが共感を覚え、賞賛することのできる一個人だ。

だが、現実世界はそのようには動かない。影響力のあるリーダーは、自分の周りに湧き起こる変化の波を見つけ、その波に乗る。マーチン・ルーサー・キングが公民権運動を起こしたわけではない。その背景には大勢のアフリカ系アメリカ人とその同胞の何十年にもわたる活動があり、一人ひとりが危険で困難な役割を引き受け、変化を起こすべく立ち上がった。ローザ・パークスはたった一人のヒロインなどではなく、ある日の夜、バスの席を立たないと決めただけだ。パークスは公民権運動を熱心に支持する労働者で、この夜の決断はベテランの女性活動家ネットワークとの連携に乗ったものだった。ネルソン・マンデラはたった一人でアパルトヘイトに終止符を打ったわけではない。そうなるまでには50年にわたる闘争があり、その過程で大勢が参加し、大勢が命を落とした。

廃棄物処理の会社の経営を引き受け、リサイクルのトップ企業にしたエリック・オズムンゼンを覚えているだろうか。私の講義にゲスト出演してくれるときは毎回、これは自分だけの物語ではありません、と切り出し、共に働くチームの人々の物語だと念を押す。廃棄物処理業界を一新するという実際の仕事――たいていは地味な日常業務に率先して取り組む人たちの物語なのだ。メディアでは、変革がドラマチックで、個人が主導し、短期間で実現したかのように描かれる。だが、実際の変革は、めぐり合わせから始まる。ユニリーバのミケル・リジェンズを覚えているだろうか。比較的地位の低い従業員でメディアに名前が出ることは滅多にないが、リプトンのサステナブルな紅茶事業で陣頭指揮を執り、収益を確保しながらサステナビリティを実現した。おかげでCEOは、売り上げを伸ばしながらユニリーバの環境負荷を半分にできると確信できた。

ソフィア・メンデルソーンがジェットブルーで働き始めたとき、最初の仕事はリサイクル計画の立案だった。労を惜しまずできるだけ多くの関係者に会い、サステナビリティの重視が会社全体にどう寄与するのか理解しようと努力し、同僚が抱える問題解決につながることは何でもやろうとした。すると何年もしないうちに、会社全体の評価法や管理法の大幅な見直しを任されるようになった。グレタ・トゥーンベリがスウェーデンの国会前で気候変動対策を求めるデモを始めたのは、15歳の時だ。気候変動の危機が切迫しているなら、何もしなくていいのか？と彼女は問いかけた。1年後には、125カ国の160万人前後の学生が学校を休んで、気候変動デモに参加した。従業員から会社の振る舞いは恥ずかしくて子どもたちに申し開きができないと言われて、サステナビリティ戦略を全面的に見直した多国籍企業もある。

一人ひとりこそが重要であり、できることはたくさんある。具体的に説明しよう。

変化を起こすための六つのステップ[19]

▼自分自身の目的・存在意義（パーパス）を発見する

あなたが心から大切にしていることは、どんなことだろうか。何のために戦えるだろうか。一番価値を置いているのはどんなことだろうか。どんな行動を選ぶにせよ、それが、あなたという人間の深い部分と一致していなければならない。意外なことに、これまで出会ってきた目的主導型のリーダーの多くは、信仰の伝統やスピリチュアルな習慣をとても大切にしていた。

目的に至るもう一つのルートは、自分自身の人生を通して現代の問題の影響を考えてみることだ。好きだったのに、無くなったり、壊されたりした場所がないだろうか。通りの向こうの貧困地区に生まれていたら、人生が違っていたかもしれない。友人のなかに傷を負ったり、殺されたりした人がいるかもしれない。家族が病気になったこともあるだろう。差別にあったことがあるかもしれない。怒りに震えることもあったかもしれない。多くの人が打ちひしがれている。深く打ちひしがれた世界のなかで、自分自身の痛みや喪失感は、自分だけのものではないことに気づく。私たちはヒーラーになって、自分自身の傷とほかの人たちの傷を癒やすのだ。

自分の子どものために戦う人がいる。単純に正義感に燃えている人もいる。何のために頑張るのか、その理由は何なのか。まだはっきりとわからなければ、まずは自分自身と向き合い、自分のことをよく知る時間をとるといい。一人でもいいし、誰かと一緒でもいい。変革を担《にな》うのは、そう簡単ではない。内なる炎とつながっておかないと、燃え尽きてしまう。

▼今、何かやる

飛行機の利用をやめるとか、車の運転を減らすと決める。あるいは従業員をきちんと処遇している企業からしか買わないと決める。できれば自宅にソーラーパネルを取り付けるか、再生可能エネルギーのグリーン電力を購入する。自分のカーボン・フットプリント（活動に伴う温室効果ガス排出量の二酸化炭素換算量）を計算し、生活のなかでどれだけ環境負荷をかけているか推計する。可能なかぎり負荷を減らすことを目標にする。最初の一歩を踏み出せば、さらにその先につながる。心地よいコンフォート・ゾーンからほんの少し外れたことをするだけで、自分自身についての見方は変わる。ほんの小さな犠牲を払うだけで、自分も変化を起こすことができ、声を上げることが大事であることに気づく。肉を食べる量を減らすといった単純なことが、仕事でもっと積極的になろうと思うきっかけになったりするかもしれない。それによって、さらに大きな請願書署名や抗議活動へとドアが開かれる。[20]

私たちは社会的な生き物なので、あなたが行動を起こせば、ほかの人の行動を変えるきっかけになる。ある調査では、気候変動のため飛行機の利用をやめた知り合いがいる回答者は、飛行機の利用を減らしていた。[21] アメリカ人の30％が最近、肉食を減らしたと聞かされると、カフェで肉抜きのランチを注文する割合が2倍になった。[22] 近所にソーラーパネルをつけた家があると、ソーラーパネルを購入する確率は上がる。[23]

目標を共有する人を見つけて、一緒に過ごすといい。一人きりで世界は救えない。私は夫に部屋を出る度に電気を消してもらうことすらできていない（夫は努力しているが）。必要なのは仲間だ。数は力だからでもあり、変化を主導するうえで、仲間と一緒に活動すること以上に絶望を打ち消してくれるものはないからだ。ダイエットなら「体重ウォッチャー」などの支援団体に入ったほうが体重が減りやすいし、禁酒なら「アルコール中毒者の会」に入ると禁酒に成功しやすいのは偶然ではない。[24] ブッククラブを立ち上げてもいいし、連続の夕食会を主催するのもいい。共感できる目標を掲げている非営利団体に入って、活動を積極的に支援するのもいい。大きな政治運動や社会運動はどれも、変化を起こすためなら苦労をいとわない人たちが集まって、支え合って燃え上がったものだ。

▼仕事に自分の価値観を持ち込む

異なるビジョンを掲げて新しい会社を設立する。これまで私が出席した会議では、資本は小さいが情熱に燃えるスタートアップ企業が議論で相手を追い詰め、それを脅威に感じた大企業が変化の必要性に納得することが多々あった。ロビン・チェースが設立した小さなスタートアップ企業、ジップカーは、車の所有の概念を変えた。ファースト・ソーラーやブルーム・エナジーといったスタートアップは、再生可能エネルギーや省エネで利益を確保できることを多くの人に納得させ、まったく新しい産業の誕生に貢献した。

変化を主導するのにCEOになる必要はない。大きな組織で働いているなら、価値主導の「社内起業家」になって変化の機会を見つけ、その周りにチームをつくればいい。まず問題を取り上げる。電球を省エネ型に取り替える。サプライチェーンのリスクを減らす。業務を再編して、生産性を向上させ、会社の目的・存在意義を際立たせる。次に仲間を見つけて、一緒に取り組む。成功した変革は、どれも実証プロジェクトから始まっている。実証すればいい。すぐに誰かがあなたのもとを訪れ、質問してくるだろう。サプライチェーンの刷新は意味があるか、賃金を上げることに意味はあるか、全員に投票日休暇を与えることに意味はあるか、と。こうした質問をすること、あるいは分析をすることが、企業を正しい方向に向かわせる。何ができるかがよくわかっているのは、常に現場の人間であって、オフィスの一角に陣取る人たちではない。

あなたがコンサルタントなら、大問題が突き付けるリスクと機会について検討するよう顧客の背中を押すといい。顧客の考え方を変える触媒になるのだ。あなたが会計士でも同じことをするといい。

資本調達の見直しを支援する。世界の救済が高収益につながることを理解しているインパクト投資家や同族会社、ベンチャーキャピタリスト、プライベート・エクイティで働く。古くからの友人で、ベンロック・ベンチャーズで働くレイ・ロスロックは、トリ・アルファ・エナジーという会社の数億ドルの調達を支援した。同社は最低限必要な電力量を供給できる実用的な核融合技術を開発している。[25]

NGOで働いて、恥ずべき企業の行動を変えさせる手もある。グリーンピースがそうしているように。あるいは、変化にどう手をつければいいのかを指南することもできる。プロフォレストやリーダーズ・クエストなどの組織はそうしている。[26] マイケル・ペックは「1worker1vote」（労働者一人一票）を設立し、全米各地の労働者所有型の協同組合を支援している。サラ・ホロウィッツは、フリーランス・ユニオンを設立して1700万ドルを調達し、40万人以上の会員のための保険事業をスタートさせ、フリーランスの報酬引き上げと労働条件改善のために奮闘している。ニジェール・トッピングは、七つの国際的な非営利組織を束ねる「We Mean Business」を運営し、連携して企業に気候変動に対応した事業活動を促している。

▼政府で働く

あらゆるレベルで政府に対する信頼を再構築できなければ、大した成果は上げられない。そのためには、賢明で有能な人たちが必要不可欠になる。その人たちは、企業が解決の一翼を担うこと、ただし外部性に対して適切な価格をつける必要があり、社会全体の繁栄を実現するためには、企業のパワーを民主主義のパワーによってバランスさせることが必要であることを理解する人々だ。

▼政治を動かす

手ごわい課題だが、これは絶対に必要だ。先例を見ると勇気がもらえる。覚えているだろうか。ダニエラ・バロウ - エアレスはわずか2年でやり遂げた。少し前、私は古くからの友人で、地球温暖化問題に熱心なケルシー・ワースとお茶をする機会があった。この問題への政府の対応があまりに遅いことを嘆き、一般市民からの圧力を高めていく方法を見つけることが不可欠だということで意気投合した。ケルシーは、母親を動かすことがカギになると考えていた。母親は自分の子どものためなら何でもしようと思うからだ。お茶を終えた私は、なんとなく物足りなさを感じていた。ところがケルシーは、実際に母親仲間数人と「マザーズ・アウト・フロント」(Mothers Out Front) を設立してしまった。いまやメンバーが1万9000人を超え、九つの州に実働チームを抱えている。このグループは個人面談やハウスパーティ、地域ミーティングなどで母親一人ひとりとじっくりと対話を重ね、効果的に、活発な政治活動ができるようにサポートしている。

たとえばマサチューセッツ州では現在、2万3000件以上のガス漏れが起きている。[27] 天然ガスの主成分はメタンで、二酸化炭素の86倍の熱を閉じ込める温室効果ガスだ。マサチューセッツ州の温室効果ガス排出量のうち10%がメタンによるもので――悪いことに――最低でも年間9000万ドルにのぼる漏出ガスのコストを消費者が負担しなければならない。マザーズ・アウト・フロントの母親グループは、このガス漏れの解決に乗り出すことにした。メンバーは活動家や市の議員、州の議員と話し合い、問題解決のための法整備を訴えた。ボストン市議会の有力者を説得し、議会が法整備を支援すべきかどうか判断するため公聴会を開くよう求めた。そして公聴会には、熱心な母親を大勢送り込み、改革を訴えた。母親たちは、ソーシャル・メディアで「スーパーストーム」攻勢をかけて州の大手ガス会社1社を槍玉にあげた。2016年末には、マサチューセッツ州の37の市と町が新たな法律を支持する決議を採択し、州議会は最近、マザーズ・アウト・フロントが訴えてきた条項が多く盛り込まれたエネルギー法案を可決した。

政治家たちがケルシーに言うには、普段は選挙区の有権者の意見を聞くことはほとんどないが、20人の熱心で聡明な人たちが、法制化の是非を問う公聴会に来ただけでなく、その後の公聴会に何度も足を運ぶ姿を見て、虚心坦懐に耳を傾けなければと、思ったという。私がこのグループで活動する女性に会ったところ、人生で最良の出来事の一つだと話してくれた。彼女たちは、母親同士が手を取り合うことを楽しんでいる。自分たちが変化を起こしているという感覚を味わっている。そして何より、自分たちの行動が、子どもたちに持続可能な社会を残すことにつながるのだと実感している。

あなたが納得できるやり方で政治活動をしているグループを見つけて、活動に加わってみてはどうだろう。テーマはいろいろあるだろう。有権者登録を促進する。炭素税を課す。生活賃金を保障する。コミュニティで活動してみるとわかるが、どんな類いの社会変革でも、組織化することが基本中の基本だ。まず目標を設定し、それを分解し、各パートを適切な人材に任せ、目標が達成されるまでやり抜く。もう手遅れだとか、うまくいくわけがないとか、状況は変わらないと人は言うかもしれないが、遅すぎることはない。状況がさらに悪化する可能性は常にある。2度ではなく6度気温が上昇する世界は壊滅的だ。変化は遅々としているが、ある時、急激に速くなる。雪崩も最初は2、3個の小石が転がっているだけにしか見えないが、気づいた瞬間に斜面全体が崩れているものだ。

▼自分自身を大切にして、喜びを見つける

世界を救ったかどうかで、自分の成功を判断してはいけない。誰にも世界を救うことはできない。この地球上には、すばらしく優秀で、時におかしなことをする人間が80億人近くいる。一人ひとりは、自分にできることをやるだけだ。

海岸が無数のヒトデで覆いつくされているのを見て、一匹ずつ海に返した若い女性の話をご存じだろうか。友人は「何しているの？　ビーチを見て。このヒトデを全部助けられるわけがないでしょ。何も変わらないわよ」と笑ったという。若い女性はしばし手を止めたが、思い直して、一匹のヒトデを手に取ってこう言った。「変わらないかどうかはわからない。でも、この一匹を変えることはできるわ[28]」

誰の手も借りずに現代企業の構造を変革しなければ、などと気負う必要はない。たった一つの会社のごく小さな部分を変えて働きやすい場所にするだけでも、人々の人生を変えることになる[29]。

もちろん、そう簡単なことではない。絶望したくもなる。私も仕事柄、悪いニュースに目を通し、ベッドから起き上がることすらつらいときがある。ただ、仕事をしているほとんどの時間は充実している。最愛の伴侶の存在にずいぶん助けられているが、この世界での自分自身の役割を見つめ直す機会に恵まれてきたことから、横になって休みたいと思ったときも歩みを止めることはなかった。

私の最初の夫はジョン・ハクラといい、ニュージャージー州の貧困地区で生まれた。父親は鉄

道の車掌、母親は専業主婦だった。地頭の良さと努力の甲斐あってハーバード大学の天文学の教授になり、年間200日も世界最大の望遠鏡を覗いていた。そして彼は有能だった。彼の名にちなんで「ハクラのレンズ」と名づけられた銀河がある。二人の共同研究者と局所宇宙の地図を作成し、長さ6億光年、幅2億5000万光年の「グレート・ウォール」の存在をあきらかにした。これは最大級の宇宙構造物で、この発見は天文学の様相を変えることになった。それまで天文学者は、太陽系を含む天の川銀河の向こうには、ほぼ均等に銀河が広がっていると想定していた。だが、ジョンの地図では、銀河は直径が数百万光年の空洞を環状に取り囲む巨大な構造物に閉じ込められていることを示唆していた。この発見はニューヨーク・タイムズ紙の一面を飾り、現在のダークマター（暗黒物質）に基づく宇宙観の礎になった[30]。ジョンは20世紀を代表する天文学者になった。

1991年に彼と初めてデートしたとき、こうした予備知識はまったくなかった。ただ、紹介されて会っただけだ。二人とも学問の世界にいるので、論文を何本書いたか尋ねた。ためらいがちに、300本以上は書いたと思うと答えた。当時の私は6本書いた程度だったので、飛び上がらんばかりに驚いた。それから1年後、私たちは結婚した。ジョンは44歳だった。ジョンはアウトドア好きで、ハイキングやカヤックをよく楽しんだ。結婚から3年後、息子のハリーが生まれた。結婚をする気は毛頭なく、まして子どもをもつことなど考えたこともなかったジョンだが、いざ生まれた子どもをかわいがった。子どもに対して愛憎相半ばの複雑な感情を抱く親もいるが、私が知るかぎりジョンはそうではなかった。毎週金曜の夜は、揃って映画を鑑賞した。ハリーをレゴのブロックで釣って、ニューハンプシャーの山に登った。チョコレートクッキーやチーズケーキを焼き、共に笑い、何をするでもなくても、ただ一緒の時間を過ごした。

ジョンはアメリカ天文学会の会長になり、２００６年にはプラハで開かれた国際天文学連合総会にアメリカ代表を率いて出席した。この会議で冥王星が正式に惑星を外されることが決まったが、ハリーはその場にいた。２００９年には代表団の一員としてローマに赴き、ローマ法王と面会する光栄に浴した。ちなみにカトリックの上層部は、ガリレオの宗教裁判の騒動以降、天文学を支援する姿勢を見せることに腐心している。ジョンは出生時に洗礼を受けたポーランド系カトリックなので、ローマ法王と話ができる千載一遇の機会に頰を紅潮させていた。２０１０年10月には、私のハーバード・ビジネススクール卒業25年の同窓会に揃って出席した。楽しかった、あの夜のことはいまだによく覚えている。マサチューセッツ工科大学（ＭＩＴ）からハーバードに移ったばかりで、とても充実していた。高校に進学したばかりの息子も順調で、私は愛に満ち足りていた。私が欲しかったのはこれだわ。二人とも長い間研究に打ち込んで、ここまで来た。私たちは人生の達人になった――そう思った。

それから5日後、私の50歳の誕生日の3週間前のことだ。出張から帰宅すると、ジョンが床に横たわっていた。猫とじゃれているのかと思った。でも彼は動かない。私は９１１に電話をかけ、応答した人に向かって今すぐ救急車をよこして、と叫んでいた。手当てをして、彼の目を覚まさせて……と。とても現実とは思えない悪夢のなかで病院に着いたとき、ジョンはもう事切れていた。私は彼の手を握った。3日後に埋葬した。ハリーはまだ14歳だった。

ジョンを失ったのは、私の人生で一番つらい出来事だった。普通に生活することが裏切りのように思えた。ジョンが亡くなったのに、どうして買い物に行けるだろう。温かくて強い絆で結ばれていた家族はバラバラにされてしまった。美しい家で家族や友人に囲まれていたのに、だだっ広い平原の掘っ立て小屋で暴風雨にさらされているような気がした。哀しみの大波にさらわれ、1年あまり毎日泣き続けた。パートナーがいて、家族の誰も欠けていない人を羨んだ。

だが、私は気づいた。彼のことを疎かにしていたことを。情熱的で愉快で優しい男性が人生を共にしてくれていたのに、私が始終気を揉んでいたのは、彼がゴミ出しをしたかどうかだった。笑いと愛のひと時を大切にしていなかった。それはもう帰って来ない。人は私が思っていたよりずっとやさしく、思いやりがあることも知った。私がほとんど口もきけないほど落ち込んでいたとき、それほど付き合いが深くない人が町の向こうに行ってラザニアを買ってきてくれた。足元が崩れ溺れそうな私を救おうと、多くの人が手を差し伸べてくれた。

不幸な出来事はいつでも起きるものだということも知った。夫の葬儀の数週間後、駐車場で知り合いの女性――ハリーの友達の母親に呼び止められ、お悔やみを言われた。そして、自分は15年以上、夫から暴力を受けていたので離婚したと聞かされた。6歳で父を亡くしたと話してくれた同僚もいた。子どもを亡くしたと打ち明けてくれる人もいた。

死は悲劇ではないことを知った。よく生きられないことが悲劇なのだ。誰もがいつかは死ぬ。だが、誰もが生きているわけではない。ジョンは精一杯生きた。カリフォルニアに飛んで、高校生相手の授業で、科学をもっと勉強するよう発破をかけた。クリスマス直前の週にメキシコまで行って、大学院生の論文の手伝いをしたこともある。出し惜しみする人が多い世界で、ジョンは頼まれれば、誰にでも自分のデータ（と時間）を渡していた。息子にかけた惜しみない愛情は、今でも息子のなかに残っている。友だちの父親とは違っていたと、息子はよく口にする。世界的な科学者だったが、自分のことや業績をひけらかすことはなかった。ジョンは美しい世界に没頭していた。どこにでも行き、何でもやった。とりわけ、それが雨の上り坂で50ポンドの重い物を運ぶようなハードワークであったときには。お金や地位には無頓着だった。科学を極めること、学生をサポートすること――学生にかぎらず、自分に助けを求めに来る人は誰でもサポートすること、そして自然と家族を愛することが、彼のやりたいことだった。いつもいつも人のために身を捧げた。夢だったのか幻だったのかわからないが、葬儀の前日、遠くの山に向かって歩いていく彼の姿が見えた。肩越しに私を見て笑った。「木々や雨の中の僕を探して」と言い残して地平線に消えていった。

どうして歩みを止めないのかと聞かれたら、私は仏教徒だからだと答えることにしている。仏教には朗報と悲報がついて回る。朗報は、誰も死なないということだ。悲報は、誰も死なないのは、存在していないからだ。形而上の信仰として解釈してくれても構わないが、私はそう信じている。そして、それが物理学的な事実だとも考えている。私たちは、自分が思っているような「実在」ではないのだ、と。私たちは、ぐるぐる回るエネルギーの構造物として一時的に様式化された極小の粒子の束から成っている。自分たちは切り離され、孤立している、確かに存在していると思っているが、私たちは宇宙が歌う歌なのだ。美しい歌だが、いずれ終わる。私たちにできるのは、最高の歌を歌おうとすることだ。

現在の困難な状況の根源には、恐れと分離がある。どこまで行っても足りないと恐れている。切り離されていて、ひとりぼっちだと感じる。だが、そうではない。現代の大問題の解決に取り組めば、お金持ちになれるとか有名になれるなどとは言えない。その可能性はなくもないが。私に言えるのは、すばらしい仲間と旅に出られる、ということだ。予想した以上に希望も絶望も味わうことができる。そして、精一杯生きたと思いながら死を迎えることができるだろう。

ヘンリー・デヴィッド・ソローはかつてこう言った。「大多数の人間は静かな絶望のうちに暮らしている。そして歌を歌うことなく胸にしまったまま墓場に行く」。だが、あなたはそうなる必要はない。絶対に。

謝辞

この本は10年以上かけて書いたもので、多くの方々にお世話になった。マサチューセッツ工科大学（MIT）のジョン・スターマンは、企業が世界を変えられるのだと最初に諭してくれた人物だ。ボブ・ギボンズには、何が組織を動かすのかしっかり解明するよう鍛えられた。ネルソン・リペニングは、すべては選択の問題だと教えてくれた。ハーバード・ビジネススクール（HBS）では、カーシク・ラマンナとクレイトン・ローズがすばらしい思索の相手になってくれたおかげで、本書の核となるアイデアが生まれた。

ジョー・ラシター、マイク・トフル、フォレスト・ラインハート、ジェニファー・ナッシュ、ジョン・マコンバー、ディック・ビーターは、常に気候変動と企業の現実を教えてくれた。ポール・ヒーリー、ニエンハ・シェは、リーダーシップとモラルの重なりを徹底して考えることを助けてくれた。マイク・ビアとラス・アイゼンハートは目的・存在意義（パーパス）主導型企業が今日の現実であることを示し、ジェイン・ネルソンとジョン・ラギーは、官民パートナーシップやグローバル機関の重要性を説明してくれた。

HBS以外では、デビッド・モス、リチャード・ロック、ルイジ・ジンガルズが、学者がいかにプラクティスをつくれるか、常にインスピレーションを与え続けてくれる。ブルース・コグートにはコロンビア・ビジネススクールに招聘してもらい、貴重な経験ができた。ナラティブと組織化について教えてくれたマーシャル・ガンツは、政府の再構築が企業の再構築と同じくらい重要なのだと、いつも思い出させてくれる。アイオアニス・アイオナノウは、企業の目的と財務実績について体系的に考えるのを助けてくれた。サラ・カプランには、本音を口にする勇気をもらった。ジョシュア・ガンズは、アーキテクチュラル・イノベーションが重要だという考えを曲げることがなかった。ラジェンドラ・シソディア、キャロル・サンフォード、カトリン・カウファー、オットー・シャーマーは、頭と同じくらい心が大切なのだと常に思い起こさせてくれた。

マリアナ・オセケラ・ロドリゲスとトニー・ハは、すばらしいリサーチ・アシスタントだ。トニーは、私が思っていた以上の範囲をカバーしてくれた。マリアナには、聖人の忍耐とトマス・エジソンの労働倫理がある。本の刊行というゴールにたどり着けたのは、あなたたちのお蔭と感謝している。ジェシカ・グローバー、ケイト・アイザックス、カリン・クノープ、アマラム・ミグダル、アルド・セシア、ジム・ウエーバー、ハン・シュイン・ユゥーは、事例研究のすばらしいパートナーだ。エリオット・ストーラー、クリス・イーグリンは、世の中をミレニアル世代の違った目で見る手助けをしてくれた。

学生たちは、不可能などほとんどないことを示してくれた。以下の方々にとくに感謝したい。ライアン・アリス、チェルシー・バンクス、ラツワナ・バシャール、ルーカス・バウムガートナー、オリエル・カリュー、ハワード・フィッシャー、ディオゴ・フレイル、ケイシー・ジェラルド、パトリック・ヒダルゴ、アマン・クマール、サム・ラザルス、クレイグ・マシューズ、スムリティ・ミシュラ、アリソン・オーメンズ、ポーリナ・ポン・デ・レオン、ロバート・ポア、アン・プラット、プレム・ラマスワミ、カーマイケル・ロバーツ、アダム・シーゲル、ドルジ・サン、ヘンリー・ツサイ、ブライアン・トムリンソン。

この本は、資本主義が創り変えられることを私に示してくれた、すべての企業人の積み重ねの上にできたものだ。すべてのお名前を挙げられないことをお許しいただきたい。私の事例の主人公は、協力を惜しまず、たえず刺激を与えてくれた。以下の方々に変わらぬ感謝を申し上げたい。ピーター・ブルーム、カレン・コルバーグ、ラルフ・カールトン、スザンヌ・マクドウェル、マーク・バートリーニ、スタン・バーグマン、エリック・オズムンゼン、レニエ・インダール、ミケル・リジェンズ、フェイケ・シーベスマ、水野弘道。

ポール・ポルマンは、世界の問題解決に熱意をもって取り組みながら、大企業のリーダーとして成功し、細部にこだわることが可能であることを示してくれた。不可能なことを試そうとする彼らを見てみたい。ダグ・マクミロンとキャスリーン・マクローリンは希望をくれた。ジョン・エアーズは、熱心な株主価値の擁護者でも共有価値の重要性を積極的に受け入れることができるようになることを示してくれた。ローレン・ブッカー・アレン、ボブ・チャプマン、キャサリーン・コノリー、スー・ガラード、ディック・ゴシュナ、ダイアン・プロッパー・ド・カルホン、ケヴィン・ラヴィノヴィッチ、ジョナサン・ローズ、アーサー・シーゲル、カーター・ウィリアムズ、アンドリュー・ウィンストン、ヒュー・ウェルシュは、情熱をもってやると決めたら、現場の変化を主導できることを示してくれた。このアジェンダを共有する非営利の世界の友人にも多くを負っている。クレイグ・アルテモス、ヘザー・バウシャー、ミンディ・ラバー、リンゼイ・レヴィン、マイケル・ペック、ビル・シャープ、マーク・テルチュク、ニジェル・トッピング、ジュディ・サミュエルソン。

エージェントのダニエル・スターンは、骨を折ってこの本にふさわしい出版社を探してくれた。すばらしいチームが本の制作と販売を助けてくれている。以下の方々に御礼申し上げる。メル・ブレイク、アンドリュー・デジオ、テレサ・ディードリッヒ、リンゼイ・フランドコフ、マーク・フォルティア、ジャイム・レイファー、ダン・マシー、クレア・ストリート、ブライン・ワリナー。シャジア・アミンは有能なコピーエディターだ。

とくに御礼を言いたい二人は、すでにこの世にいない。私の父、ムンゴ・ヘンダーソンは、この本が完成する1年ほど前に亡くなった。私の講座の名前の由来でもある、ハーバード大学の元学長ジョン・マッカーサーは、その数カ月後にこの世を去った。二人とも、このプロジェクトに若干戸惑っていたが、どちらも惜しみない支援と愛情をくれた。二人の不在はとても寂しく、本の完成を見届けてもらえなかったことを残念に思う。

私の家族や友人は、自分たちそっちのけで本に精魂傾ける私を、どこまでも辛抱強く見守ってくれた。ステファニー・コナーは、読者が本を閉じて、ネットフリックスを見るかもしれないと警告してくれた。サラ・スローター、リンダ・ウゲロウ、エンドレ・ジョバギ、サラ・ロブソン、タムリン・ナル、私の母マリナ・ヘンダーソン、兄のキャスパー・ヘンダーソン、息子のハリー・ハクラ。スティーヴン・ホルツマンとアンドリュー・シュラートは、初期の草稿を読んで、貴重なコメントをくれた。ジム・ストーンのやさしいプレッシャーこそ、私に必要なものだった。

この三人がいなければ、この本が世に出ることはなかった。私のエディターのジョン・マハニー。最初からこの本を信じ、途方もない時間をかけて形にするのを助けてくれた。ジョージ・セラフェイム。ここ5年間、「資本主義の再構築」を一緒に教えた仲間で、これまで会った誰よりも強く、また生産的に発破をかけてくれた。彼は多くのアイデアにおいて完全なパートナーだ。一人で世界を変えられる人がいるとすれば、ジョージ、あなただ。そして現在の夫のジム・モロン。できるのだと示し、できそうもないときは励ましてくれた。あらゆることを通じて、世界がただただ美しいことに喜びを見い出し、生きていることのすばらしさを気づかせてくれたことに感謝したい。

i9037en/I9037EN.pdf; New Climate Economy, *Unlocking the Inclusive Growth Story* (2018).

19. あなた自身の人生に変化を起こす方法をさらに詳しく知り、本書の読者とつながるには、以下をチェックしてもらいたい。ReimaginingCapitalism.org.

20. Leor Hackel and Gregg Sparkman, "Actually, Your Personal Choices Do Make a Difference in Climate Change," *Slate Magazine*, Oct. 26, 2018, https://slate.com/tech nology/2018/10/carbon-footprint-climate-change-personal-action-collective-action .html.

21. Steve Westlake, "A Counter-Narrative to Carbon Supremacy: Do Leaders Who Give Up Flying Because of Climate Change Influence the Attitudes and Behaviour of Others?" SSRN 3283157 (2017).

22. Gregg Sparkman and Gregory M. Walton, "Dynamic Norms Promote Sustainable Behavior, Even If It Is Counternormative," *Psychological Science* 28, no. 11 (2017): 1663–1674.

23. Hackel and Sparkman, "Actually, Your Personal Choices Do Make a Difference."

24. Karen Asp, "WW Freestyle: Review for New Weight Watchers Plan," WebMD, Jan. 10, 2018, www.webmd.com/diet/a-z/weight-watchers-diet; John F. Kelly and Julie D. Yeterian, "The Role of Mutual-Help Groups in Extending the Framework of Treatment," *Alcohol Research & Health* 33, no. 4 (2011): 350, National Institute on Alcohol Abuse and Alcoholism; Dan Wagener, "What Is the Success Rate of AA?" *American Addiction Centers*, Oct. 28, 2019, https://americanaddictioncenters.org/rehab-guide/12-step /whats-the-success-rate-of-aa.

25. Ray Rothrick, "Rockefeller Family VC Funds Risky Fusion Energy Project," *Fusion 4 Freedom*, May 22, 2016, https://fusion4freedom.com/rockefeller-vc-funds -risky-fusion-project/.

26. Proforest は大企業の責任ある農産品調達への移行を支援するNGO。以下を参照。www.proforest.net/en.

27. 説明は以下で入手した情報による。www.mothersout front.org/.

28. "The Starfish Story," *City Year*, www.cityyear.org/about-us/culture-values /founding-stories/starfish-story, inspired by "The Star Thrower" a 16-page essay by Loren Eiseley, published in 1969 in *The Unexpected Universe*.

29. "Organizing Toolkit," Mothers Out Front, https://d3n8a8pro7vhmx.cloudfront .net/mothersoutfront/pages/1218/attachments/original/1494268006/MothersOut Front_toolkit-Section_1.pdf?1494268006.

30. Dennis Overbye, "John Huchra Dies at 61; Maps Altered Ideas on Universe," *New York Times*, Oct. 14, 2010, www.nytimes.com/2010/10/14/us/14huchra.html.

-BetterWorld_170215_012417.pdf.

9. "Renewable Energy Market Global Industry Analysis, Size, Share, Growth, Trends and Forecast 2019–2025," Reuters, Feb. 22, 2019, www.reuters.com/brandfeatures/venture-capital/article?id=85223.

10. "Renewables 2018 Global Status Report" (Paris: REN21 Secretariat).

11. Silvio Marcacci, "Renewable Energy Job Boom Creates Economic Opportunity as Coal Industry Slumps," *Forbes*, Apr. 22, 2019, www.forbes.com/sites/energyinnovation/2019/04/22/renewable-energy-job-boom-creating-economic-opportunity-as-coal-industry-slumps/#747b8f823665.

12. *Energy Efficiency Market Report 2018* (Paris: International Energy Agency [IEA], 2018), https://webstore.iea.org/download/direct/2369?fileName=Market_Report_Series_Energy_Efficiency_2018.pdf; OECD Publishing, *World Energy Outlook 2017* (Paris: Organization for Economic Cooperation and Development, 2017).

13. "Agriculture at a Crossroads," *Global Agriculture*, www.globalagriculture.org/report-topics/meat-and-animal-feed.html.

14. Deena Shanker, "Plant Based Foods Are Finding an Omnivorous Customer Base," Bloomberg.com, July 30, 2018, www.bloomberg.com/news/articles/2018-07-30/plant-based-foods-are-finding-an-omnivorous-customer-base; Jesse Nichols and Eve Andrews, "How the Word 'Meat' Could Shape the Future of Protein," Grist, Jan. 18, 2019, https://grist.org/article/how-the-word-meat-could-shape-the-future-of-protein/; Janet Forgrieve, "Plant-Based Food Sales Continue to Grow by Double Digits, Fueled by Shift in Grocery Store Placement," *Forbes*, July 16, 2019, www.forbes.com/sites/janetforgrieve/2019/07/16/plant-based-food-sales-pick-up-the-pace-as-product-placement-shifts/#484fe50d4f75.

15. David Yaffe-Bellany, "The New Makers of Plant-Based Meat? Big Meat Companies," *New York Times*, Oct. 14, 2019, www.nytimes.com/2019/10/14/business/the-new-makers-of-plant-based-meat-big-meat-companies.html.

16. Hannah Ritchie and Max Roserm "Crop Yields," *Our World in Data*, Oct. 17, 2013, https://ourworldindata.org/yields-and-land-use-in-agriculture.

17. International Panel of Experts on Sustainable Food Systems (IPES-Food), "Breaking Away from Industrial Food and Farming Systems: Seven Case Studies of Agroecological Transition," (Oct. 2018); "Unlocking the Inclusive Growth Story of the 21st Century: Accelerating Climate Action in Urgent Times," (Washington, DC: New Climate Economy, 2018), https://newclimateeconomy.report/2018/wp-content/uploads/sites/6/2018/09/NCE_2018_FULL-REPORT.pdf.; Technoserve, *Eyes in the Sky for African Agriculture, Water Resources, and Urban Planning*, Apr. 2018, www.technoserve.org/files/downloads/case-study_eyes-in-the-sky-for-african-agriculture-water-resources-and-urban-planning.pdf.

18. Food and Agriculture Organization (FAO), *The 10 Elements of Agroecology: Guiding the Transition to Sustainable Food and Agricultural Systems*, www.fao.org/3/

労働コストの高さから、工業の成長には一定の限界がある。香港やプエルトリコが今日の地位を獲得するために助けになったものが、モーリシャスには存在しない」

89. Doing Business, "Training for Reform. Economy Profile Mauritius" (Washington, DC: World Bank Group, 2019), www.doingbusiness.org/content/dam/doingBusiness/country/m/mauritius/MUS.pdf.

90. "Mauritius," World Bank Data, https://data.worldbank.org/country/mauritius.

91. ジニ係数の低さは、格差が小さいことを意味する。ジニ係数が0の社会は完全に平等な社会である。ジニ係数が1の社会は、全所得を独り占めする社会である。"Countries Ranked by GINI Index (World Bank Estimate)," Index Mundi, www.indexmundi.com/facts/indicators/SI.POV.GINI/rankings.

92. *Human Development Indices and Indicators: 2018 Statistical Update* (Mauritius: UNDP, 2018), http://hdr.undp.org/sites/all/themes/hdr_theme/country-notes /MUS.pdf.

93. 情報源は、2018年8月に行ったダニエラの個人的なインタビュー、私の個人的体験、リーダーシップ・ナウのウェブサイト。私は、この団体の顧問である。

第八章　変化という雪崩のなかの小石

1. Hans Rosling, Ola Rosling, and Anna Rosling Rönnlund, *Factfulness: Ten Reasons We're Wrong About the World—and Why Things Are Better Than You Think*, 1st ed. (New York: Flatiron Books, 2018), 33. (『ファクトフルネス』)

2. K. Danziger, "Ideology and Utopia in South Africa: A Methodological Contribution to the Sociology of Knowledge," *British Journal of Sociology* 14, no. 1 (1963): 59–76.

3. Rosling et al., *Factfulness*, 53. (『ファクトフルネス』)

4. "Global Child Mortality: It Is Hard to Overestimate Both the Immensity of the Tragedy, and the Progress the World Has Made," *Our World in Data*, https://ourworld indata.org/child-mortality-globally.

5. Max Roser, "Economic Growth," *Our World in Data*, Nov. 24, 2013, https://ourworldindata.org/economic-growth; Max Roser et al., "World Population Growth," *Our World in Data*, May 9, 2013, https://ourworldindata.org/world-population-growth; "World Population by Year," *Worldometers*, www.worldometers.info/world-population /world-population-by-year/.

6. R. J. Reinhart, "Global Warming Age Gap: Younger Americans Most Worried," Gallup.com, Sept. 4, 2019, https://news.gallup.com/poll/234314/global-warming-age-gap-younger-americans-worried.aspx; Steven Pinker, *Enlightenment Now: The Case for Reason, Science, Humanism, and Progress* (New York: Viking, 2018).

7. Rosling et al., *Factfulness*, 60. (『ファクトフルネス』) 正式にはWpは「ワットピーク」で、最適条件下のワット容量。

8. *Better Business Better World* (London: Business and Sustainable Development Commission, Jan. 2017), http://report.businesscommission.org/uploads/BetterBiz

74. 米国商工会議所は、「世界最大の企業団体」と謳い、300万社以上が加盟している。www.uschamber.com /about-us-chamber-commerce. In 2017 the Chamber was the organization that spent the most lobbying the US Congress.

75. "Climate Change: The Path Forward," U.S. Chamber of Commerce, Sept. 27, 2019, www.uschamber.com/addressing-climate-change.

76. R. Meyer, "The Unprecedented Surge in Fear About Climate Change" [online], *Atlantic*. 2019年10月19日にアクセス。 www.theatlantic.com/science/archive/2019/01 / do-most-americans-believe-climate-change-polls-say-yes/580957/.

77. "Global Battery Alliance," *World Economic Forum*, www.weforum.org/projects / global-battery-alliance.

78. "Strengthening Global Food Systems," *World Economic Forum*, www.weforum .org/projects/strengthening-global-food-systems.

79. Anand Giridharadas, *Winners Take All: The Elite Charade of Changing the World* (New York: Alfred A. Knopf, 2018).

80. "ICC Launches New Tool to Promote Business Sustainability—ICC— International Chamber of Commerce," ICC, Jan. 19, 2017, https://iccwbo.org/media-wall /news-speeches/icc-launches-new-tool-to-promote-business-sustainability/.

81. Asbjørn Sonne Nørgaard, "Party Politics and the Organization of the Danish Welfare State, 1890–1920: The Bourgeois Roots of the Modern Welfare State," *Scandinavian Political Studies* 23, no. 3 (2000): 183–215.

82. Tim Worstall, "Denmark Does Not Have A $20 Minimum Wage, Try $11.70 Instead," *Forbes*, Aug. 13, 2015, www.forbes.com/sites/timworstall/2015/08/12 / denmark-does-not-have-a-20-minimum-wage-try-11-70-instead/#17694b477814.

83. "Denmark Has OECD's Lowest Inequality," *Local*, May 21, 2015, www.thelocal.dk/20150521/denmark-has-lowest-inequality-among-oecd-nations.対照的にアメリカは18.8で、上位10%の所得は下位10%の18.8倍である。

84. Marc Sabatier Hvidkj, "How Does a Danish McDonald's Worker Make 20$ /Hour, Without a Minimum Wage Law?" *Medium*, Jan. 30, 2019, https://medium.com /@marcsabatierhvidkjr/how-does-a-danish-mcdonalds-worker-make-20-hour-without-a-minimum-wage-law-ea8bcbaa870f.

85. James Edward Meade, "Mauritius: A Case Study in Malthusian Economics," *Economic Journal* 71, 283 (1961): 521–534.

86. MLP はムスリム党とヒンドゥー党と前進同盟を組んで独立戦線を張った。

87. Deborah Brautigam and Tania Diolle, "Coalitions, Capitalists and Credibility: Overcoming the Crisis of Confidence at Independence in Mauritius" (DLP Research Paper 4, 2009).

88. 輸出加工区は、多くの地方税や規制を免除することで国内の製造業者の国際競争力を高める目的で設けられた特区である。1962年、加工区設置の可能性を調査するためにモーリシャスを訪れた世界銀行の調査団はこう結論づけていた。「限定的な工業拡大が主に国内向けに起こる可能性がある。だが、国内の原材料の乏しさ、電力の不足、未発達な国内市場、距離の遠さ、

44percent-of-us-employers-give-their-workers-paid-time-off-to-vote.html.

61. Tina Nguyen, "Reid Hoffman's Hundred-Million-Dollar Plan to GrowthHack Democracy," *Vanity Fair*, July 15, 2019, www.vanityfair.com/news/2019/04 / linkedin-founder-reid-hoffman-spends-millions-to-grow-democracy.

62. James Rickards, "Rickards: Warren Buffett and Hugo Stinnes," *Darien Times*, January 5, 2015, www.darientimes.com/38651/rickards-warren-buffett-and -hugo-stinnes/.

63. Sanjeev Gupta, Hamid Davoodi, and Rosa Alonso-Terme, "Does Corruption Affect Income Inequality and Poverty?" *Economics of Governance* 3, no. 1 (2002) : 23–45.

64. Gerald D. Feldman, "The Social and Economic Policies of German Big Business, 1918–1929," *American Historical Review* 75, no. 1 (1969) : 47–55.

65. David R. Henderson, "German Economic Miracle," *Library of Economics and Liberty*, www.econlib.org/library/Enc/GermanEconomicMiracle.html; Wolfgang F. Stolper and Karl W. Roskamp, "Planning a Free Economy: Germany 1945–1960." *Zeitschrift fur die gesamte Staatswissenschaft* 135, no. 3 (1979) : 374–404.

66. Michael R. Hayse, *Recasting West German Elites: Higher Civil Servants, Business Leaders, and Physicians in Hesse Between Nazism and Democracy, 1945–1955*, vol. 11 (New York: Berghahn Books, 2003) : 119–120.

67. Kathleen Thelen, *How Institutions Evolve: The Political Economy of Skills in Germany, Britain, the United States and Japan* (Cambridge, UK: Cambridge University Press, 2012) .

68. このランキングは豊かな都市国家を除外している。"Country Comparison: GDP—PER CAPITA (PPP) ," Central Intelligence Agency, www.cia.gov/library/publications / the-world-factbook/rankorder/2004rank.html.

69. World Bank, *World Trade Indicators, 2017*, https://wits.worldbank.org/CountryProfile/en/Country/WLD/Year/2017; "U.S. Exports, as a Percentage of GDP," Statista, www.statista.com/statistics/258779/us-exports-as-a-percentage-of-gdp/.

70. Klaus Schwab, "The Global Competitiveness Report 2018," *World Economic Forum*, 2018.

71. "Infrastructure," Germany Trade and Invest GmbH (GTAI) , www.gtai.de /GTAI/Navigation/EN/Invest/Business-location-germany/Business-climate/infrastructure.html.

72. Hermann Simon, "Why Germany Still Has So Many Middle-Class Manufacturing Jobs," *Harvard Business Review* (July 13, 2017) , https://hbr.org/2017/05/why-germany-still-has-so-many-middle-class-manufacturing-jobs?referral=03759&cm_vc=rr_item_page.bottom.

73. Tamar Jacoby, "Why Germany Is So Much Better at Training Its Workers," *Atlantic*, Oct. 20, 2014, www.theatlantic.com/business/archive/2014/10/why-germany -is-so-much-better-at-training-its-workers/381550/.

2014, eprints .lse.ac.uk/69605; 2016年4月にアクセス; Marshall Burke, Solomon M. Hsiang, and Edward Miguel, "Global Non-Linear Effect of Temperature on Economic Production," Nature 527 (November 12, 2015) : 235–239, www.nature.com/nature/journal/v527/n7577/full /nature15725.html, 2016年6月にアクセス。

45. "What Climate Change Means for Utah," EPA, Aug. 2016, https://19january2017snapshot.epa.gov/sites/production/files/2016-09/documents/climate-change-ut.pdf.

46. "The Utah Way to Achieving 100 Percent Clean Energy," Sierra Club, July 1, 2019, www.sierraclub.org/sierra/2019-4-july-august/feature/utah-way-achieving-100-percent -clean-energy.

47. Iulia Gheorghiu, "PacifiCorp Shows 60% of Its Coal Units Are Uneconomic," *Utility Dive*, Dec. 5, 2018, www.utilitydive.com/news/pacificorp-shows-60-of-its -coal-units-are-uneconomic/543566/.

48. "The Utah Way to Achieving 100 Percent Clean Energy," *Sierra Club*.

49. https://thesolutionsproject.org.

50. Helen Clarkson, "One Year on: U.S. Business Is Still Committed to the Paris Agreement," *GreenBiz*, June 1, 2018, www.greenbiz.com/article/one-year-us-business -still-committed-paris-agreement.

51. Michael, "Trump Will Withdraw U.S. from Paris Climate Agreement," *New York Times*, June 1, 2017, www.nytimes.com/2017/06/01/climate/trump-paris-climate -agreement.html.

52. Andrew Winston, "U.S. Business Leaders Want to Stay in the Paris Climate Accord," *Harvard Business Review* (Feb. 27, 2018) , https://hbr.org/2017/05/u-s-business -leaders-want-to-stay-in-the-paris-climate-accord.

53. www.wearestillin.com/.

54. Adam Bonica and Michael McFaul, "Opinion / Want Americans to Vote? Give Them the Day off," *Washington Post*, Oct. 11, 2018, www.washingtonpost.com/opinions/want-americans-to-vote-give-them-the-day-off/2018/10/10/5bde4b1a-ccae-11e8-920f -dd52e1ae4570_story.html?utm_term=.1bec742b2247.

55. opensecrets.org.

56. opensecrets.org.

57. Marianne Bertrand, Matilde Bombardini, Raymond Fisman, and Francesco Trebbi,"Tax-Exempt Lobbying: Corporate Philanthropy as a Tool for Political Influence," NBER Working Paper no. 24451 (Cambridge, MA: NBER, 2018) .

58. たとえば以下。Nicholas Confessore and Megan Thee-Brenan, "Poll Shows Americans Favor an Overhaul of Campaign Financing," *New York Times*, June 2, 2015, www .nytimes.com/2015/06/03/us/politics/poll-shows-americans-favor-overhaul-of -campaign-financing.html.

59. www.maketimetovote.org/.

60. Abigail J. Hess, "A Record 44% of US Employers Will Give Their Workers Paid Time off to Vote This Year," CNBC, Oct. 31, 2018, www.cnbc.com/2018/10/31 /just-

Business -Success-Growth-LGBT-Inclusive-Culture-FINAL-WEB.pdf.

34. "Frequently Asked Questions about Domestic Partner Benefits," Human Rights Campaign, www.hrc.org/resources/frequently-asked-questions-about-domestic -partner-benefits.

35. "Corporate Equality Index 2019," Human Rights Campaign Foundation, Mar. 28, 2019, https://assets2.hrc.org/files/assets/resources/CEI-2019-FullReport .pdf?_ga= 2.70189529.856883140.1563932191-499015526.1563932191.

36. "Corporate Equality Index 2019," Human Rights Campaign Foundation.

37. "LGBT People in the United States Not Protected by State Nondiscrimination Statutes," (Los Angeles: The Williams Institute, UCLA, March 2019) ; "Hate Crimes," FBI, May 3, 2016, www.fbi.gov/investigate/civil-rights/hate-crimes.

38. Kent Bernhard Jr., "Salesforce CEO Marc Benioff Fights Back Against Indiana 'Religious Freedom' Law," *Business Journals*, Mar. 26, 2015, www.bizjournals.com / bizjournals/news/2015/03/26/benioff-salesforce-fights-indiana-religious-law.html.

39. Jim Gardner, "Other Tech Giants Join Salesforce CEO in Slamming New Indiana Law," Bizjournals.com, www.bizjournals.com/sanfrancisco/blog/2015/03/indiana -gays-discrimination-salesforce-apple-yelp.html.

40. 修正法の公式な概要では、以下が示唆されている。「国または地方の法令またはその他の行動が個人の信教の行使に著しい負担になるという訴訟判決に関連する法律は、(1) いかなる構成員または一般市民に対しても、サービスの提供、民間施設、公共施設の利用、財、雇用、住居の提供を拒否する権限を事業者に与えるものではない。(2) 構成員または一般市民に対し、事業者がサービスの提供、民間施設、公共施設の利用、財、雇用、住宅の提供を拒むことに対する市民行動または犯罪訴追を擁護するものではない。(3) インディアナ州法のもとでのいかなる権利も否定するものではない」。www .documentcloud.org/documents/1699997-read-the-updated-indiana-religious -freedom.html#document/p1.

41. David Gelles, "The C.E.O. Who Stood Up to President Trump: Ken Frazier Speaks Out," *New York Times*, Feb. 19, 2018, www.nytimes.com/2018/02/19/business / merck-ceo-ken-frazier-trump.html.

42. Matthew E. Kahn et al., "Long-term Macroeconomic Effects of Climate Change: A Cross-Country Analysis," NBER Working Paper no. w26167 (Cambridge, MA: National Bureau of Economic Research, 2019) .

43. IPCC, "Summary for Policymakers," in *Climate Change 2014: Mitigation of Climate Change. Contribution of Working Group III to the Fifth Assessment Report of the IPCC*, edited by O. Edenhofer, R. Pichs-Madruga, Y. Sokona, E. Farahani, S. Kadner, K. Seyboth, A. Adler, I. Baum, S. Brunner, P. Eickemeier, B. Kriemann, J. Savolainen, S. Schlömer, C. von Stechow, T. Zwickel, and J. C. Minx (Cambridge, UK, and New York: Cambridge University Press, 2014) .

44. Dimitri Zenghelis, "How Much Will It Cost to Cut Global Greenhouse Gas Emissions?" The London School of Economics and Political Science Grantham Research Institute on Climate Change and the Environment website, October 27,

18. Daron Acemoglu, Simon Johnson, and James A. Robinson, "The Colonial Origins of Comparative Development: An Empirical Investigation," *American Economic Review* 91, no. 5 (2001) : 1369–1401.

19. 古代ギリシャのアテネのような都市国家は有名で稀有な例外。

20. Samuel Edward Finer, *The History of Government from the Earliest Times: Ancient Monarchies and Empires*, vol. 1 (Oxford, UK: Oxford University Press, 1997) .

21. Brian M. Downing, "Medieval Origins of Constitutional Government in the West," *Theory and Society* 18, no. 2 (1989) : 213–247; Daron Acemoglu and James A. Robinson, *Economic Origins of Dictatorship and Democracy* (Cambridge, UK: Cambridge University Press, 2005) .

22. Diego Puga and Daniel Trefler, "International Trade and Institutional Change: Medieval Venice's Response to Globalization," *Quarterly Journal of Economics* 129, no. 2 (2014) : 753–821.

23. Barrington Moore, *Social Origins of Dictatorship and Democracy: Lord and Peasant in the Making of the Modern World* (Boston: Beacon Press, 1993) .

24. Marina Mazzucato, *The Entrepreneurial State: Debunking Public vs. Private Myths* (London: Anthem Press, 2013) .

25. Jeffrey Masters, "The Skeptics vs. the Ozone Hole," *Weather Underground*, 10.226.246.28 (1974) , www.wunderground.com/resources/climate/ozone_skeptics.asp.

26. *Chemical Week* (New York: McGraw-Hill, July 16, 1975) , print.

27. J. P. Glas, "Protecting the Ozone Layer: A Perspective from Industry," in *Technology and Environment, ed.* J. H. Ausubel and H. E. Sladovich (National Academy Press: Washington, DC, 1989) , www.wunderground.com/resources/climate/ozone_skeptics .asp.

28. CFCはとくに温室効果ガスの可能性がある。

29. R. Schmalensee and R. N. Stavins, "The SO2 Allowance Trading System: The Ironic History of a Grand Policy Experiment," *Journal of Economic Perspectives* 27. no. 1 (2013) : 103–122.

30. Sanjeev Gupta, Hamid Davoodi, and Rosa Alonso-Terme, "Does Corruption Affect Income Inequality and Poverty?" *Economics of Governance* 3, no. 1 (2002) : 23–45.

31. "Views on Homosexuality, Gender and Religion," Pew Research Center for the People and the Press, Sept. 18, 2018, www.people-press.org/2017/10/05/5-homosexuality-gender-and-religion/.

32. "Views on Homosexuality, Gender and Religion.," Pew Research Center for the People and the Press, www.people-press.org/2017/10/05/5-homosexuality-gender-and -religion; "Global Attitudes Toward Transgender People," *Ipsos*, www.ipsos.com/en-us /news-polls/global-attitudes-toward-transgender-people.

33. "Business Success and Growth Through LGBT–Inclusive Culture," US Chamber Foundation, Apr. 9, 2019, www.uschamberfoundation.org/sites/default/files/

4. Christine Meisner Rosen, "Businessmen Against Pollution in Late Nineteenth Century Chicago," *Business History Review* 69, no. 3 (1995) : 351–397.
5. Pablo A. Mitnik and David B. Grusky, "Economic Mobility in the United States," The Pew Charitable Trusts and the Russel Sage Foundation, 2015) ; John Jerrim and Lindsey Macmillan, "Income Inequality, Intergenerational Mobility, and the Great Gatsby Curve: Is Education the Key?" *Social Forces* 94, no. 2 (December 2015) : 505– 533; OECD, "A Family Affair: Intergenerational Social Mobility Across OECD Countries," *Economic Policy Reforms* (2010) : 166–183.
6. World Bank, *World Development Report 2018: Learning to Realize Education's Promise* (Washington, DC: World Bank, 2018) , doi:10.1596/978-1-4648-1096-1. License: Creative Commons Attribution CC BY 3.0 IGO. 出生後数日間に基本的な栄養が十分に与えられなかった子どもは、後々修復できない認知的、感情的なダメージを負う。World Bank, *World Development Report 2018*.
7. F. Alvaredo, L. Chancel, T. Piketty, E. Saez, and G. Zucman, *World Inequality Report 2018* (Cambridge, MA: The Belknap Press of Harvard University Press, 2018) .
8. "Total Factor Productivity at Constant National Prices for United States," *FRED*, June 11, 2019, https://fred.stlouisfed.org/series/RTFPNAUSA632NRUG.
9. Lawrence Mishel and Jessica Schieder, "CEO Compensation Surged in 2017," *Economic Policy Institute* 16 (2018) .
10. Lyndsey Layton, "Majority of U.S. Public School Students Are in Poverty," *Washington Post*, Jan. 16, 2015, www.washingtonpost.com/local/education/majority -of-us-public-school-students-are-in-poverty/2015/01/15/df7171d0-9ce9-11e4-a7ee-526210d665b4_story.html.
11. Bryce Covert, "Walmart's Wage Increase Is Hurting Its Stock Price and That's OK," *Nation*, Oct. 23, 2015, www.thenation.com/article/walmarts-wage-increase-is-hurting-its-stock-price-and-thats-ok/.
12. Walmart, *2018 Annual Report*, https://s2.q4cdn.com/056532643/files/doc_financials/2018/annual/WMT-2018_Annual-Report.pdf.
13. "Inaugural Addresses of the Presidents of the United States: Ronald Reagan," Avalon Project—Documents in Law, History and Diplomacy, https://avalon.law.yale.edu/20th_century/reagan1.asp.
14. A. Winston, "Where the GOP's Tax Extremism Comes From," [online] 2017. 2019年10月18日にアクセス。 https://medium.com/@AndrewWinston/where-the-gops-tax-extremism-comes-from-90eb10e38b1c.
15. "Edelman Trust Barometer Global Report" (2019) , https://news.gallup.com/reports/199961/7.aspx.
16. Philip Mirowski and Deiter Piehwe, *The Road from Mont Pelerin: The Making of the Neoliberal Thought Collective* (Cambridge, MA: Harvard University Press, 2009) .
17. Theda Skocpol and Alexander Hertel-Fernandez, "The Koch Network and Republican Party Extremism," *Perspectives on Politics* 14, no. 3 (2016) : 681–699.

64. Bruce Barcott, "In Novel Approach to Fisheries, Fishermen Manage the Catch," *Yale E360*, Jan. 2011, https://e360.yale.edu/features/in_novel_approach_to_fisheries _ fishermen_manage_the_catch.

65. 詳細は以下。Clayton S. Rose and David Lane, "MELF and Business Culture in the Twin Cities (A) ," Harvard Business School Case no. 315- 078, March 2015.

66. ミネアポリスの冬は寒くて長いことで有名。

67. Harvard Business School MELF Case C.

68. Art Rolnick and Rob Grunewald, "Early Childhood Development: Economic Development with a High Public Return," *The Region* 17, no. 4 (2003) : 6–12; 彼の社会科学の文献では、問題に取り組む努力は、約16%の社会的リターンを生み出すと示唆されている。

69. Charles McGrath, "Pension Funds Dominate Largest Asset Owners," *Pensions & Investments*, Nov. 12, 2018, www.pionline.com/article/20181112/INTERACTIVE/181119971/pension-funds-dominate-largest-asset-owners.

70. "World's Top Asset Managers 2019," *ADV Ratings*, www.advratings.com/top -asset-management-firms.

71. George Serafeim, "Investors as Stewards of the Commons?" Harvard Business School Working Paper no. 18-013, August 2017.

72. Kelly Gilblom, Bloomberg.com, Apr. 11, 2019, www.bloomberg.com/news / features/2019-04-11/climate-group-with-32-trillion-pushes-companies-for-transparency.

73. 「+」は、気候変動の大きな影響を受けるか、気候変動を緩和する重要な役割をもっているという理由で、6カ月後にリストに加えられた「フォーカス企業」を指している。

74. https://climateaction100.wordpress.com/.

75. "Power Companies Must Accelerate Decarbonisation and Support Ambitious Climate Policy," FT.com, Dec. 20, 2018.

76. "Proposal: Strategy Consistent with the Goals of the Paris Agreement," *Ceres*, https://ceres.my.salesforce.com/sfc/p/#A0000000ZqYY/a/1H000000bxTX/VMk1IZrSUtwbmXzkJ_DVFFsrtiQBpMuOiZMnzu7V7Y8.

第七章　豊かさと自由の源泉を守る

1. Yascha Mounk, *The People vs. Democracy: Why Our Freedom Is in Danger and How to Save It* (Cambridge, MA: Harvard University Press, 2018) .

2. "Unlocking the Inclusive Growth Story of the 21st Century: Accelerating Climate Action in Urgent Times," (Washington, DC: New Climate Economy, 2018) , https://newclimateeconomy.report/2018/wp-content/uploads/sites/6/2018/09/NCE_2018 _ FULL-REPORT.pdf.

3. Manuela Andreoni and Christine Hauser, "Fires in Amazon Rain Forest Have Surged This Year," *New York Times*, Aug. 21, 2019, www.nytimes.com/2019/08/21 /world/americas/amazon-rainforest.html.

Evidence Project, 2017).

50. Greenpeace, "Slaughtering the Amazon," 2009, www.greenpeace.org/usa/wp-content/uploads/legacy/Global/usa/planet3/PDFs/slaughtering-the-amazon-part-1 .pdf.

51. 牛肉が賄っているのは世界のカロリーの2%未満である。"Agriculture at a Crossroads," *Global Agriculture*, www.globalagriculture.org/report-topics/meat-and-animal -feed.html.

52. Hau Lee and Sonali Rammohan, "Beef in Brazil: Shrinking Deforestation While Growing the Industry," Stanford Graduate School of Business Case no. GS88, 2017.

53. Alexei Barrionuevo, "Giants in Cattle Industry Agree to Help Fight Deforestation," *New York Times*, October 6, 2018, www.nytimes.com/2009/10/07/world/americas/07deforest.html.

54. Holly K. Gibbs et al., "Did Ranchers and Slaughterhouses Respond to ZeroDeforestation Agreements in the Amazon?" *Conservation Letters: A Journal of the Society for Conservation Biology*, April 21, 2015, https://onlinelibrary.wiley.com/doi /full/10.1111/conl.12175.

55. Gibbs et al., "Did Ranchers and Slaughterhouses Respond to Zero-Deforestation Agreements in the Amazon?"

56. Tom Phillips, "Bolsonaro Rejects 'Captain Chainsaw' Label as Data Shows Deforestation 'Exploded,'" *Guardian*, Aug. 7, 2019, www.theguardian.com/world/2019 /aug/07/bolsonaro-amazon-deforestation-exploded-july-data.

57. Richard M. Locke, *The Promise and Limits of Private Power: Promoting Labor Standards in a Global Economy* (Cambridge, UK: Cambridge University Press, 2013).

58. Matthew Amengual and Laura Chirot, "Reinforcing the State: Transnational and State Labor Regulation in Indonesia," *ILR Review* 69, no. 5 (2016): 1056–1080.

59. Salo V. Coslovsky and Richard Locke, "Parallel Paths to Enforcement: Private Compliance, Public Regulation, and Labor Standards in the Brazilian Sugar Sector," *Politics & Society* 41, no. 4 (2013): 497–526.

60. Joseph V. Rees, *Hostages of Each Other: The Transformation of Nuclear Safety Since Three Mile Island* (University of Chicago Press, 1994).

61. John G. Kemeny, *Report of the President's Commission on the Accident at Three Mile Island: The Need for Change: The Legacy of TMI*, [the Commission]: For Sale by the Supt. of Docs., U.S. G.P.O., 1979.

62. Jennifer F. Brewer, "Revisiting Maine's Lobster Commons: Rescaling Political Subjects," *International Journal of the Commons* 6, no. 2 (2012): 319–343.

63. 日本もドイツも、2011年の東日本大震災以降、原則として原子力発電を停止しており、懸念が根深いことを示唆している。Thomas Feldhoff, "Post-Fukushima Energy Paths: Japan and Germany Compared." *Bulletin of the Atomic Scientists* 70, no. 6 (2014): 87–96.

Forest People Programme, May 8, 2015, www.forestpeoples.org/topics/palm-oil-rspo/news/2015/05/golden-agri-s-wings-clipped-rspo-west-kalimantan; Annisa Rahmawati, "The Challenges of High Carbon Stock (HCS) Identification Approach to Support No Deforestation Policy of Palm Oil Company in Indonesia: Lesson Learned from Golden-Agri Resources (GAR) Pilot Project," *IMRE Journal* 7 (3), http://tu-freiberg.de /sites/default/files/media/imre-2221/IMREJOURNAL/imre_journal_annisa_final.pdf. 2016年3月にアクセス。

37. "Agriculture, Forestry, and Fishing, Value Added (% of GDP)," World Bank Data, https://data.worldbank.org/indicator/NV.AGR.TOTL.ZS?view=chart.

38. "Employment in Agriculture (% of Total Employment) (Modeled ILO Estimate)," World Bank Data, https://data.worldbank.org/indicator/SL.AGR.EMPL.ZS?view=chart.

39. "What Did Indonesia Export in 2017?" *The Atlas of Economic Complexity*, http://atlas.cid.harvard.edu/explore/?country=103&partner=undefined&product=undefined&productClass=HS&startYear=undefined&target=Product&year=2017.

40. "Agriculture, Forestry, and Fishing, Value Added (% of GDP)," World Bank Data, https://data.worldbank.org/indicator/NV.AGR.TOTL.ZS?view=chart; "What Did Malaysia Export in 2017?" The Atlas of Economic Complexity.

41. World Bank, "Program to Accelerate Agrarian Reform (One Map Project)," https://projects.worldbank.org/en/projects-operations/project-detail/P160661?lang=en.

42. Edward Aspinall and Mada Sukmajati, editors, *Electoral Dynamics in Indonesia: Money Politics, Patronage and Clientelism at the Grassroots* (National University of Singapore Press, 2016).

43. Jake Schmidt, "Illegal Logging in Indonesia: Environmental, Economic & Social Costs Outlined in a New Report," NRDC, Dec. 15, 2016, www.nrdc.org/experts / jake-schmidt/illegal-logging-indonesia-environmental-economic-social-costs-outlined-new.

44. Greenpeace, "Eating Up the Amazon," 2006, www.greenpeace.org/usa/wp -content/uploads/legacy/Global/usa/report/2010/2/eating-up-the-amazon.pdf.

45. Greenpeace, "10 Years Ago the Amazon Was Being Bulldozed for Soy—Then Everything Changed," 2016, www.greenpeace.org/usa/victories/amazon-rainforest-deforestation-soy-moratorium-success/. 2018年6月にアクセス。

46. Greenpeace, "The Amazon Soy Moratorium." 2018年5月にアクセス。 www.greenpeace.org/archive-international/Global/international/code/2014/amazon/index.html.

47. Greenpeace, "The Amazon Soy Moratorium."

48. Kelli Barrett, "Soy Sheds Its Deforestation Rap," *GreenBiz*, June 6, 2016, www.greenbiz.com/article/soy-sheds-its-deforestation-rap.

49. Matthew McFall, Carolyn Rodehau, and David Wofford, "Oxfam's Behind the Brands Campaign" (Case study, Washington, DC: Population Council, The

23. Ask Nestle CEO to stop buying palm oil from destroyed rainforest, Greenpeace, www.youtube.com/watch?v=1BCA8dQfGi0.
24. Greenpeace, "2010—Nestlé Stops Purchasing Rainforest-Destroying Palm Oil," 2010. 2016年3月にアクセス。 www.greenpeace.org/international/en/about/history / Victories-timeline/Nestle/.
25. Gavin Neath and Jeff Seabright, Interview by author, June 28, 2015.
26. Greenpeace, "How Palm Oil Companies Are Cooking the Climate," 2007, 2016年3月にアクセス。www.greenpeace.org/international/Global/international/planet-2 /report/ 2007/11/palm-oil-cooking-the-climate.pdf.
27. "No Deforestation, No Peat, No Exploitation Policy," Wilmar, 2016年2月にアクセス。www.wilmar-international.com/wp-content/uploads/2012/11/No-Deforestation -No-Peat-No-Exploitation-Policy.pdf.
28. "Cargill Marks Anniversary of No-Deforestation Pledge with New Forest Policy," Cargill, September 17, 2015, www.cargill.com/news/releases/2015/NA31891862. jsp.
29. Roundtable on Sustainable Palm Oil (RSPO) , "How RSPO Certification Works," 2016年2月にアクセス。www.rspo.org/certification/how-rspo-certification-works.
30. Environmental Investigation Agency (EIA) , "Who Watches the Watchmen," November 2015, https://eia-international.org/wp-content/uploads/EIA-Who-Watches -the-Watchmen-FINAL.pdf.
31. Rhett Butler, "Despite Moratorium, Indonesia Now Has World's Highest Deforestation Rate," *Mongabay Environmental News*, Nov. 29, 2015, https://news. mongabay .com/2014/06/despite-moratorium-indonesia-now-has-worlds-highest-deforestation -rate/.
32. Mikaela Weisse and Elizabeth Dow Goldman, "The World Lost a Belgium-Sized Area of Primary Rainforests Last Year," World Resources Institute, Apr. 26, 2019, www .wri.org/blog/2019/04/world-lost-belgium-sized-area-primary-rainforests-last-year.
33. "Indonesia, Global Forest Watch," Global Forest Watch.
34. Terry Slavin, "Deadline 2020: 'We Won't End Deforestation Through Certification Schemes,' Brands Admit," http://ethicalcorp.com/deadline-2020-we-wont-end-defore station-through-certification-schemes-brands-admit.
35. Shofia Saleh et al., "Intensification by Smallholder Farmers Is Key to Achieving Indonesia's Palm Oil Targets," World Resources Institute, Sept. 26, 2018, www.wri. org/blog/2018/04/intensification-smallholder-farmers-key-achieving-indonesia -s-palm-oil-targets; Thontowi Suhada et al., "Smallholder Farmers Are Key to Making the Palm Oil Industry Sustainable," World Resources Institute, Sept. 26, 2018, www.wri.org /blog/2018/03/smallholder-farmers-are-key-making-palm-oil-industry-sustainable.
36. Philip Jacobson, "Golden Agri's Wings Clipped by RSPO in West Kalimantan,"

e5ebb192-8e24 -11e5-803f. 00000aacb35d&acdnat=1447872663_63b957071895 4aefb715def91b9e8331.

8. Ruysschaert Denis and Denis Salles, "Towards Global Voluntary Standard: Questioning the Effectiveness in Attaining Conservation Goals. The Case of the Roundtable on Sustainable Palm Oil (RSPO) ," *Ecological Economics* 107 (2014) : 438–446.

9. George Monbiot, "Indonesia Is Burning. So Why Is the World Looking Away?" Guardian, Oct. 30, 2015, www.theguardian.com/commentisfree/2015/oct/30/indonesia -fires-disaster-21st-century-world-media.

10. Avril Ormsby, "Palm Oil Protests Target Unilever Sites," *Reuters*, Apr. 21, 2008, https://uk.reuters.com/article/uk-britain-unilever/palm-oil-protests-target-unilever-sites-idUKL2153984120080421.

11. Unilever, "Sustainable Palm Oil: Unilever Takes the Lead," 2008, 2016年3月にアクセス。www.unilever.com/Images/sustainable-palm-oil-unilever-takes-the-lead-2008 _ tcm244-424242_en.pdf.

12. "Unilever PLC Common Stock," Nasdaq, www.nasdaq.com/symbol/ul/stock -comparison.

13. Aaron O. Patrick, "Unilever Taps Paul Polman of Nestlé as New CEO," *Wall Street Journal*, Sept. 5, 2008, www.wsj.com/articles/SB122051169481298737.

14. Indrajit Gupta and Samar Srivastava, "A Person of the Year: Paul Polman," *Forbes*, Feb. 28, 2011, www.forbes.com/2011/01/06/forbes-india-person-of-the-year -paul-polman-unilever.html#141d73761053.

15. ドリトスのトルティーヤ・チップスなどの商品の主原料である。

16. 反トラスト問題を提起する可能性もある。ほとんどの司法管轄区では公益に適うなんらかの形の協力を認めているが、業界の自主規制は法律に抵触しないよう最大限の注意を払っている。

17. Edward J. Balleisen, "Private Cops on the Fraud Beat: The Limits of American Business Self-Regulation, 1895–1932," *Business History Review* 83 (Spring 2009) : 119– 120, via Academic Search Premier (EBSCOhost) . 2015年1月にアクセス。

18. 議論は以下に多くを負っている。Christine Meisner Rosen, "Businessmen Against Pollution in Late Nineteenth Century Chicago," *Business History Review* 69, no. 3 (1995) : 351–397.

19. "The House of Representatives' Selection of the Location for the 1893 World's Fair," US House of Representatives: History, Art & Archives, http://history.house.gov / HistoricalHighlight/Detail/36662?ret=True.

20. "Worlds Columbian Exposition," *Encyclopedia of Chicago*, http://encyclopedia .chicagohistory.org/pages/1386.html.

21. 説明は以下のすばらしい論文に多くを負っている。Rosen, "Businessmen Against Pollution in Late Nineteenth Century Chicago."

22. "Overview," The Consumer Goods Forum, www.theconsumergoodsforum.com / who-we-are/overview/.

press/2014/pdf/0806_04b.pdf, p. 52.

93. Jake Kanter, "Facebook Shareholder Revolt Gets Bloody: Powerless Investors Vote Overwhelmingly to Oust Zuckerberg as Chairman," *Business Insider*, June 4, 2019, www.businessinsider.com/facebook-investors-vote-to-fire-mark-zuckerberg-as-chairman -2019-6.

94. Guest, CIO Central, "Sorry CalPERS, Dual Class Shares Are a Founder's Best Friend," *Forbes*, May 14, 2013, www.forbes.com/sites/ciocentral/2013/05/14 /sorry-calpers-dual-class-shares-are-a-founders-best-friend/#aa06d5012d9b.

95. "Supplier Inclusion," https://corporate.walmart.com/suppliers/supplier-inclusion.

96. Adele Peters, "Tesla Has Installed a Truly Huge Amount of Energy Storage," *Fast Company* June 5, 2018.

97. "The Future of Agriculture," *Economist*, May 11, 2016; "Jain Irrigation Saves Water, Increases Efficiency for Smallholder Farmers," *Shared Value Initiative*, www.sharedvalue.org/examples/drip-irrigation-practices-smallholder-farmers.

98. Brad Plumer, "What's Driving the US Solar Boom? A Bit of Creative Financing," *Vox*, Oct. 8, 2014, www.vox.com/2014/10/8/6947939/solar-power-solarcity-loans-leasing-growth-rooftop.

第六章　板挟みのなかで

1. Edward Balleisen, "Rights of Way, Red Flags, and Safety Valves: Business SelfRegulation and State-Building in the United States, 1850–1940," *Journal of Sociology* 113 (2007) : 297–351.

2. David Batty, "Unilever Targeted in Orangutan Protest," *Guardian*, Apr. 21, 2008, www.theguardian.com/environment/2008/apr/21/wildlife.

3. Rainforest Rescue, "Facts about Palm Oil and Rainforest," 2015年2月にアクセス。www.rainforest-rescue.org/topics/palm-oil; Roundtable on Sustainable Palm Oil (RSPO), "Impact Report 2014," 2015年2月にアクセス。www.rspo.org/about/impacts.

4. World Wildlife Fund (WWF), "Which Everyday Products Contain Palm Oil?" 2016年2月にアクセス。www.worldwildlife.org/pages/which-everyday-products-contain-palm-oil.

5. Mark L. Clifford, *The Greening of Asia* (New York: Columbia University Press, 2015).

6. World Resources Institute (WRI), "With Latest Fires Crisis, Indonesia Surpasses Russia as World's Fourth-Largest Emitter," Oct. 29, 2015, 2016年2月にアクセス。www.wri.org/blog/2015/10/latest-fires-crisis-indonesia-surpasses-russia-world%E2%80%99s-fourth-largest-emitter.

7. Raquel Moren-Penaranda et al., "Sustainable Production and Consumption of Palm Oil in Indonesia: What Can Stakeholder Perceptions Offer to the Debate?" *Sustainable Production and Consumption*, 2015, 2015年11月にアクセス。http://ac.els-cdn .com/S2352550915000378/1-s2.0-S2352550915000378-main.pdf?_tid=

“The Stakeholder Theory of the Corporation: Concepts, Evidence, and Implications,” *Academy of Management Review* 20, no. 1 (1995) : 65–91.

78. たとえば以下を参照。Stout, *The Shareholder Value Myth*; Mayer, *Prosperity*; Leo Strine, *Towards Fair and Sustainable Capitalism* (Research Paper no. 19-39, University of Pennsylvania Law School, Institute for Law and Economics, September 2019) , https:// ssrn.com/abstract=3461924.

79. 以下を参照。https://benefitcorp.net/. Becoming a benefit corporation is importantly different from becoming a certified B corporation, which requires only that the firm commit to measuring itself through more than financial metrics. See https:// bcorporation .net/.

80. “Benefit Corporation Reporting Requirements,” Benefit Corporation, https:// benefitcorp.net/businesses/benefit-corporation-reporting-requirements.

81. “State by State Status of Legislation,” Benefit Corporation, https://benefitcorp.net / policymakers/state-by-state-status.

82. “Benefit Corporations & Certified B Corps,” Benefit Corporation, https://benefit corp.net/businesses/benefit-corporations-and-certified-b-corps.

83. この義務は一般に、取締役のレブロン義務と呼ばれる。以下を参照。Leo E. Strine, Jr., “Making It Easier for Directors to Do the Right Thing,” *Harv. Bus. L. Rev.* 4 (2014) : 235.

84. Stout, *The Shareholder Value Myth*.

85. 以下を参照。FAQ, Benefit Corporation, https://benefitcorp.net/faq.

86. “The Rise and Decline of the Japanese Economic ‘Miracle,’” *Understanding Australia’s Neighbours: An Introduction to East and Southeast Asia* (Cambridge, UK: Cambridge University Press, 2004) : 132–148.

87. 株式の持ち合いは、企業間で長期の事業関係を発展させる意向を示していると理解されている。日本では1990年代まで、生命保険会社が最大の株主グループだった。銀行も貸し出し先企業の株式をかなり保有していた。

88. 西山賢吾「本年度の株主総会の動向」 2014年7月9日、東京の金融庁でのプレゼンテーション。www.fsa.go.jp/frtc/kenkyu/giji roku/20140709/01.pdf.

89. “GDP Growth (Annual %) —Japan,” World Bank Data, https://data.world bank.org/ indicator/NY.GDP.MKTP.KD.ZG?locations=JP; “United Kingdom,” World Bank Data, https://data.worldbank.org/country/united-kingdom.

90. “GDP Growth (Annual %) —Japan,” World Bank Data, https://data.worldbank .org/ indicator/NY.GDP.MKTP.KD.ZG?locations=JP; “United Kingdom,” World Bank Data, https://data.worldbank.org/country/united-kingdom.

91. Jim Rickards, “Japan’s in the Middle of Its 3rd ‘Lost Decade’ and a Recovery Is Nowhere in Sight,” *Business Insider*, Mar. 23, 2016, www.businessinsider .com/ japans-3rd-lost-decade-recovery-nowhere-in-sight-2016-3.

92. 伊藤邦雄「持続的成長への競争とインセンティブ〜企業と投資家の望ましい関係構築（伊藤レポート）」経済産業省。2014年8月。2018年6月にアクセス。www .meti.go.jp/english/

statistics/185488/leading-us-commercial-banks-by-revenue/.

64. Douglas L. Kruse, ed., “Shared Capitalism at Work: Employee Ownership, Profit and Gain Sharing, and Broad-Based Stock Options,” National Bureau of Economic Research Conference Report (University of Chicago Press, May 2010).

65. Douglas L. Kruse, Joseph R. Blasi, and Rhokeun Park, “Shared Capitalism in the U.S. Economy,” NBER Working paper no. 14225 (Cambridge, MA: NBER, August 2008).

66. Kruse et al., “Shared Capitalism in the U.S. Economy” (2008).

67. Kruse et al., “Shared Capitalism in the U.S. Economy” (2008).

68. Hazel Sheffield, “The Preston Model: UK Takes Lessons in Recovery from Rust Belt Cleveland,” *Guardian*, April 11, 2017, www.theguardian.com/cities/2017/apr/11 / preston-cleveland-model-lessons-recovery-rust-belt. 以下も参照。 https://thenextsystem .org/learn/stories/infographic-preston-model.

69. Publix, “About Publix.” 2014年1月にアクセス。 www.publix.com/about/Company Overview.do.

70. John Lewis Partnership, “About Us,” 2014年1月にアクセス。www.johnlewis partnership.co.uk/about.html.

71. “About Us,” Mondragon Corporation, www.mondragon-corporation.com/en / about-us/.

72. Mondragon Corporation, *Annual Report 2018* (2018), www.mondragon -corporation.com/en/about-us/economic-and-financial-indicators/annual-report/.

73. “Mondragon Corporation, Winner at the Boldness in Business Awards Organized by the Financial Times,” MAPA Group, Mar. 27, 2013, www.mapagroup.net/2013/03 /mondragon-corporation-winner-at-the-boldness-in-business-awards-organized-by -the-financial-times/.

74. 従業員所有型は、会社に自分の資産を預けすぎることでみずからをリスクにさらすことになる、という批判がある。だが、追加的な補償は、こうした影響を補って余りあるように見える。たとえば以下を参照。Peter Kardas, Adria L. Scharf, and Jim Keogh, “Wealth and Income Consequences of ESOPs and Employee Ownership: A Comparative Study from Washington State,” *Journal of Employee Ownership Law and Finance* 10, no. 4 (1998).

75. 確定拠出口座は、従業員と雇用主が拠出する銀行口座で、退職後の従業員の年金を賄う。ESOP協会データ。NCEOによる分析。2015年2月にアクセス。www.esopassociation.org/explore /employee-ownership-news/resources-for-reporters.

76. Kruse et al., “Shared Capitalism in the U.S. Economy?” (2008).

77. Colin Mayer, *Prosperity: Better Business Makes the Greater Good* (Oxford, UK: Oxford University Press, 2019); Lynn Stout, *The Shareholder Value Myth: How Putting Shareholders First Harms Investors, Corporations, and the Public*, 1st ed. (San Francisco: Berrett-Koehler Publishers, 2012); Thomas Donaldson and Lee Preston,

World Economic Forum, Feb. 12, 2015, www.weforum.org/agenda/2015/02/are-family-firms-damaging -europes-growth/ ニコラス・ブルームらの一連の研究は上記を参照している。同族企業のガバナンスと経済形成における役割については以下を参照。Randall K. Morck, ed., *A History of Corporate Governance Around the World* (Chicago and London: University of Chicago Press, 2005) and Richard F. Doner and Ben Ross Schneiderm, "The Middle-Income Trap: More Politics Than Economics," *World Politics* 68, no. 4 (2016) : 608–644.

50. Robert S. Harris, Tim Jenkinson, and Steven N. Kaplan, "How Do Private Equity Investments Perform Compared to Public Equity?" *Journal of Investment Management* 14 no. 3 (2016) : 1–24; Robert S. Harris, Tim Jenkinson, and Steven N. Kaplan. "Private Equity Performance: What Do We Know?" *Journal of Finance* 69, no. 5 (2014) : 1851–1882.

51. 議論の主要な資料はハーバード・ビジネススクールの事例研究。Rebecca Henderson, Kate Isaacs, and Katrin Kaufer, "Triodos Bank: Conscious Money in Action," HBS Case no. 313-109, March 2013 (Revised June 2013) .

52. "About Triodos Bank," Triodos, www.triodos.com/about-us.

53. Triodos Bank, *Annual Report 2018*, www.triodos-im.com/press-releases/2019 / triodos-investment-management-in-2018.

54. 私の理解では、トリオドスは靴メーカーに資金を提供しないことを決めた。

55. Triodos Bank, *Annual Report 2018*.

56. Lorie Konish, "The Big Wealth Transfer Is Coming. Here's How to Make Sure Younger Generations Are Ready," CNBC, Aug. 12, 2019, www.cnbc.com/2019/08/12/a-big -wealth-transfer-is-coming-how-to-get-younger-generations-ready.html.

57. これ以降の大半の参考文献は、私のモンドラゴンの事例研究。Rebecca Henderson and Michael Norris, "1Worker1Vote: MONDRAGON in the U.S.," Harvard Business School Teaching Plan 316–176, April 2016.

58. "The Development and Significance of Agricultural Cooperatives in the American Economy," *Indiana Law Journal* 27, no. 3, Article 2 (1952) , www.repository.law.indiana.edu/cgi/viewcontent.cgi?article=2352&context=ilj.

59. "The Development and Significance of Agricultural Cooperatives in the American Economy," *Indiana Law Journal*.

60. Leon Stein, *The Triangle Fire*, 1st ed. (Philadelphia: Lippincott, 1962) .

61. Steven Deller, Ann Hoyt, Brent Hueth, and Reka Sundaram-Stukel, "Research on the Economic Impact of Cooperatives," University of Wisconsin Center for Cooperatives, June 19, 2009, http://reic.uwcc.wisc.edu/sites/all/REIC_FINAL.pdf.

62. Tony Sekulich, "Top Ten Agribusiness Companies in the World," Tharawat Magazine 12 (June 2019) , www.tharawat-magazine.com/facts/top-ten-agribusiness-companies/#gs.001anx.

63. "Leading U.S. Commercial Banks by Revenue 2018," *Statista*, www.statista .com/

Naoko Jinjo, "Should a Pension Fund Try to Change the World? Inside GPIF's Embrace of ESG," HBS Case no. 319-067, January 2019 (Revised March 2019).

36. Eric Schleien, "Investing: Buy What You Know," *Guru*, Apr. 9, 2007, www.gurufocus.com/news/5281/investing-buy-what-you-know.

37. "Peter Lynch," *AJCU*, https://web.archive.org/web/20141226131715/www .ajcunet.edu/story?TN=PROJECT-20121206050322; Peter Lynch, "Betting on the MarketPros," PBS, www.pbs.org/wgbh/pages/frontline/shows/betting/pros/lynch.html. リンチが責任者になった日にマゼランに1,000ドル投資していれば、彼が去った年には2万8,000ドルになっていた。

38. Steven Perlberg, "Mutual Fund Legend Peter Lynch Identifies His 'Three C's' of Investing in a Rare Interview," *Business Insider*, Dec. 6, 2013, www.businessinsider.com/peter-lynch-charlie-rose-investing-2013-12.

39. Kenneth R. French, "Presidential Address: The Cost of Active Investing," *Journal of Finance* 63, no. 4 (2008): 1537–1573.

40. 実際、GPIFの日本株の90%、外国株の86%がパッシブ運用である。

41. Sean Fleming, "Japan's Workforce Will Be 20% Smaller by 2040," *World Economic Forum*, Feb. 12, 2019, www.weforum.org/agenda/2019/02/japan-s-workforce-will-shrink-20-by-2040/.

42. "The Global Gender Gap Report 2013," *World Economic Forum*, 236, http:// www3.weforum.org/docs/WEF_GenderGap_Report_2013.pdf; "The Global Gender Gap Report 2017," *World Economic Forum*, 90, http://www3.weforum.org/docs/WEF_GGGR_2017.pdf.

43. GPIF は債券と投資信託に直接投資することが認められている。GPIFの確定利付き資産の15%が内部で運用されている。

44. "The Benefits and Risks of Passive Investing," Barclays, www.barclays.co.uk /smart-investor/investments-explained/funds-etfs-and-investment-trusts/the-benefits -and-risks-of-passive-investing/.

45. GPIFの *2018 Annual Report*を参照。

46. 日経テレコンのデータベース。2018年12月にアクセス。

47. 規模は時価総額をもとに分類されている。

48. "2018 Global Sustainable Investment Review," Global Sustainable Investment Alliance (2018), www.gsi-alliance.org/wp-content/uploads/2017/03/GSIR_Review2016 .F.pdf.

49. 同族企業が公開企業よりも業績がいいかどうかは、議論が大きく分かれる。同族企業の総合的な財務情報を収集するのがむずかしいことが要因だろう。同族企業は短期のリターンを犠牲にして長期のレジリエンスを高めており、平均でアウトパフォームしているとする文献もある。たとえば以下を参照。Kate Rodriguez, "Why Family Businesses Outperform Others," *Economist*, https://execed.economist.com/blog/industry-trends/why-family-businesses -outperform-others. 他方、同族企業のアンダーパフォームを示すエビデンスもある。たとえば以下を参照。Andrea Prat, "Are Family Firms Damaging Europe's Growth?"

18. "Sustainability and Reporting Trends in 2025," Global Reporting.org (2015) , www.globalreporting.org/resourcelibrary/Sustainability-and-Reporting-Trends -in-2025-2.pdf.

19. "2018 Global Sustainable Investment Review," Global Sustainable Investment Alliance (2018) , www.gsi-alliance.org/wp-content/uploads/2019/03/GSIR_Review2018 .3.28.pdf; Renaud Fages et al., "Global Asset Management 2018: The Digital Metamorphosis," www.bcg.com; BCG, www.bcg.com/publications/2018/global-asset-management -2018-digital-metamorphosis.aspx.

20. "2018 Global Sustainable Investment Review"; Fages et al., "Global Asset Management 2018."

21. たとえば以下を参照。Christophe Revelli and Jean-Laurent Viviani, "Financial Performance of Socially Responsible Investing (SRI) : What Have We Learned? A Metaanalysis," *Business Ethics: A European Review* 24, no. 2 (April 2015) .

22. Mozaffar Khan, George Serafeim, and Aaron Yoon, "Corporate Sustainability: First Evidence on Materiality," *Accounting Review* 91, no. 6 (November 2016) .

23. "Materiality," *Business Literacy Institute Financial Intelligence*, Sept. 23, 2016.

24. Khan et al., "Corporate Sustainability (2016) : 1697–1724; Eccles et al., "The Impact of Corporate Sustainability on Organizational Processes and Performance" (2014) : 2835–2857.

25. 議論は以下に負うところが大きい。Julie Battilana and Michael Norris, "The Sustainability Accounting Standards Board (Abridged) ," HBS Case no. 419-058, March 2019.

26. ジーンは、ロバート・マシー、ボブ・エックルズ、デビッド・ウッドら主要な思想リーダーとパートナーを組んでいる。SASB設立については、きわめて目的主導型の決断だったと述べている。「定期的な収入がなくなるのは怖かったけれど、アメリカや世界中に大きな影響を与えられる可能性があるのだから、このアイデアを前に進める道徳的な責任があるとひしひしと感じていました」とのちに語っている。

27. SECの規制のもと、すべての上場企業は、投資家に対して「重大」な情報に注意するよう警告する義務がある。未開示の事実の開示によって、入手可能な情報の「トータル・ミックス」を著しく変えるものとして合理的な投資家によってみなされる公算が大きい場合に、そのような事実は重大な情報とされる。

28. Khan et al., "Corporate Sustainability."

29. George Serafeim and David Freiberg, "JetBlue: Relevant Sustainability Leadership (A) ," HBS Case no. 118-030, October 2018.

30. "Bio," Sophia Mendelsohn, www.sophiamendelsohn.com/bio.

31. JetBlue, "2016 Sustainability Accounting Standards Board Report" (2017) , http://responsibilityreport.jetblue.com/2016/JetBlue_SASB_2016.pdf.

32. Serafeim and Freiberg, "JetBlue."

33. The group that handled relationships with investors.

34. Serafeim and Freiberg, "JetBlue."

35. 議論の主な参考文献は以下。Rebecca Henderson, George Serafeim, Josh Lerner, and

89–112.

5. 1日としては70年で最大の下げ幅だった。長期的な成功を確実にするには短期的な打撃はやむをえないとする発表当日のマクミロンの説明は以下で視聴できる。Mad Money's Jim Crammer the evening of the announcement at www.youtube.com/watch?v=4adIq7iJHtc. 一見する価値がある。
6. Dominic Barton, "Capitalism for the Long Term," *Harvard Business Review* (March 2011) : 85.
7. David Burgstahelr and Ilia Dichev, "Earnings Management to Avoid Earnings Decreases and Losses," *Journal of Accounting and Economics* 24 (1997) : 99; John R. Graham, Campbell R. Harvey, and Shiva Rajgopal, "The Economic Implications of Corporate Financial Reporting," *Journal of Accounting and Economics* 40, nos. 1–3 (2005) : 3–73.
8. Katherine Gunny, "The Relation Between Earnings Management Using Real Activities Manipulation and Future Performance: Evidence from Meeting Earnings Benchmarks," 2009, http://ssrn.com/abstract=816025 or http://dx.doi.org/10.2139/ssrn.816025; Paul M. Healy, "The Effect of Bonus Schemes on Accounting Decisions," *Journal of Accounting and Economics* 7 (1985) : 85.
9. Joe Nocera, "Wall Street Wants the Best Patents, Not the Best Drugs," Bloomberg.com, Nov. 27, 2018, www.bloomberg.com/opinion/articles/2018-11-27/gilead-s-cures -for-hepatitis-c-were-not-a-great-business-model.
10. データの出所はCapital IQ。
11. データの出所はFactSet。
12. www.sec.gov/Article/whatwedo.html#create; SECは投資家を保護し、公平で効率的な市場を維持している。SECは、投資家、投資信託、証券取引所、証券会社など主要な参加者を監督している。(インサイダー取引や粉飾など)証券法に違反した企業や個人を摘発する権限がある。
13. Eugene Soltes, *Why They Do It: Inside the Mind of the White-Collar Criminal* (New York: PublicAffairs, 2016).
14. "ESG Sustainable Impact Metrics—MSCI," Msci.Com, 2019, www.msci.com /esg-sustainable-impact-metrics.
15. Alan Taylor, "Bhopal: The World's Worst Industrial Disaster, 30 Years Later," Atlantic, December 2014; Adrien Lopez. "20 Years on from Exxon Valdez: What Progress for Corporate Responsibility?" Mar. 29, 2009, www.ethicalcorp.com/communications -reporting/20-years-exxon-valdez-what-progress-corporate-responsibility.
16. Mindy S. Lubber, "30 Years Later, Investors Still Lead the Way on Sustainability," Ceres, Mar. 23, 2019, www.ceres.org/news-center/blog/30-years-later-investors-still-lead-way-sustainability. 私は2017年以来、CERESの取締役会のメンバーである。
17. "GRI at a Glance," Global Reporting Initiative (GRI), www.globalreporting.org / information/news-and-press-center/press-resources/Pages/default.aspx.

46. トリストの活動とその後のアメリカの発展の議論については以下。Art Kleiner, *The Age of Heretics: A History of the Radical Thinkers Who Reinvented Corporate Management*, 2nd ed. (San Francisco: Jossey-Bass, 2008).

47. 歴史の主要参考資料は以下。Kleiner's *The Age of Heretics*.

48. "About i3 Index," Covestro in North America, www.covestro.us/csr-and-sustainability/i3/covestro-i3-index.

49. 著者との直接対話。

50. "Purpose with the Power to Transform Your Organization," *BCG*, www.bcg.com / publications/2017/transformation-behavior-culture-purpose-power-transform-organization.aspx; Alex Edmans, "28 Years of Stock Market Data Shows a Link Between Employee Satisfaction and Long-Term Value," *Harvard Business Review* 24 (Mar. 2016), https://hbr.org/2016/03/28-years-of-stock-market-data-shows-a-link-between-employee-satisfaction-and-long-term-value; Robert G. Eccles, Ioannis Ioannou, and George Serafeim, "The Impact of Corporate Sustainability on Organizational Processes and Performance," *Management Science* 60, no. 11 (November 2014): 2835– 2857; Claudine Gartenberg, Andrea Prat, and George Serafeim, "Corporate Purpose and Financial Performance," *Organization Science* 30, no. 1 (January–February 2019): 1–18.

51. "Edelman Trust Barometer Global Report" (2019), https://news.gallup.com / reports/199961/7.aspx.

52. "State of the American Workplace," Gallup.com, May 16, 2019; "Edelman Trust Barometer Global Report" (2019), https://news.gallup.com/reports/199961/7.aspx; "Edelman Trust Barometer, 2019," Edelman, www.edelman.com/sites/g/files/aatuss191 /files/2019-02/2019_Edelman_Trust_Barometer_Global_Report.pdf.

53. "The Business Case for Purpose," *Harvard Business Review* (2019), www.ey .com/Publication/vwLUAssets/ey-the-business-case-for-purpose/$FILE/ey-the -business-case-for-purpose.pdf.

第五章　金融の回路を見直す

1. Peter J. Drucker, *Managing for the Future: The 1990s and Beyond* (New York: Penguin, 1992).（ピーター・ドラッカー『未来企業――生き残る組織の条件』、ダイヤモンド社）

2. John R. Graham, Campbell R. Harvey, and Shivaram Rajgopal, "The Economic Implications of Corporate Financial Reporting," *Journal of Accounting and Economics* 40, no. 3 (2005): 32–35, fig. 5; John R. Graham, Campbell R. Harvey, and Shivaram Rajgopal, "Value Destruction and Financial Reporting Decisions," *Financial Analysts Journal* 62, no. 6 (Nov. 6, 2006).

3. Board of Governors of the Federal Reserve System 2016, p. 130.

4. Lucian Bebchuk, Alma Cohen, and Scott Hirst, "The Agency Problems of Institutional Investors," *Journal of Economic Perspectives* 31, no. 3 (Summer 2017):

Handbook of Labor Economics, vol. 4, ed., Orley Ashenfelter and David Card (Amsterdam: Elsevier and North-Holland, 2011), 1697–1767; Nicholas Bloom et al., "The Impact of Competition on Management Quality: Evidence from Public Hospitals," *The Review of Economic Studies* 82, no. 2 (2015) : 457–489; Nicholas Bloom et al., "Does Management Matter? Evidence from India," *Quarterly Journal of Economics* 128, no. 1 (2013) : 1–51; Nicholas Bloom, with Erik Brynjolfsson, Lucia Foster, Ron Jarmin, Megha Patnaik, Itay Saporta-Eksten, and John Van Reenen, "What Drives Differences in Management Practices," *American Economic Review* (May 2019).

37. Jim Harter, "Employee Engagement on the Rise in the U.S.," Gallup.com, Aug. 19, 2019, https://news.gallup.com/poll/241649/employee-engagement-rise.aspx.

38. Frederick W. Taylor, *The Principles of Scientific Management* (New York: Harper & Bros., 1911).

39. Charles D. Wrege and Richard M. Hodgetts, "Frederick W. Taylor's 1899 Pig Iron Observations: Examining Fact, Fiction, and Lessons for the New Millennium," *Academy of Management Journal* 43, no. 6 (Dec. 2000) : 1283–1291.

40. "NUMMI," *This American Life*, Dec. 14, 2017, www.thisamericanlife.org/403 / transcript.

41. 極端な例が以下で報告されている。J. Patrick Wright, *On a Clear Day You Can See General Motors: John Z. DeLorean's Look Inside the Automotive* (New York: Avon, 1979). 1970年代のGMでは、新人幹部にとって取締役会でスライドのプレゼンテーションの進行役に選ばれることは大変な名誉だったが、プロジェクターがうまく操作できないとキャリアが終わりかねなかったという。

42. Ashley Lutz, "Nordstrom's Employee Handbook Has Only One Rule," Business Insider, Oct. 13, 2014, www.businessinsider.com/nordstroms-employee-handbook-2014-10.

43. Robert Spector and Patrick D. McCarthy, *The Nordstrom Way to Customer Service Excellence for Becoming the "Nordstrom" of Your Industry*, 2nd ed. (Hoboken, NJ: John Wiley & Amp Sons, 2012) ; Christian Conte, "Nordstrom Customer Service Tales Not Just Legend," Bizjournals.com, Sept. 7, 2012, www.bizjournals.com/jacksonville /blog/retail_radar/2012/09/nordstrom-tales-of-legendary-customer.html; Doug Crandall, and Leader to Leader Institute, *Leadership Lessons from West Point*, 1st ed. (San Francisco: Jossey-Bass, 2007).

44. 議論の一次資料は以下。Christopher Smith, John Child, Michael Rowlinson, and Sir Adrian Cadbury, *Reshaping Work: The Cadbury Experience* (Cambridge, UK: Cambridge University Press, 2009).

45. "Purchase Power of the Pound," Measuring Worth, www.measuringworth .com/calculators/ukcompare/relativevalue.php?use [] =NOMINALEARN&year_early = 1861£71&shilling71=&pence71=&amount=8000&year_source=1861&year_result =2018dea.

7, 2018.

29. "Baker's Hotline," King Arthur Flour, www.kingarthurflour.com/bakers-hotline.

30. www.nationmaster.com/country-info/stats/Economy/GDP-per-capita-in-1950.

31. トヨタ自動車とGMの説明は以下を参照。Susan Helper and Rebecca Henderson, "Management Practices, Relational Contracts, and the Decline of General Motors," *Journal of Economic Perspectives* 28, no. 1 (2014) : 49–72.

32. トヨタ自動車が採用している従業員マネジメント手法については、労働経済学者や労使関係の専門家によって広範な研究が行われている。総合して「高パフォーマンスの労働システム」と呼ばれることが多い。「高パフォーマンスの労働システム」にただ一つの定義があるわけではないが、文献では三つの包括的な要素が特定されている。一般に、高パフォーマンスの労働システムを備えた企業は、(1) 効果的なインセンティブ制度を実施している。(2) スキルの開発を重視している。(3) チームを活用して広報や問題解決の機会を広げている。たとえば以下を参照。T. A. Kochan, H. C. Katz, and R. B. McKersie, *The Transformation of American Industrial Relations* (New York: Basic Books, 1986) ; John Paul Macduffie, "Human Resource Bundles and Manufacturing Performance: Organizational Logic and Flexible Production Systems in the World Auto Industry," *Industrial & Labor Relations Review* 48, no. 2 (1995) : 197–221; Brian E. Becker et al., "High Performance Work Systems and Firm Performance: A Synthesis of Research and Managerial Implications" (Research in personnel and human resource management, 1998) ; C. Ichniowski, K. Shaw, and G. Prennushi, "The Effects of Human Resources Management Practices on Productivity: A Study of Steel Finishing Lines," *American Economic Review* 87, no. 3 (1997) : 291–314; J. Pfeffer, *The Human Equation* (Boston: Harvard Business School Press, 1998) ; Eileen Appelbaum et al., *Manufacturing Advantage: Why High-Performance Work Systems Pay Off* (Ithaca, NY: Cornell University Press, 2000) ; and S. Black and L. Lynch, "How to Compete: The Impact of Workplace Practices and Information Technology on Productivity," *Review of Economics and Statistics* 83, no. 3 (2001) : 434–445.

33. Susan Helper and Rebecca Henderson, "Management Practices, Relational Contracts, and the Decline of General Motors," *Journal of Economic Perspectives* 28.1 (2014) : 49–72.

34. Benjamin Elisha Sawe, "The World's Biggest Automobile Companies," *World Atlas*, Dec. 13, 2016, www.worldatlas.com/articles/which-are-the-world-s-biggest-automobile-companies.html.

35. Chad Syverson, "What Determines Productivity?" *Journal of Economic Literature* 49, no. 2 (2011) : 326–365.

36. Nicholas Bloom and John Van Reenen, "Measuring and Explaining Management Practices Across Firms and Countries," *Quarterly Journal of Economics* 122 (2007) : 1351–1408; Bloom and Van Reenen, "Why Do Management Practices Differ Across Firms and Countries?" *Journal of Economic Perspectives* 24, no. 1 (2010) : 203–224; Bloom and Van Reenen, "Human Resource Management and Productivity," in

yoga -meditation-motorcycles-minimum-wage/29782741/.
11. David Gelles, "Mark Bertolini of Aetna on Yoga, Meditation and Darth Vader," *New York Times*, Sept. 21, 2018, www.nytimes.com/2018/09/21/business/mark-bertolini -aetna-corner-office.html.
12. Meera Viswanathan et al., "Interventions to Improve Adherence to Self-Administered Medications for Chronic Diseases in the United States: A Systematic Review," *Annals of Internal Medicine* 157, no. 11 (2012) : 785–795.
13. 同上。
14. Aurel O. Iuga and Maura J. McGuire, "Adherence and Health Care Costs," *Risk Management and Healthcare Policy* 7 (2014) : 35.
15. Rebecca M. Henderson, Russell Eisenstat, and Matthew Preble, "Aetna and the Transformation of Health Care," HBS Case no. 318-048, February 2018.
16. 同上。
17. 同上。
18. Rebecca Henderson, "Tackling the Big Problems: Management Science, Innovation and Purpose" (Working paper prepared for Management Science's 65th Anniversary, October 2019) .
19. Gelles, "Mark Bertolini of Aetna on Yoga, Meditation and Darth Vader" (2018) .
20. Surowiecki, "A Fair Day's Wage" (2015) .
21. 2014年、CVSはタバコ販売を中止すると発表し、年間約20億ドルの売り上げを手放した。以下を参照。Elizabeth Landau, "CVS Stores to Stop Selling Tobacco," CNN, Cable News Network, Feb. 5, 2014, www.cnn.com/2014/02/05/health /cvs-cigarettes/index.html.
22. Jan-Emmanuel De NeveGeorge Ward, "Does Work Make You Happy? Evidence from the World Happiness Report," *Harvard Business Review* (Sept. 20, 2017) , https://hbr.org/2017/03/does-work-make-you-happy-evidence-from-the-world-happiness-report.
23. Rebecca Henderson, "Tackling the Big Problems" (October 2019) .
24. 以下の記述はKAFの取締役との個人的な対話とHBSの事例から引いている。Thomas DeLong, James Holian, and Joshua Weiss, "King Arthur Flour," HBS Case no. 9-407-012 (May 2007) .
25. www.instagram.com/kingarthurflour/?hl=en.
26. www.facebook.com/GeneralMills/; www.instagram.com/generalmills/; Christian Kreznar, "How King Arthur Flour's Unusual Leadership Structure Is Key to Its Success.," *Forbes*, Feb. 5, 2019, www.forbes.com/sites/christiankeznar/2019/01/30/how-king -arthur-flours-unusual-leadership-structure-set-it-up-for-success/#48e0e2045c95.
27. "Mission & Impact," King Arthur Flour, www.kingarthurflour.com/about /mission-impact.
28. Alana Semuels, "A New Business Strategy: Treating Employees Well," *Atlantic*, May

1991).

68. 彼は「海外の質問は年次総会の報告書の補足で答えている」と述べているが、コピーを見つけられていない。

69. Richard Locke, *The promise and perils of globalization, the Case of Nike*, MIT Working Paper July 2002, IPC 02-007.

70. John H. Cushman, Jr., "International Business; Nike Pledges to End Child Labor and Apply U.S. Rules Abroad," *New York Times*, May 13, 1998, www.nytimes . com/1998/05/13/business/international-business-nike-pledges-to-end-child-labor -and-apply-us-rules-abroad.html.

71. Amir Ismael, "Making Green: Nike Is the Biggest and Most Sustainable Clothing and Sneaker Brand," *Complex*, June 1, 2018, www.complex.com/sneakers/2015/08 / nike-is-the-most-sustainable-clothing-company.

72. Tim Harford, "Why Big Companies Squander Good Ideas," *Financial Times*, Sept. 6, 2018, www.ft.com/content/3c1ab748-b09b-11e8-8d14-6f049d06439c.

第四章　深く根ざした共通の価値観

1. David Gelles, "He Ran an Empire of Soap and Mayonnaise. Now He Wants to Reinvent Capitalism," *New York Times*, Aug. 29, 2019, www.nytimes. com/2019/08/29 /business/paul-polman-unilever-corner-office.html.

2. 資料は以下による。Rebecca M. Henderson, Russell Eisenstat, and Matthew Preble, HBS Case no. 318-048, February 2018.

3. Knowledge@Wharton, "Aetna CEO Mark Bertolini on Leadership, Yoga, and Fair Wages."

4. James Surowiecki, "A Fair Day's Wage," *New Yorker*, February 2, 2015, www. newyorker.com/magazine/2015/02/09/fair-days-wage.

5. Lisa Rapaport, "U.S. Health Spending Twice Other Countries' with Worse Results," *Reuters*, Mar. 13, 2018, www.reuters.com/article/us-health-spending/u-s-health -spending-twice-other-countries-with-worse-results-idUSKCN1GP2YN.

6. Ajay Tandon et al., "Measuring Overall Health System Performance for 191 Countries" (Geneva: World Health Organization, 2000).

7. Mark Bertolini, *Mission Driven Leadership: My Journey as a Radical Capitalist* (New York: Currency, Penguin Random House, 2019).

8. Jesse Migneault, *Top 5 Largest Health Insurance Payers in the United States*, HealthPayerIntelligence, Apr. 13, 2017, https://healthpayerintelligence.com/news / top-5-largest-health-insurance-payers-in-the-united-states.

9. MarquiMapp, "Aetna CEO Takes Health Care Personally," CNBC, Aug. 3, 2014, www.cnbc.com/2014/08/01/aetna-ceo-takes-health-care-personally.html.

10. Jayne O'Donnell, "Aetna CEO Got Summer's First Merger Agreement, Raised Minimum Wage and More," *USA Today*, Gannett Satellite Information Network, Sept. 8, 2015, www.usatoday.com/story/money/2015/09/07/aetna-ceo-bertolini-

Generation Costs in 2018" (Abu Dhabi: IRENA, 2019).

52. IRENA, "Renewable Power Generation Costs in 2018"; IRENA, "Future of Wind: Deployment, Investment, Technology, Grid Integration and Socio-economic Aspects" (A Global Energy Transformation paper, Abu Dhabi: IRENA).

53. たとえば以下を参照。"New Energy Outlook 2019: Bloomberg NEF," and McKinsey Energy Insights, Global Energy Perspective, January 2019.

54. "China Pushes Regions to Maximize Renewable Energy Usage," *Reuters*, Aug. 30, 2019, www.reuters.com/article/us-china-renewables/china-pushes-regions -to-maximize-renewable-energy-usage-idUSKCN1VK087.

55. "World Energy Outlook 2017 China: Key Findings," International Energy Agency, www.iea.org/weo/china/.

56. "New Energy Outlook 2019: Bloomberg NEF."

57. AutoGrid, *CLP Holdings Signs Multi-Year Strategic Commercial Agreement with AutoGrid to Deploy New Energy Solutions Across Asia-Pacific Region*, Dec. 12, 2018, www.prnewswire.com/in/news-releases/clp-holdings-signs-multi-year-strategic -commercial-agreement-with-autogrid-to-deploy-new-energy-solutions-across-asia -pacific-region-702571991.html.

58. Nico Pitney, "A Revolutionary Entrepreneur on Happiness, Money, and Raising a Supermodel," *Huffington Post*, Dec. 7, 2017, www.huffingtonpost.com/2015/01/30/robin -chase-life-lessons_n_6566944.html.

59. "Avis Budget Group to Acquire Zipcar for $12.25 Per Share in Cash," *Zipcar*, Jan. 2, 2013, www.zipcar.com/press/releases/avis-budget-group-acquires-zipcar.

60. Jackie Krentzman, "The Force Behind the Nike Empire," *Stanford Magazine*, Jan. 1997, https://alumni.stanford.edu/get/page/magazine/article/?article_id=43087.

61. *Nike Annual Report 1992*, NIKE, https://s1.q4cdn.com/806093406/files/doc _financials/1992/Annual_Report_92.pdf.

62. 年平均PEとしてP/Eを計算。

63. Edward Yardeni et al., "Stock Market Briefing: S&P 500 Sectors & Industries Forward P/Es," Yardeni.com, Aug. 26, 2019, www.yardeni.com/pub/mktbriefsppesecind.pdf.

64. 成功した起業家や真の意味で成功したグローバル企業の背景を知りたい人には、とくにお勧めする。ナイキのウェブサイトにすべて記載されていて、魅力的な読み物になっている。https://investors.nike .com/investors/news-events-and-reports/default.aspx.

65. Jeffrey Ballinger, "The New Free-Trade Heel," *Harper's Magazine*, Aug. 1992, http://archive.harpers.org/1992/08/pdf/HarpersMagazine-1992-08-0000971.pdf?AWSAccessKeyId=AKIAJXATU3VRJAAA66RA&Expires=1466354923&Signature=Guz AGJL99jmQtdjxkHswI0WLZJA%3D.

66. Mark Clifford, "Spring in Their Step," *Far Eastern Economic Review* 5 (1992): 56–57.

67. Adam Schwarz, "Running a Business," *Far Eastern Economic Review* (June 20, washingtonpost.com/archive/business/2005/09/06/wal-mart-at-forefront-of -hurricane-relief/6cc3a4d2-d4f7-4da4-861f-933eee4d288a/.

39. "Former Laggard Wal-Mart Turns into Ethical Leader—Covalence Retail Industry Report 2008," *Covalence SA*, Dec. 11, 2008, www.covalence.ch/index.php/2008/12/11 /former-laggard-wal-mart-turns-into-ethical-leader-covalence-retail-industry -report-2008/.

40. G. I. McKinsey, "Pathways to a Low-Carbon Economy. Version 2 of the Global Greenhouse Gas Abatement Cost Curve," *McKinsey & Company, Stockholm* (2009).

41. By Editor, "Commissioning HVAC Systems," *FM Media*, Jan. 22, 2015, www .fmmedia.com.au/sectors/commissioning-hvac-systems/.

42. Robert G. Eccles, George Serafeim, and Tiffany A. Clay, "KKR: Leveraging Sustainability," HBS Case no. 112-032, September 2011 (Revised March 2012).

43. "Global Industrial Energy-Efficiency Services Market Predicted to Exceed USD 10 Billion by 2020: Technavio," *Business Wire*, Dec. 26, 2016; "Europe's Energy Efficiency Services Market to Reach €50 Billion by 2025," Consultancy.eu, Apr. 2, 2019; "A $300 Billion Energy Efficiency Market," CNBC, Mar. 19, 2019, www.cnbc.com /advertorial/2017/09/19/a-300-billion-energy-efficiency-market.html; *Energy Efficiency Market Report 2018* (Paris: International Energy Agency [IEA], 2018), https://web store.iea.org/download/direct/2369?fileName=Market_Report_Series_Energy _Efficiency_2018.pdf.

44. Adam Tooze, "Why Central Banks Need to Step Up on Global Warming," Foreign Policy, Aug. 6, 2019, https://foreignpolicy.com/2019/07/20/why-central -banks-need-to-step-up-on-global-warming/.

45. Tooze (2019).

46. "Florida's Sea Level Is Rising," *Sea Level Rise*, https://sealevelrise.org/states /florida/.

47. Akhilesh Ganti, "What Is a Minsky Moment?" *Investopedia*, July 30, 2019, www.investopedia.com/terms/m/minskymoment.asp; John Cassidy, "The Minsky Moment," *New Yorker*, January 27, 2008, www.newyorker.com/magazine/2008/02/04 /the-minsky-moment.

48. Christopher Flavelle, "Bank Regulators Present a Dire Warning of Financial Risks from Climate Change," *New York Times*, Oct. 17, 2019, www.nytimes.com/2019/10/17 /climate/federal-reserve-climate-financial-risk.html

49. この話は私の事例研究による。"CLP: Powering Asia," George Serafeim, Rebecca Henderson, and Dawn Lau, 9-115-038, February 2015.

50. "The First Mobile Phone Call Was Placed 40 Years Ago Today," Fox News, Dec. 20, 2014, www.foxnews.com/tech/2013/04/03/first-mobile-phone-call-was-placed-40-years-ago-today.html.

51. 電気の均等化発電原価は、平均資本コストを示す割引率を使って運転期間中の発電コストを発電量で割ったもの。International Renewable Energy Agency, "Renewable Power

21. ルート・キャピタルは非営利社会投資ファンドで、途上国の地方ビジネスに資金を提供している。マイクロクレジットと商業融資の間のクラスに投資した。Tensie Whelan, Rainforest Alliance,2011年10月24日マサチューセッツ州ケンブリッジ。著者によるインタビュー。
22. Rebecca M. Henderson and Frederik Nellemann, "Sustainable Tea at Unilever," HBS Case no. 712-438, December 2011 (Revised November 2012).
23. 同上。
24. ユニリーバが完璧だとか、問題はないというわけではない。たとえば2011年、オランダのNGOは、ケリチョの女性従業員が組織的なセクハラを受けていると告発する報告書を発表した。
25. "Tea in the United Kingdom," *Euromonitor International*, January 2011, www.euromonitor.com.
26. 私の見方では最善のもの。
27. 2011年12月2日現在の1ポンド1.31豪ドルを使用。
28. "Tea in Italy," February 2011, *Euromonitor International*, 2011年11月にアクセス。www.euromonitor.com.
29. "Unilever's Purpose-Led Brands Outperform," Unilever Global Company website, www.unilever.com/news/press-releases/2019/unilevers-purpose-led-brands-outperform.html.
30. Susan Rosegrant, "Wal-Mart's Response to Hurricane Katrina: Striving for a Public-Private Partnership," Kennedy School of Government Case Program , Case Studies in Public Policy and Management (Cambridge, MA: Kennedy School of Government, 2007).
31. Suzanne Kapner, "Changing of the Guard at Wal-Mart," *CNNMoney*, Cable News Network, Feb. 18, 2009, https://money.cnn.com/2009/02/17/news/companies/kapner _scott.fortune/. 以下のストーリーの大半の出典は私のケースタディによる（参照文献もそこに示されている）: Rebecca Henderson and James Weber, "Greening Walmart: Progress and Controversy," HBS Case no. 9-316-042, February 2016.
32. Kapner, "Changing of the Guard at Wal-Mart" (2009).
33. "Our History," *Corporate*, https://corporate.walmart.com/our-story/our-history.
34. Business Planning Solutions, "The Economic Impact of Wal-Mart" (Washington, DC, 2005).
35. Henderson and Weber, "Greening Walmart: Progress and Controversy" (Revised February 2017).
36. Joel Makower, "Walmart Sustainability at 10: The Birth of a Notion," *GreenBiz*, November 16, 2015, www.greenbiz.com/article/walmart-sustainability-10-birth-notion.
37. Alison Plyer, "Facts for Features: Katrina Impact" (The Data Center, August 28, 2015), www.datacenterresearch.org/data-resources/katrina/facts-for-impact/.
38. Edward Humes, *Force of Nature: The Unlikely Story of Wal-Mart's Green Revolution* (New York: Harper Business, 2011), 97–99; Michael Barbaro and Justin Gillis, "Wal-Mart at Forefront of Hurricane Relief," *Washington Post*, Sept. 6, 2005, www.

-climate-change-threat.

12. Alan Kroeger et al., "Eliminating Deforestation from the Cocoa Supply Chain" (Washington, DC: World Bank, 2017).

13. Columbia Law School Human Rights Institute, *The More Things Change*, Jan. 2014, https://web.law.columbia.edu/sites/default/files/microsites/human-rights-institute / files/tea_report_final_draft-smallpdf.pdf; "Study Report on Tea Plantation Workers -2016-Ilo.org" (2016), www.ilo.org/wcmsp5/groups/public/—asia/—ro-bangkok/—ilo -dhaka/documents/publication/wcms_563692.pdf.

14. もちろんケリチョも理想郷ではない。以下を参照。Verita Largo and Andrew Wasley, "PG Tips and Lipton Tea Hit by 'Sexual Harassment and Poor Conditions' Claims," *Ecologist*, Nov. 17, 2017, https://theecologist.org/2011/apr/13/pg-tips-and-lipton-tea-hit-sexual -harassment-and-poor-conditions-claims.

15. "Unpacking the Sustainability Landscape," *Nielsen*, Sept. 11, 2018, www.nielsen .com/us/en/insights/reports/2018/unpacking-the-sustainability-landscape.html.

16. "Unpacking the Sustainability Landscape," *Nielsen*.

17. "Global Consumers Seek Companies That Care About Environmental Issues," *Nielsen*, Sept. 11, 2018, www.nielsen.com/us/en/insights/news/2018/global-consumers -seek-companies-that-care-about-environmental-issues.html.

18. アパレルのGapが行った二つの大規模なフィールド実験で、水質汚染防止プログラムの情報を記載したラベルを付けると、女性客の売り上げが8%伸びた。ただ、アウトレットや男性客にはそうした効果はみられなかった。J. Hainmueller and M. J. Hiscox, "The Socially Conscious Consumer," *Field Experimental Test of Consumer Support for Fair Labor Standard* (Massachusetts Institute of Technology Political Science Department Working Paper 2012-15, 2012). アメリカのある大手食料品チェーンでは、人気の2種類の袋入りコーヒーにフェアトレードと記載したラベルを付けたところ、売り上げが10%近く伸びた。Jens Hainmueller, Michael J. Hiscox, and Sandra Sequeira, "Consumer Demand for the Fair Trade Label: Evidence from a Field Experiment," *SSRN Electronic Journal* 97, no. 2 (2011): SSRN, さらにイーベイの実験でも、フェアトレードのラベルがついたコーヒーは23%高く売れることが示唆されている。M. J. Hiscox, M. Broukhim, and C. Litwin, "Consumer Demand for Fair Trade: New Evidence from a Field Experiment Using eBay Auctions of Fresh Roasted Coffee," *SSRN Electronic Journal*, (2011). 以下も参照。Maya Singer, "Is There Really Such a Thing as 'Ethical Consumerism'?" *Vogue*, Feb. 5, 2019, www.vogue.com/article /ethical-consumer-rentrayage-batsheva-lidia-may.

19. Tania Braga, Aileen Ionescu-Somers, and Ralf W. Seifert, "Unilever Sustainable Tea Part II: Reaching out to Smallholders in Kenya and Argentina." 2011年11月にアクセス。 www.idhsustainabletrade.com/idh-publications.

20. "Britain Backs Kenya Tea Farmers," SOS Children's Village, March 14, 2011, www.soschildrensvillages.org.uk/charity-news/archive/2011/03/britain-backs-kenya -tea-farmers.

第三章　資本主義の再構築には経済合理性がある

1. Brian Eckhouse, "Solar Beats Coal on U.S. Jobs," Bloomberg.com, May 16, 2018, www.bloomberg.com/news/articles/2018-05-16/solar-beats-coal-on-u-s-jobs.
2. Richard Vietor, "Clean Energy for the Future," Harvard Business School (HBS) Technical Note (August 2019).
3. Ian Johnston, "India Just Cancelled 14 Huge Coal-Fired Power Stations as Solar Energy Prices Hit Record Low," *Independent*, May 24, 2017, www.independent.co.uk/environment/india-solar-power-electricity-cancels-coal-fired-power-stations-record-low-a7751916.html.
4. Mark Kane, "Global Sales December & 2018: 2 Million Plug-in Electric Cars Sold," *InsideEVs*, Jan. 31, 2019, https://insideevs.com/news/342547/global -sales-december-2018-2-million-plug-in-electric-cars-sold/.
5. Kate Taylor, "3 Factors Are Driving the Plant-Based 'Meat' Revolution as Analysts Predict Companies Like Beyond Meat and Impossible Foods Could Explode into a $140 Billion Industry," *Business Insider*, May 24, 2019, www.businessinsider .com/meat-substitutes-impossible-foods-beyond-meat-sales-skyrocket-2019-5. 本物の牛肉に近い味と質感の人造肉をつくるビヨンド・ミートは2019年5月に株式を公開したが、過去10年で最も成功したといえる。公開初日、株価は163%上昇し、この日の終値での時価総額は38億3,000万ドルにのぼった。Bailey Lipschultz and Drew Singer, "Beyond Meat Makes History with the Biggest IPO Pop Since 2008 Crisis," Bloomberg.com, May 2, 2019, www.bloomberg.com/news/articles/2019-05-02 /beyond-meat-makes-history-with-biggest-ipo-pop-since-08-crisis.
6. ユニリーバと紅茶事業の経験の説明は、私の事例研究による。Rebecca Henderson and Frederik Nelleman, "Sustainable Tea at Unilever," HBS Case no. 9-712-438, November 2012.
7. "Tea Consumption by Country," Statista, www.statista.com/statistics/940102 / global-tea-consumption/.
8. "Tea Market: Forecast Value Worldwide 2017–2024," Statista, www.statista .com/statistics/326384/global-tea-beverage-market-size/; Jasan Potts, et al., *The State of Sustainability Initiatives Review 2014: Standards and the Green Economy* (Winnipeg, Canada: International Institute for Sustainable Development, 2014), www.iisd .org/pdf/2014/ssi_2014.pdf; and "Unilever's Tea Beverages Market Share Worldwide 2012–2021," Statista, www.statista.com/statistics/254626/unilevers-tea-beverages-market -share-worldwide/.
9. www.walmart.com/ip/Lipton-100-Natural-Tea-Black-Tea-Bags-100-ct/10307788.
10. Jason Clay, *World Agriculture and the Environment* (Washington, DC: Island Press), 102–103.
11. Rachel Arthur, "Tea Production Rises: But FAO Warns of Climate Change Threat," Beveragedaily.com, William Reed Business Media Ltd., May 30, 2018, www . beveragedaily.com/Article/2018/05/30/Tea-production-rises-but-FAO-warns-of

nytimes.com/2018/11/23/climate/us-climate-report.html?module=inline.

61. "Migration, Environment and Climate Change (MECC) Division," International Organization for Migration, Feb. 15, 2019, www.iom.int/complex-nexus#estimates.

第二章 「資本主義を再構築する」実践

1. 以降の資料の大半は以下による。"Turnaround at Norsk Gjenvinning," by G. Serafeim and S. Gombas, Harvard Business School Case no. 9-116-012 (January 2017).

2. 私はピーター・センゲから最初に聞いた。ピーターに感謝!

3. Rebecca Henderson and Tony L. He, "Shareholder Value Maximization, Fiduciary Duties, and the Business Judgement Rule: What Does the Law Say?" Harvard Business School Background Note 318-097 (January 2018).

4. Global Reporting Initiative, "Sustainability and Reporting Trends in 2025," Global Reporting.org (2015), www.globalreporting.org/resourcelibrary/Sustainability-and-Reporting-Trends-in-2025-2.pdf.

5. Richard Locke, *The Promise and Limits of Private Power: Promoting Labor Standards in a Global Economy* (Cambridge, UK, and New York: Cambridge University Press, 2013).

6. "Trending: Cocoa Giants Embrace Sustainability, but Consumers Remain Key to Lasting Progress," *Sustainable Brands*, Dec. 12, 2017, https://sustainablebrands.com/read/supply-chain/trending-cocoa-giants-embrace-sustainability-but-consumers-remain-key-to-lasting-progress.

7. Rebecca Henderson and Nien-he Hsieh, "Putting the Guiding Principles into Action: Human Rights at Barrick Gold (A)," Harvard Business School Case no. 315-108, March 2015 (Revised December 2017).

8. Yuval N. Harari, *Sapiens, A Brief History of Humankind* (London: Harvill Secker, 2014)は、とくにこの点で興味深い。

9. 養鶏業の悲惨な労働環境を記述した報告書がある。平均的労働者は20秒ごとに同じ作業を繰り返し、1日に1万4,000羽以上を処理しなければならない。平均賃金は時給11ドルで、離職率はほぼ100%だ。他産業に比べてケガが5倍多いにもかかわらず、従業員は医療保険の対象になっていない。またトイレ休憩が厳しく制限されているため、オムツを使用せざるをえない場合が多い。"Lives on the Line: The High Human Cost of Chicken," Oxfam America, May 23, 2018, www.oxfamamerica.org/livesontheline/.

10. John Miller, *The Glorious Revolution*, 2nd ed. (Harlow, UK: Longman, 1997).

11. *Encyclopedia Britannica*, Massachusetts Bay Colony / Facts, Map, & Significance [online], 2019年10月にアクセス。www.britannica.com/place/Massachusetts-Bay-Colony.

47. Jacob Hartmann, "Disney's Fight to Keep Mickey," Chicago Stigler Center Case no. 3 (November 2017).

48. "Lobbying Spending Database—Walt Disney Co, 1998," OpenSecrets.org.

49. 1997年、ディズニーの「クリエイティブなコンテンツ」からの純収入は8億7,800万ドルだった。*Walt Disney Company 1997 Annual Report*, https://ddd.uab.cat/pub/decmed/46860/iaDISNEYa1997ieng.pdf. 法案が通過しなければ、2023年以降、この収入の50%が失われること、また、通過すれば所得は維持されるが、それら将来所得の割引率は6%として仮定。

50. Tim Lee, "15 Years Ago, Congress Kept Mickey Mouse out of the Public Domain. Will They Do It Again?" *Washington Post*, Apr. 23, 2019, www.washingtonpost.com /news/the-switch/wp/2013/10/25/15-years-ago-congress-kept-mickey-mouse-out-of -the-public-domain-will-they-do-it-again/.

51. Brief of George A. Akerlof et al. as Amici Curiae in Support of Petitioners, Eric Eldred et al. v. John D. Ashcroft, Attorney General, 537 U.S. 186 (2003).

52. "Fossil Fuel Interests Have Outspent Environmental Advocates 10:1 on Climate Lobbying," *Yale E360*, July 18, 2018, https://e360.yale.edu/digest/fossil-fuel-interests -have-outspent-environmental-advocates-101-on-climate-lobbying; https://influence map.org/index.html.

53. Hiroko Tabuchi, "The Oil Industry's Covert Campaign to Rewrite American Car Emissions Rules," *New York Times*, Dec. 13, 2018, www.nytimes.com/2018/12/13 / climate/cafe-emissions-rollback-oil-industry.html.

54. 前述の参考文献をもとに、炭素の社会的コストを1トン=80ドルと仮定。

55. Nichola Groom, "Washington State Carbon Tax Poised to Fail after Big Oil Campaign," *Reuters*, Nov. 7, 2018, www.reuters.com/article/us-usa-election-carbon /washington-state-carbon-tax-poised-to-fail-after-big-oil-campaign-idUSKCN1NC1A9.

56. Jonas Hesse, Mozaffar Khan, and Karthik Ramanna, "Political Standards: Corporate Interest, Ideology, and Leadership in the Shaping of Accounting Rules for the Market Economy," *Journal of Accounting & Economics* 64, no. 20 (2015): 2–3.

57. "U.S. and World Population Clock," *Population Clock*, www.census.gov/popclock/; "Gross Domestic Product," FRED, Oct. 30, 2019, https://fred.stlouisfed.org/series/GDP.

58. "Gross Domestic Product for Russian Federation," *FRED*, July 1, 2019, https:// fred.stlouisfed.org/series/MKTGDPRUA646NWDB; "Russian Federation," World Bank Data, https://data.worldbank.org/country/russian-federation.

59. United Nations, "About the Sustainable Development Goals—United Nations Sustainable Development," www.un.org/sustainabledevelopment/sustainable -development-goals/.

60. Coral Davenport and Kendra Pierre-Louis, "U.S. Climate Report Warns of Damaged Environment and Shrinking Economy," *New York Times*, Nov. 23, 2018, www.

31. Peabody Energy, 2018 *Annual Report*, www.peabodyenergy.com/Peabody /media/MediaLibrary/Investor%20Info/Annual%20Reports/2018-Peabody-Annual-Report-02.pdf?ext=.pdf.
32. "The Carbon Footprint of a Cheeseburger," *SixDegrees*, Sept. 26, 2017, www.sixdegreesnews.org/archives/10261/the-carbon-footprint-of-a-cheeseburger; "GLEAM 2.0—Assessment of Greenhouse Gas Emissions and Mitigation Potential," *Results / Global Livestock Environmental Assessment Model (GLEAM) / Food and Agriculture Organization of the United Nations*, FAO, www.fao.org/gleam/results/en/.
33. *CEMEX Carbon Disclosure Project Annual Report*, 2018.
34. 46m tonnes CO_2 e * $80/ton * 1.1 tonnes/ton.
35. *CEMEX Annual Report*, 2018, www.cemex.com/investors/reports/hom #navigate.
36. *Climate Change*, Marks and Spencer, https://corporate.marksandspencer.com / sustainability/business-wide/climate-change.
37. *Key Facts*, Marks and Spencer, https://corporate.marksandspencer.com /investors/key-facts.
38. Hans Rosling et al., *Factfulness*. (『ファクトフルネス』)
39. Alvaredo et al., *World Inequality Report 2018*.
40. Raj Chetty, "Improving Opportunities for Economic Mobility: New Evidence and Policy Lessons," *Bridges* (Fall 2016).
41. Raj Chetty et al., *Mobility Report Cards: The Role of Colleges in Intergenerational Mobility*, NBER Working Paper no. w23618 (Cambridge, MA: National Bureau of Economic Research, 2017).
42. "Disparities in Life Expectancy in Massachusetts Driven by Societal Factors," Harvard T. H. Chan School of Public Health News, Dec. 19, 2018, www.hsph.harvard.edu /news/hsph-in-the-news/life-expectancy-disparities-massachusetts-societal-factors/; https://data.worldbank.org/indicator/sp.dyn.le00.in.
43. "Too Much of a Good Thing," *Economist*, Mar. 26, 2016, www.economist.com / briefing/2016/03/26/too-much-of-a-good-thing.
44. Ben Casselman, "A Start-up Slump Is a Drag on the Economy. Big Business May Be to Blame," *New York Times*, Sept. 20, 2017, www.nytimes.com/2017/09/20/business /economy/startup-business.html?module=inline.
45. Alan B. Krueger, "Reflections on Dwindling Worker Bargaining Power and Monetary Policy," *Luncheon Address at the Jackson Hole Economic Symposium* 24 (2018) ; Jan De Loecker and Jan Eeckhout, *The Rise of Market Power and the Macroeconomic Implications*, NBER Working Paper no. w23687 (Cambridge, MA: National Bureau of Economic Research, 2017).
46. Martin Gilens and Benjamin I. Page, "Testing Theories of American Politics: Elites, Interest Groups, and Average Citizens," *Perspectives on Politics* 12, no. 3 (2014) : 564–581.

-sentenced.html.

18. Gretchen Morgenson, "Defiant, Generic Drug Maker Continues to Raise Prices," *New York Times*, Apr. 14, 2017, www.nytimes.com/2017/04/14/business/lannett-drug -price-hike-bedrosian.html.

19. Joyce Geoffrey et al., "Generic Drug Price Hikes and Out-of-Pocket Spending for Medicare Beneficiaries," *Health Affairs* 37, no. 10 (2018) : 1578–1586.

20. Danny Hakim, Roni Caryn Rabin, and William K. Rashbaum, "Lawsuits Lay Bare Sackler Family's Role in Opioid Crisis," *New York Times*, Apr. 1, 2019, www . nytimes.com/2019/04/01/health/sacklers-oxycontin-lawsuits.html.

21. "Big Oil's Real Agenda on Climate Change," Influence Map, 2019, https://influencemap.org/report/How-Big-Oil-Continues-to-Oppose-the-Paris-Agreement-38212275958aa21196dae3b76220bddc.

22. Anne Elizabeth Moore, "Milton Friedman's Pencil," *The New Inquiry*, Apr. 18, 2017, https://thenewinquiry.com/milton-friedmans-pencil/.

23. Sam Costello, "Where Is the IPhone Made? (Hint: Not Just China) ," *Lifewire*, Apr. 8, 2019, www.lifewire.com/where-is-the-iphone-made-1999503.

24. このモデルの初期のものは以下を参照。e.g., G. Stigler, *The Theory of Price* (London: Macmillan, 1952) .

25. Christina D. Romer and Richard H. Pells, "Great Depression," *Encyclopædia Britannica*, Oct. 16, 2019, www.britannica.com/event/Great-Depression; "Unemployment Rate for United States," *FRED*, Aug. 17, 2012, https://fred.stlouisfed.org/series /M0892AUSM156SNBR.

26. 株主価値重視がこうした爆発的な成長をもたらしたか否かについては、活発な議論がある。他の候補としては、グローバリゼーション、テクノロジーの大幅な進歩、自由市場の一層の普及があげられる。

27. F. Alvaredo, L. Chancel, T. Piketty, E. Saez, and G. Zucman, *World Inequality Report 2018* (Cambridge, MA: The Belknap Press of Harvard University Press, 2018) .

28. Alvaredo et al., *World Inequality Report 2018*.

29. Paul R. Epstein, Jonathan J. Buonocore, Kevin Eckerle, Michael Hendryx, Benjamin M. Stout III, Richard Heinberg, Richard W. Clapp, et al., "Full Cost Accounting for the Life Cycle of Coal," *Annals of the New York Academy of Sciences* 1219 (1) : 73–98, Wiley Online Libraryを通して2017年2月にアクセス。石炭の種類によって、1ポンドの石炭の燃焼で約2ポンドの二酸化炭素を排出する。

30. WHO, "COP24 Special Report: Health and Climate Change" (2018) ; Irene C. Dedoussi, et al., "The Co-Pollutant Cost of Carbon Emissions: An Analysis of the US Electric Power Generation Sector," *Environmental Research Letters* 14.9 (2019) : 094003; たとえば以下を参照。J. Lelieveld, K. Klingmüller, A. Pozzer, R. T. Burnett, A. Haines, and V. Ramanathan, "Effects of Fossil Fuel and Total Anthropogenic Emission Removal on Public Health and Climate," *PNAS* 116, no. 15 (April 9, 2019) : 7192–7197.

Expenses," Dec. 13, 2017, www.who.int/news-room/detail/13-12-2017-world-bank-and-who-half-the -world-lacks-access-to-essential-health-services-100-million-still-pushed-into-extreme -poverty-because-of-health-expenses; Kate Hodal, "Hundreds of Millions of Children in School but Not Learning," *Guardian*, Feb. 2, 2018, www.theguardian.com/global -development/2018/feb/02/hundreds-of-millions-of-children-in-school-but-not-learning -world-bank; United Nations, "Lack of Quality Opportunities Stalling Young People's Quest for Decent Work—UN Report / UN News," Nov. 21, 2017, https://news.un.org/en /story/2017/11/636812-lack-quality-opportunities-stalling-young-peoples-quest -decent-work-un-report; James Manyika et al., "Jobs Lost, Jobs Gained: Workforce Transitions in a Time of Automation," McKinsey Global Institute (2017).

8. Steven Levitsky and Daniel Ziblatt, *How Democracies Die*, 1st ed. (New York: Crown Publishing, 2018); Yascha Mounk, *The People vs. Democracy: Why Our Freedom Is in Danger and How to Save It* (Cambridge, MA: Harvard University Press, 2018).

9. "GDP per capita (Current US$)," World Bank Data, https://data.worldbank.org / indicator/NY.GDP.MKTP.CD; "Population, Total," World Bank Data, https://data .worldbank.org/indicator/SP.POP.TOTL; "GDP per Capita (Current US$)," World Bank Data, BP.

10. Larry Fink, "A Sense of Purpose," BlackRock, www.blackrock.com/hk/en /insights/ larry-fink-ceo-letter.

11. 中国工商銀行（ICBC）は世界最大の銀行である。

12. この話はほぼ確実に神話であることが判明している。Billy Perrigo, "Did Martin Luther Nail His 95 Theses to the Church Door?" *Time*, Oct. 31, 2017, https://time . com/4997128/martin-luther-95-theses-controversy/.

13. "Business Roundtable Redefines the Purpose of a Corporation to Promote 'An Economy That Serves All Americans,'" *Business Roundtable*, Aug. 19, 2019, www. businessroundtable.org/business-roundtable-redefines-the-purpose-of-a-corporation-to -promote-an-economy-that-serves-all-americans.

14. "Council of Institutional Investors Responds to Business Roundtable Statement on Corporate Purpose," Council of Institutional Investors, Aug. 19, 2019, www.cii.org /aug19_brt_response.

15. Andrew Pollack, "Drug Goes from $13.50 a Tablet to $750, Overnight," *New York Times*, Sept. 20, 2015, www.nytimes.com/2015/09/21/business/a-huge-overnight -increase-in-a-drugs-price-raises-protests.html.

16. Kate Gibson, "Martin Shkreli: I Should've 'Raised Prices Higher,'" CBS News, CBS Interactive, Dec. 4, 2015, www.cbsnews.com/news/martin-shkreli-i-shouldve -raised-prices-higher/.

17. Stephanie Clifford, "Martin Shkreli Sentenced to 7 Years in Prison for Fraud," *New York Times*, Mar. 9, 2018, www.nytimes.com/2018/03/09/business/martin-shkreli

原注

プロローグ

1. Gordon Kelly, "Finland and Nokia: An Affair to Remember," *WIRED*, Oct. 4, 2017, www.wired.co.uk/article/finland-and-nokia; "Nokia Smartphone Market Share History," *Statista*, www.statista.com/statistics/263438/market-share-held-by-nokia-smartphones-since-2007/.

第一章 「事実が変われば、考えを変えます。あなたはどうされますか」

1. WHO (World Health Organization), "Health Benefits Far Outweigh the Costs of Meeting Climate Change Goals," www.who.int/news-room/detail/05-12-2018-health-benefits-far-outweigh-the-costs-of-meeting-climate-change-goals; Intergovernmental Panel on Climate Change (IPCC), *Climate Change 2014: Impacts, Adaptation, and Vulnerability. Part A: Global and Sectoral Aspects. Contribution of Working Group II to the Fifth Assessment Report of the Intergovernmental Panel on Climate Change*, edited by C. B. Field, V. R. Barros, D. J. Dokken, K. J. Mach, M. D. Mastrandrea, T. E. Bilir, M. Chatterjee, K. L. Ebi, Y. O. Estrada, R. C. Genova, B. Girma, E. S. Kissel, A. N. Levy, S. MacCracken, P. R. Mastrandrea, and L. L. White (Cambridge, UK, and New York: Cambridge University Press, 2014).
2. IPCC, *Climate Change 2014*; WWAP (UNESCO World Water Assessment Programme), *The United Nations World Water Development Report 2019: Leaving No One Behind* (Paris: UNESCO, 2019), www.unenvironment.org/news-and-stories/press-release/half-world-face-severe-water-stress-2030-unless-water-use-decoupled.
3. K. K. Rigaud, A. de Sherbinin, B. Jones, J. Bergmann, V. Clement, K. Ober, J. Schewe, S. Adamo, B. McCusker, S. Heuser, and A. Midgley, *Groundswell: Preparing for Internal Climate Migration* (Washington, DC: World Bank, 2018).
4. Brooke Jarvis, "The Insect Apocalypse Is Here," *New York Times*, Nov. 27, 2018, www.nytimes.com/2018/11/27/magazine/insect-apocalypse.html.
5. S. Díaz, J. Settele, E. S. Brondizio, H. T. Ngo, M. Guèze, J. Agard, A. Arneth, et al., eds., "Summary for Policymakers of the Global Assessment Report on Biodiversity and Ecosystem Services of the Intergovernmental Science-Policy Platform on Biodiversity and Ecosystem Services" (Bonn, Germany: IPBES Secretariat, 2019).
6. Hans Rosling, Ola Rosling, and Anna Rosling Rönnlund, *Factfulness: Ten Reasons We're Wrong About the World–and Why Things Are Better Than You Think*, 1st ed. (New York, Flatiron Books, 2018).（『ファクトフルネス』日経BP）
7. WHO, "World Bank and WHO: Half the World Lacks Access to Essential Health Services, 100 Million Still Pushed into Extreme Poverty Because of Health

著者

レベッカ・ヘンダーソン

Rebecca Henderson

photo:NATALIE CHLADEK

ハーバード大学ジョン&ナッティ・マッカーサーユニバーシティ・プロフェッサー、ハーバード・ビジネススクールでも教鞭を執る。「ハーバード・ユニバーシティ・プロフェッサー」の称号をもつ25人のうちの1人。NBERリサーチフェロー、英国学士院および米国芸術科学アカデミーのフェローも務める。イノベーション、組織変革のエキスパート。持続可能な経済の構築に果たす民間部門の役割、とくにハイパフォーマンス組織における組織の目的とイノベーション・生産性との関係を研究。ハーバード・ビジネススクールでMBAプログラム「資本主義の再構築：ビジネスと大問題」を講義。アムジェン、アイデックスの取締役を兼務。2019年にフィナンシャル・タイムズ紙が選ぶ「傑出した取締役」3人のうちの1人に選ばれる。

著作には *Leading Sustainable Change: An Organizational Perspective*, and *Accelerating Energy Innovation: Lessons from Multiple Sectors* のほか、*Administrative Science Quarterly*、the *Quarterly Journal of Economics*、*Strategic Management Journal*、*Management Science*、*Research Policy*、the *RAND Journal of Economics*、*Organization Science* などの幅広い分野の学術雑誌に数多く寄稿。チェロ演奏にも情熱的に取り組む。

訳者

高遠裕子

Yuko Takato

翻訳者。おもな訳書にバーバー『権力者と愚か者』、マンスキー『データ分析と意思決定理論』、ゴードン『アメリカ経済 成長の終焉（上・下）』（共訳）、キンドルバーガー他『熱狂、恐慌、崩壊』、ボールドウィン『GLOBOTCS（グロボティクス）』、シーリグ『20歳のときに知っておきたかったこと』など。

資本主義の再構築

公正で持続可能な世界をどう実現するか

2020年10月23日　1版1刷
2022年 2 月 9 日　3刷

著者 ――― レベッカ・ヘンダーソン

訳者 ――― 高遠裕子

発行者 ――― 白石 賢

発行 ――― 日経BP　日本経済新聞出版本部

発売 ――― 日経BPマーケティング
〒105-8308　東京都港区虎ノ門4-3-12

装幀 ――― 新井大輔　中島里夏（装幀新井）

DTP ――― マーリンクレイン

印刷・製本 ――― シナノ印刷株式会社

本書籍に関するお問い合わせ、ご連絡は下記にて承ります。
https://nkbp.jp/booksQA

Printed in Japan　ISBN 978-4-532-35869-3